CÓMO EDUCAR CON FIRMEZA Y CARIÑO

~~XV~~, ~~XX~~ - ~~XIII~~, ~~XVII~~ // 4-5, 6-8, 11-13, 14-17, 18-20, 21-24 //
29-32 (30, 31), 35-45 (40, 44), 50-51 // 53-54, 56-57,
58-64, 66-69 // 73-80, 81-84, 85-95 (86, 91), 99-100,
101-103 (resumen) // 105-107, 108-127 (109, 111, 118, 121, 124,
126) // 130-131, 136-144 (137, 143) // 148-152 (149, 150),
155-168 (160, 161, 162, 166, 167), 170-175 (173), 177-180 //
184-187, 189-190, 199-202, 208, 217-219 // 220-234
(222), 235-243 (242), 246-247 // 249-256 (252, 253, 254,
255), 258-261 (259), 262, 263, 268-269, 271 // 273-275
(274), 277-283 (278, 279, 281, 282), 285-287, 289-290, 292-
306 (296, 298) // 309, 311, 313-318 (315), 321-324 (323),
326-329 (327)

JANE NELSEN

CÓMO EDUCAR CON FIRMEZA Y CARIÑO

DISCIPLINA POSITIVA

EDICIONES MEDICI

La edición original de esta obra ha sido publicada en inglés por Ballantine Books, una marca de The Random House Publishing Group, una división de Random House, Inc., Nueva York, con el título

POSITIVE DISCIPLINE

Traducción
Rosa Pérez

Diseño de la cubierta
Cèlia Vallès

El capítulo "Cómo influye nuestra personalidad en la de nuestros hijos" está adaptado de un capítulo que se publicó por primera vez en *Positive Discipline for Preschoolers* de Jane Nelsen, Cheryl Erwin y Roslyn Duffy. Copyright © 1998 by Jane Nelsen, Cheryl Erwin y Roslyn Duffy. (Three Rivers Press, una marca del Crown Publishing Group, una división de Random House, Inc. Nueva York, 1998.)

Plató, 26 - 08006 Barcelona
www.ediciones-medici.es

ISBN 978-84-9799-032-2
Depósito legal B. 17.954-2007
Printed in Spain
A&M Gràfic, s.l.

Para Barry

Me quedé embarazada de mi sexto hijo mientras trabajaba en mi titulación de posgrado. La universidad a la que asistía estaba a más de ochenta kilómetros de casa. Como mis partos eran muy rápidos, y a menudo prematuros, durante el último mes Barry me llevó a clase en coche (con nuestro botiquín de asistencia al parto) y esperó en un aula vacía mientras yo estaba en clase. Mark nació durante las vacaciones de Navidad. A mí me encanta dar el pecho, por lo que, cuando se reanudaron las clases, Barry continuó haciendo aquel trayecto de más de ochenta kilómetros para llevarnos a la universidad a mí y a mi hijo lactante. Al llegar, se quedaba con Mark en un aula vacía para que yo lo pudiera amamantar durante los descansos.

Cuando nuestros hijos lactantes lloraban por la noche, Barry se levantaba, les cambiaba el pañal y me los traía para que yo les diera de mamar. Él apenas podía recordar haberse levantado, pero, cuando lo hacía yo, me costaba volver a conciliar el sueño.

Después de que naciera Mary (tres años después), tanto Barry como yo nos planteamos seguir estudiando. Era obvio que los dos no podíamos ir a la universidad, ya que teníamos dos hijos menores de cinco años. Fue decisión de Barry que fuera yo, dado que a mí me encantaba estudiar y a él no, y que él prefería estar en casa todas las noches (después de trabajar a jornada completa como ingeniero de caminos) con los niños mientras yo estudiaba mi doctorado en educación.

La gente a menudo me pregunta cómo soy capaz de hacer todo lo que hago. Ahora el lector ya lo sabe, y puede hacerse una idea de por qué quiero y valoro tanto a mi marido.

ÍNDICE DE MATERIAS

PRÓLOGO

Durante miles de años, padres y profesores aprendieron el arte de educar a los niños a través de abuelos, tíos y vecinos que convivían en circunstancias relativamente estables a lo largo de generaciones.

Cuando hubo que hacer cambios, los peregrinos y pioneros que viajaron juntos y fundaron comunidades con valores y metas comunes comprendieron instintivamente el valor de compartir los conocimientos y experiencias.

De repente, al final de la Segunda Guerra Mundial, se produjo en Estados Unidos una migración en masa desde las poblaciones pequeñas y las comunidades agrícolas a entornos urbanos y suburbanos. Toda una cultura se trastocó a causa de los efectos combinados de la Revolución Industrial, las ayudas educativas para los veteranos de guerra (GI Bill), la reacción a la Gran Depresión y la tecnología. La sabiduría y el respaldo de la familia extensa y los amigos de muchos años se perdieron. Muy pronto, después de este espectacular trasvase a las comunidades urbanas, casi once millones de parejas comenzaron a alumbrar a una media de 4,2 hijos cada una y se convirtieron en pioneras urbanas, cruzando una frontera hacia un nuevo estilo de vida y una nueva tecnología sin redes ni sistemas de apoyo que pudieran ofrecerles su saber acumulado para guiarlas.

No sabiendo que eran pioneras, estas parejas olvidaron la estrategia básica que había permitido a otros pioneros colonizar un nuevo continente con éxito. Olvidaron que los pioneros se reunían con los forasteros alrededor de una hoguera a intercambiar impresiones sobre sus viajes para que no todo el mundo tuviera que tropezar siempre con las mismas piedras. En lugar de guiarse por la sabiduría de generaciones que habían aprendido unas de otras, se aislaron.

Las que no sustituyeron los sistemas de apoyo familiar y comunitario por redes formadas por sus compañeros de viaje a menudo disimularon su sensación de ineptitud y su falta de conocimiento sobre cómo actuar con el falso orgullo de saber "resolver sus propios problemas". Adoptaron la creencia de que las personas no deberían hablar de sus asuntos familiares con desconocidos. Se hizo importante para ellas ocultar sus problemas y abordarlos, a menudo de un modo muy ineficaz, de puertas adentro. Intercambiaron la sabiduría y los principios adquiridos a lo largo de siglos por libros y teorías que no estaban contrastados con la realidad.

Al mismo tiempo, los estadounidenses alimentaron la fantasía de que lo único que hacía falta para crear una generación de superniños perfectos eran unos superpadres perfectos. Qué disgusto cuando muchos hijos no resultaron ser perfectos. La culpa, el estrés y la negación desgarraron a las personas. Educar a los hijos, que en otro tiempo había sido la labor acumulativa de generaciones, se convirtió en una cruda lucha a tiempo parcial para dos o más familiares que apenas tenían experiencia en lo que intentaban hacer.

Las estadísticas muestran que los aproximadamente 4,3 millones de niños nacidos en 1946 saturaron las escuelas urbanas en 1951. Realizaron sus exámenes de acceso a la universidad en 1963 e invirtieron una tendencia ascendente de trescientos años. En todas las áreas de conocimiento, los niños habían estado mejorando hasta esa fecha. Los que nacieron después de la Segunda Guerra Mundial iniciaron una tendencia descendente en su rendimiento académico y una ascendente en su índice de delincuencia, embarazos durante la adolescencia, depresión clínica y suicidio. Claramente, la urbanización y la tecnología han puesto en peligro nuestra comprensión sobre cómo criar y educar a los niños y nuestros recursos para hacerlo.

En su libro *Cómo educar con firmeza y cariño,* Jane Nelsen ha reunido los conocimientos de muchos pioneros que la precedieron y ha creado una acogedora hoguera para los padres y profesores que ansíen principios intemporales que dan resultado en lugar de teorías que no lo dan. En este libro, Jane proporciona una serie de criterios muy prácticos para los padres y profesores que desean ayudar a sus hijos y alumnos a desarrollar su autodisciplina, responsabilidad y capacidades y actitudes positivas.

Tengo el libro de Jane en tan alto concepto que lo hemos adoptado como libro de texto en nuestro programa de formación internacionalmente reconocido, Developing Capable People (Desarrollar personas capaces), que se utiliza en toda América del Norte y Central y África. Los principios dan resultado y procuran una base maravillosa para el enriquecimiento de la experiencia familiar.

H. Stephen Glenn
www.empoweringpeople.com

Nota de la autora: H. Stephen Glenn falleció en 2004. Su falta es una triste pérdida y es una bendición que su programa para desarrollar personas capaces continúe ayudando a miles de personas.

PREFACIO Y AGRADECIMIENTOS

Cómo educar con firmeza y cariño está basado en la filosofía y las enseñanzas de Alfred Adler y Rudolf Dreikurs. Yo no tuve el privilegio de estudiar con ninguno de estos dos grandes hombres, pero querría expresar mi agradecimiento a las personas que me iniciaron en el enfoque adleriano. Ha cambiado mi vida y mejorado sustancialmente mis relaciones con mis hijos y alumnos.

Soy madre de siete hijos y abuela de dieciocho (en 2006). Hace muchos años, cuando solo tenía cinco hijos, incluyendo a dos adolescentes, me sentí frustrada por los mismos problemas acerca de cómo educarlos que tantos padres tienen hoy. No sabía cómo conseguir que dejaran de pelearse entre ellos, recogieran sus juguetes o realizaran las tareas que habían prometido hacer. Tenía problemas para conseguir que se acostaran por las noches, y luego para conseguir que se levantaran por las mañanas. No se querían meter en la bañera, y luego no querían salir.

Las mañanas eran deprimentes, porque parecía imposible conseguir que se fueran a clase sin que yo les insistiera constantemente para que se dieran prisa o me enfadara con ellos. Cuando volvían a casa, la lucha continuaba, esta vez para que hicieran los deberes y las tareas domésticas que tenían encomendadas. Mis "recursos" incluían las amenazas, los gritos y los azotes. Aquellos métodos nos parecían horribles a mí y a mis hijos, y no daban resultado. Yo los amenazaba, gritaba y azotaba reiteradamente por las mismas malas conductas. Aquello se me hizo evidente un día en que me oí repetir: "Os he dicho un centenar de veces que recojáis los juguetes". De pronto, me di cuenta de quién era el auténtico "tonto", y no eran mis hijos. ¡Qué ridículo que hubiera tardado un centenar de veces en darme cuenta de que mi enfoque no estaba dando resultado! Y qué frustrante, porque no sabía qué otra cosa hacer.

Ser una estudiante universitaria que se estaba especializando en desarrollo infantil agravaba aún más mi dilema. Yo leía muchos libros maravillosos que exponían las muchas cosas fantásticas que yo debería estar logrando con mis hijos, pero ninguno de ellos me explicaba cómo alcanzar tan elevadas metas. Imagine mi alivio el lector cuando, el primer día de una nueva materia, oí que no íbamos a aprender muchas nuevas teorías, sino que investigaríamos a fondo el enfoque adleriano, incluyendo técnicas de aplicación práctica para ayudar a los niños a corregir sus malas conductas y enseñarles a desarrollar su autodisciplina, responsabilidad, actitud colaboradora y habilidades para resolver problemas.

Para regocijo mío, funcionó. Pude reducir las peleas entre mis hijos en al menos un 80 por ciento. Aprendí a eliminar los conflictos por las mañanas y por las noches y logré que mis hijos se mostraran mucho más colaboradores con sus tareas. El cambio más importante fue descubrir que disfrutaba siendo madre, la mayor parte del tiempo.

Estaba tan emocionada que quise compartir aquellas ideas con otras personas. La primera oportunidad me la brindó un grupo de padres de niños con discapacidades físicas, psíquicas y de aprendizaje. Al principio, estos padres fueron reacios a probar estos métodos. Temían que sus hijos no fueran a ser capaces de aprender a tener autodisciplina y ser colaboradores. Muchos padres con hijos discapacitados no saben cuán inteligentes pueden ser todos los niños cuando se trata de manipular. Los padres de este grupo enseguida se dieron cuenta de lo irrespetuosos que estaban siendo con sus hijos consintiéndolos en lugar de ayudarlos a desarrollar todo su potencial.

Posteriormente, me contrataron como asesora en el distrito escolar de Elk Grove en California, donde muchos padres, profesores, psicólogos y directores de escuela apoyaban los conceptos adlerianos para educar con mayor eficacia en casa y en el aula. Estoy especialmente agradecida al doctor John Platt, psicólogo, a quien adopté como mentor. Me enseñó mucho.

El doctor Larson, director adjunto, y el doctor Platt consiguieron una beca y recibieron financiación del gobierno federal para desarrollar un programa de pedagogía adleriana. Tuve la suerte de que me eligieran directora de este programa. Durante los tres años que duró la financiación de su desarrollo, el programa fue tan eficaz en enseñar a padres y profesores cómo ayudar a sus hijos y alumnos a corregir sus malas conductas que fue reconocido como proyecto ejemplar y recibió una subvención de tres años para su difusión a los distritos escolares de California. Adoptamos el nombre Proyecto ACCEPT (Adlerian Counseling Concepts for Encouraging Parents and Teachers: conceptos pedagógicos adlerianos para motivar a padres y profesores). Esta experiencia me permitió compartir conceptos adlerianos con miles de padres y profesores. Fue estimulante oírles explicar cómo utilizaban las técnicas que habían aprendido en los talleres de formación del Proyecto ACCEPT. Yo aprendí más de lo que enseñé. Expreso mi más sincero agradecimiento a todos aquellos que me dieron permiso para compartir sus ejemplos con otras personas.

Un agradecimiento especial a Frank Meder por sus aportaciones en el ámbito de las reuniones de clase. Fue capaz de comprender y aplicar un importante principio: que, en un entorno social, la libertad es imposible si no se pone un énfasis similar en el orden.

Expreso mi agradecimiento y mi más sincero aprecio a quienes colaboraron como ayudantes en el Proyecto ACCEPT. Judi Dixon, Susan Doherty, George Montgomery, Ann Platt, Barbara Smailey, Marjorie Spiak y Vicky Zirkle trabajaron incansablemente como líderes de los grupos de estudio para padres mientras organizaban y desarrollaban materiales utilizados en el proyecto. Todos aportaron muchos ejemplos de la eficacia de los principios con su propia familia y las familias con que trabajaron.

Lynn Lott es la amiga especial y compañera de trabajo que me ayudó a rehacerme cuando uno de mis hijos experimentó con drogas. Yo estaba dispuesta a dejar de usar los conceptos de la disciplina positiva y sustituirlos por el control y el castigo. Asistí a un taller sobre cómo trabajar con adolescentes que ella coordinaba en una convención de la NASAP (North America Society of Adlerian Psychology: Sociedad Estadounidense de Psicología Adleriana) y supe al instante que ella podría volver a encauzarme. Le pedí que escribiera un libro conmigo porque he aprendido que, si puedo lograr que algo funcione para mí, merece la pena que lo comparta con los demás. Desde entonces, hemos escrito cuatro libros juntas y ella ha influido considerablemente en mi desarrollo de los conceptos de la disciplina positiva.

Mis hijos han sido siempre una fuente de inspiración, oportunidades y amor. Me refiero a ellos como a mis hijos de antes, mientras y después. Terry y Jim eran ya adolescentes cuando descubrí estos conceptos. Kenny, Bradley y Lisa tenían siete, cinco y tres años, respectivamente. Mark y Mary nacieron cuando yo llevaba ya un tiempo enseñando en grupos de estudio para padres. Ellos me han brindado muchas oportunidades para seguir aprendiendo y me han enseñado reiteradamente que la única época en que yo me creí una experta fue antes de haber tenido hijos.

El mayor beneficio de todos ha sido conocer unos principios y unas técnicas que aumentan el respeto mutuo, la colaboración, el disfrute y el amor. Cada vez que me aparto de los conceptos impartidos en este libro, armo un lío tremendo. Lo bueno es que me basta con volver a aplicar estos métodos y técnicas para no solo deshacer el lío, sino conseguir que las cosas mejoren. Los errores son realmente unas oportunidades maravillosas para aprender.

Con el paso de los años, he tenido la suerte de conocer a muchas personas que han entrado en mi vida por su amor a la disciplina positiva. La Positive Discipline Association (www.posdis.org), una organización sin ánimo de lucro, se ha creado para la formación de diplomados en disciplina positiva, investigación, talleres, becas, muestras, escuelas y garantía de calidad. Me llevaría muchas páginas enumerar a todas las personas que han sido responsables de crear esta organización, por lo que no voy a hacerlo. No obstante, sí quiero que sepan cuánto las quiero y valoro.

Querría expresar mi agradecimiento a los doctores Jody McVittie, Mike Shannon y Marti Monroe por invertir su tiempo en leer esta tercera edición y hacerme muchas valiosas sugerencias.

Fue fabuloso colaborar con Johanna Bowman, mi redactora de Ballantine. Cuando creí haber hecho todas las mejoras posibles, Johanna me señaló detalles e hizo sugerencias que han mejorado todavía más esta edición. Gracias, Johanna.

INTRODUCCIÓN A LA TERCERA EDICIÓN

Me entusiasma que *Cómo educar con firmeza y cariño* lleve veinte años publicándose en Estados Unidos y que ahora se considere un clásico en este país. Me entusiasma incluso más haber oído a tantos padres y profesores decir cuánto les ha mejorado la vida en casa y en clase. Los dos comentarios siguientes son representativos de los centenares que he oído: "Después de veinticinco años, estaba dispuesto a abandonar la docencia. Los niños han cambiado tanto... No obstante, este libro me ayudó a adaptarme a los cambios y ahora vuelve a gustarme enseñar". "Mis hijos no son perfectos, ni tampoco lo soy yo, pero, desde luego, ahora disfruto educándolos."

Entonces, quizá se pregunte usted, con el éxito que ha tenido el libro, ¿por qué iba yo a querer hacer cambios? ¿No es lógico que yo haya aprendido incluso más durante estos veinticinco años?

He tenido la suerte de trabajar con miles de padres y profesores en talleres y conferencias. Ellos han compartido conmigo sus éxitos y sus dificultades. He aprendido qué daba resultado, qué necesitaba algunos retoques, en qué hacía falta incidir más y algunas ideas nuevas que era necesario incluir.

El primer capítulo presenta los cuatro criterios para una disciplina eficaz. Padres y profesores se han valido de estos criterios para comprender los diversos enfoques disciplinarios y entender cómo conviene obrar para influir positivamente en los niños de una forma duradera. Los cuatro criterios les ayudan a eliminar las prácticas disciplinarias que no son respetuosas con los niños y no son eficaces a largo plazo.

En ocasiones, me pregunto si la batalla entre el castigo y la permisividad no va a terminar nunca. Parece que muchos solo conciben estos dos extremos. Las personas que opinan que el castigo es válido a menudo lo hacen porque creen que su única alternativa es la permisividad. Las personas que no creen en el castigo con frecuencia se van al otro extremo y se vuelven demasiado permisivas. La disciplina positiva ayuda a los adultos a encontrar un término medio respetuoso que no es ni demasiado punitivo ni demasiado permisivo. La disciplina positiva maneja herramientas que son a la vez amables y firmes y enseñan valiosas competencias sociales y para la vida.

En esta edición, se hace más hincapié en la importancia de ser amables y firmes al mismo tiempo. Padres y profesores aún parecen tener dificultades con este concepto. Esto se debe, en parte, a la noción de que amabilidad y firmeza se excluyen mutuamente. A mí me ha resultado útil emplear la analogía de la respiración. ¿Qué sucedería si inspiráramos pero no espiráramos, o viceversa? La respuesta es obvia. Ser amables o firmes no es una cuestión de vida o muerte, pero ser amables y firmes puede ser lo que decida nuestro éxito o fracaso. También es útil saber que ser amables puede contrarrestar todos los problemas que entraña ser demasiado firmes (rebelión, resentimiento, autoestima dañada) y que ser firmes puede contrarrestar todos los problemas que entraña ser demasiado amables (permisividad, manipulación, niños malcriados, autoestima dañada) cuando somos amables y firmes al mismo tiempo.

He tratado en mayor profundidad el modo de utilizar la pausa obligada positiva como una competencia para la vida que es eficaz tanto para los niños como para los adultos. Padres e hijos encuentran útil y gracioso recordar que, en los momentos conflictivos, revertimos a nuestro cerebro reptil (y los reptiles se comen a su prole), donde la única opción es pelear (luchas de poder) o huir (retraimiento y falta de comunicación). Razón de más para hacer una pausa obligada positiva hasta que nos sintamos mejor y podamos resolver los problemas basándonos en la proximidad y la confianza en lugar de hacerlo en la distancia y la hostilidad.

A veces, nos resulta más fácil ser amables y firmes al mismo tiempo "después" de calmarnos. Entonces podemos disculparnos y aplicar una herramienta de la disciplina positiva. Por este motivo, he hecho más hincapié en la importancia de esta clase de pausa obligada positiva que ayuda a niños y a adultos a sentirse mejor para así poder hacer mejor las cosas.

Hablando de la pausa obligada positiva, muchos adultos tienen dificultades con el concepto de convertir la pausa obligada en una experiencia positiva. Creen erróneamente que eso "premiaría" la mala conducta. No obstante, cuando comprenden realmente los efectos a largo plazo del castigo y el cerebro reptil, perciben los beneficios de la pausa obligada positiva.

Centrarse en las soluciones es un tema crucial de esta edición. Pasé muchos años desanimada mientras oía continuamente hablar de las consecuencias lógicas. Parecía que padres y profesores creyeran que solo había dos herramientas disciplinarias: consecuencias lógicas y la pausa obligada. La pausa obligada era siempre de tipo "punitivo" y las consecuencias lógicas solían ser castigos mal disimulados. Los adultos tienen verdaderas dificultades para renunciar al castigo.

Una de mis afirmaciones más conocidas es: "¿De dónde hemos sacado la idea loca de que, para que los niños lo hagan mejor, antes tienen que sentirse peor?". Al verse confrontados con esta idea, padres y profesores se dan cuenta de que es una idea loca y, no obstante, al verse confrontados con una mala conducta, recaen en sus viejos hábitos punitivos.

Centrarme en las soluciones fue una revelación para mí. Yo había ido como observadora a una reunión de clase donde los alumnos se estaban centrando en encontrar una "consecuencia" para un compañero que había vuelto tarde del recreo. Advertí que todas las "consecuencias" que sugerían eran muy punitivas. Les pedí que hicieran una pausa y les pregunté: "¿Qué creéis que pasaría si os centrarais en buscar soluciones para este problema en vez de pensar en consecuencias?". Los niños captaron la idea de inmediato. A partir de entonces, todas sus sugerencias fueron soluciones útiles. Comencé a compartir la idea de centrarse en las soluciones con padres y profesores, quienes más adelante me dijeron que estaban asombrados de cuánto habían disminuido las luchas de poder tanto en casa como en clase.

Otro cambio que usted hallará en este libro es mi hincapié en el hecho de que los adultos somos responsables de muchos problemas de conducta. Antes de decir nada más, quiero compartir que mi mayor duda para escribir sobre esto era que no quería bajo ningún concepto que esto sonara a culpa: solo a conciencia y responsabilidad. Dicho esto, yo no hacía más que observar que muchas de las conductas difíciles que frustraban a padres y profesores podían modificarse si ellos cambiaban primero. Francamente, me cansé de estar siempre oyendo a los adultos quejarse de lo que hacían sus hijos o alumnos.

Comencé a preguntarles, con la mayor delicadeza posible, qué hacían ellos para contribuir al problema. Me parecía que algunas "malas conductas" de los niños estaban "desencadenadas" por los adultos. Un ejemplo era cómo se "rebelaban" muchos niños cuando sus padres o profesores les exigían algo. Estos mismos niños quizá se mostrarían muy colaboradores si los adultos de su vida los implicaran en hallar soluciones durante reuniones de familia o clase, o los ayudaran a crear tablas de rutinas y luego les preguntaran "¿En qué habíamos quedado?" o "¿Qué tienes que estar haciendo ahora?". Naturalmente, esto no dará resultado en todas las situaciones; por eso la disciplina positiva tiene tantas herramientas distintas.

"Cómo influye nuestra personalidad en la de nuestros hijos" es un nuevo capítulo que ayuda a los adultos a comprender qué provoca en los niños nuestra propia personalidad, tanto positiva como negativamente. Muchos adultos no son conscientes de cómo influye ahora en sus hijos la personalidad que ellos formaron a partir de decisiones que tomaron cuando eran pequeños. La información de este capítulo puede ser un modo entretenido de aprender a superar conductas que inducen a nuestros hijos a tomar malas decisiones mientras forman su personalidad. Una vez más, esta información no debería utilizarse nunca para atribuir culpas ni para encasillar ni juzgar a nadie. Darnos cuenta de las cosas es la clave para cambiar.

La forma de educar a los hijos ha atravesado muchos cambios en estos últimos veinticinco años. Un gran cambio reside en que ahora asisten más padres a mis charlas y talleres para madres y padres, y en que están mucho más implicados en la educación de sus hijos. Algunos de los cambios (tales como el materialismo y la sobreprotección) pueden remediarse si padres y madres prestan mucha atención a algunas de las sugerencias que siempre he hecho en este libro, tales como cuánto perjudica a los niños que los adultos hagamos demasiadas cosas por ellos, los sobreprotejamos, los rescatemos, no pasemos suficiente tiempo con ellos, les compremos demasiadas cosas, les hagamos los deberes, les insistamos, les exijamos, despotriquemos y luego cedamos.

La base para que un niño tenga una buena autoestima reside en que desarrolle la creencia de que "soy capaz". Los niños no desarrollan esta creencia cuando sus padres hacen cualquiera de estas cosas. Ni tampoco desarrollan las competencias que los ayudan a sentirse capaces cuando hacen siempre lo que ellos les dicen y no participan en la búsqueda de soluciones en un entorno donde se sientan respetados y puedan adquirir práctica en las competencias que sus padres esperan que desarrollen.

Aunque las reuniones de familia y clase son ahora más comunes que antes, aún nos queda un largo camino por recorrer. Es en estas reuniones donde los niños tienen ocasión de desarrollar las siete percepciones y competencias importantes descritas en el primer capítulo y, no obstante, demasiados padres y profesores parecen creer que sus hijos y alumnos las pueden desarrollar sin ninguna experiencia ni práctica.

Recientemente, me entrevistó para un artículo de su revista un redactor que opinaba que, hoy en día, casi todo el mundo sabe que el castigo no da resultado con los niños. Ojalá fuera eso cierto. Hasta que lo sea, hay mucho que hacer. Yo sigo soñando con instaurar la paz en el mundo instaurándola primero en las casas y las aulas. Cuando tratemos a los niños con dignidad y respeto y les enseñemos competencias valiosas para la vida, ellos difundirán la paz por el mundo.

Algunos libros sobre disciplina están escritos para los padres. Otros lo están para los profesores. Este libro va dirigido a ambos porque:

- Los conceptos son los mismos para padres y profesores. La única diferencia es el entorno donde se aplican. Muchos profesores también son padres que querrían utilizar estos conceptos en casa y en clase.
- El entendimiento y la colaboración entre padres y profesores mejoran cuando unos y otros comparten los mismos métodos positivos para ayudar a sus hijos y alumnos y para ayudarse entre ellos.

Los principios de la disciplina positiva se pueden comparar con un rompecabezas de muchos conceptos (piezas). Es difícil ver la imagen completa hasta no tener todas o casi todas las piezas. A veces, un concepto no tiene sentido hasta combinarse con otro concepto o actitud.

Unas cuantas piezas del rompecabezas

Comprender los cuatro objetivos de la mala conducta
Amabilidad y firmeza al mismo tiempo

Respeto mutuo
Errores como oportunidades para aprender
Responsabilidad social
Reuniones de familia y clase
Implicar a los niños en la resolución de los problemas
Motivación

Cuando algo vaya mal, compruebe si falta alguna de estas piezas. Por ejemplo, los problemas pueden no resolverse con eficacia si los adultos o los niños no conciben los errores como oportunidades para aprender. Las reuniones de familia o clase pueden no ser eficaces mientras los participantes no se respeten ni tengan responsabilidad social. Demasiada amabilidad sin firmeza puede convertirse en permisividad, y demasiada firmeza sin amabilidad puede convertirse en una severidad excesiva. A veces, tenemos que dejar de abordar la mala conducta y sanar antes la relación. A menudo, la curación entraña una motivación que elimina la necesidad de la mala conducta sin abordarla directamente. Mientras los adultos no comprenden la creencia en la que se sustenta la conducta mediante el conocimiento de los objetivos erróneos, puede parecer que la motivación no da resultado.

A lo largo de todo el libro, se aportan ejemplos de cómo se han utilizado con éxito los principios de la disciplina positiva en casa y en clase. Cuando usted comprenda los principios, su sentido común y su intuición le permitirán aplicarlos a su propia vida. Miles de padres y profesores se han apoyado mutuamente en el aprendizaje de los conceptos de la disciplina positiva participando en grupos de estudio para padres y/o profesores. En estos grupos de estudio, no hay ningún experto, todo el mundo se siente libre de compartir sus errores y todos se ayudan para aprender. Todos sabemos lo fácil que es encontrar soluciones a los problemas de los demás: en ese caso, tenemos perspectiva, objetividad e ideas creativas. Con nuestros propios problemas, a menudo nos implicamos emocionalmente y perdemos la perspectiva y el sentido común. En los grupos de estudio, padres y profesores se dan cuenta de que no están solos, de que nadie es perfecto y de que todo el mundo tiene inquietudes parecidas. La reacción universal de los padres y profesores que asisten a grupos de estudio es "¡Qué alivio saber que no soy el único que se siente frustrado!". Consuela saber que hay otras personas en nuestro mismo barco. En los grupos de estudio, los conductores dejan claro que no son expertos. Los grupos son mucho más eficaces si nadie asume el papel de experto. Un director o dos codirectores de grupo se encargan de hacer las preguntas y de que el grupo se aplique a la tarea, no de proporcionar las respuestas. Si nadie del grupo sabe la respuesta a una pregunta, hay que dejar tiempo para consultar el libro.

Los apéndices ofrecen algunos criterios para coordinar un grupo de estudio con eficacia. Un grupo puede estar formado por un mínimo de dos personas y un máximo de diez. Si el grupo rebasa esta cifra, sus componentes tienen menos oportunidades para participar. Los miembros del grupo deben leerse los capítulos, estar preparados para comentar las preguntas y colaborar con los directores de grupo aplicándose a la tarea. Si un miembro del grupo no ha tenido tiempo de leerse el capítulo asignado, puede, pese a ello, sacar provecho de escuchar la discusión y participar en las actividades experienciales.

No es necesario aceptar todos los principios de golpe. Utilice únicamente lo que le parezca razonable en cada momento. Y si oye algo que no le parece bien, no sea radical. Algunos conceptos que ahora parecen difíciles de aceptar o comprender pueden parecer más razonables más adelante. Una participante dijo que había probado algunos de los principios con su hijo, solo para demostrar que no daban resultado, y que le había sorprendido el cambio positivo que aquello había dado a su relación. Más adelante, se hizo directora de grupos de estudio para padres porque quería compartir aquellos conceptos que tanto la habían ayudado.

Mientras usted intenta cambiar sus viejas costumbres, ayuda tener paciencia consigo mismo y con sus hijos. Conforme vaya profundizando en la comprensión de los principios, su aplicación práctica se volverá más sencilla. Tener paciencia y humor y estar dispuesto a perdonar favorecerá su proceso de aprendizaje.

Una advertencia más: pruebe los métodos de uno en uno. Va usted a aprender muchos nuevos conceptos y técnicas que requerirán práctica para poder aplicarse con eficacia. Exigirse demasiado puede ser desconcertante y decepcionante para usted. Aplique los métodos de uno en uno y proceda despacio, recordando que debe concebir los errores como oportunidades para aprender.

Muchos padres y profesores han observado que, aunque sus hijos y alumnos no se vuelven perfectos, disfrutan mucho más educándolos cuando han aplicado estos conceptos y actitudes. Eso es lo que yo le deseo a usted.

CÓMO EDUCAR CON FIRMEZA Y CARIÑO

Capítulo 1

EL ENFOQUE POSITIVO

Si es usted profesor, ¿lleva enseñando el tiempo suficiente como para recordar la época en que los alumnos se quedaban sentados en ordenadas filas y hacían obedientemente lo que les decían? Si es usted padre o madre, ¿recuerda la época en que los hijos no se atrevían a replicar a sus padres? Quizá no lo recuerde, pero es posible que sus abuelos sí.

Hoy en día, muchos padres y profesores están frustrados porque los niños no se comportan como en los viejos tiempos. ¿Qué ha sucedido? ¿Por qué no desarrollan los niños de hoy la misma clase de responsabilidad y motivación que parecían predominar en los niños de antaño?

Hay muchas explicaciones posibles, tales como hogares rotos, demasiada televisión, juegos de vídeo y madres que trabajan fuera de casa. Estos factores son tan comunes en nuestra sociedad actual que la situación parecería bastante desesperada si explicaran realmente nuestras actuales dificultades con los niños. (Y todos conocemos a muchas madres solteras trabajadoras que están educando a sus hijos magníficamente porque utilizan técnicas eficaces.) Rudolf Dreikurs[1] tenía otra teoría.

Hay muchos cambios importantes que se han producido en la sociedad en estos últimos años que explican más directamente las diferencias de los niños de hoy. La perspectiva es muy alentadora porque, con conciencia y ganas, podemos contrarrestar estos cambios y, con ello, eliminar también algunos de los problemas que muchos atribuyen a hogares rotos, a ver demasiada televisión y a madres que trabajan fuera de casa.

El primer cambio importante reside en que los adultos ya no dan a los niños un ejemplo o modelo de sometimiento y obediencia. Los adultos olvidan que ya no se comportan como en los viejos tiempos. ¿Recuerda cuando su madre hacía dócilmente todo lo que le decía su marido, o al menos daba esa impresión, porque eso era lo que estaba culturalmente aceptado? En los viejos tiempos, pocas personas cuestionaban la noción de que las decisiones paternas fueran inapelables.

Debido al movimiento en favor de los derechos humanos, esto ya no es así. Rudolf Dreikurs señaló que "cuando el padre dejó de dominar a la madre, ambos dejaron de dominar a sus hijos". Esto significa únicamente que la madre dejó de transmitir a sus hijos un modelo de sometimiento. Eso se llama progreso. Muchas de las cosas de los viejos tiempos no eran tan buenas.

Por aquel entonces, había muchos modelos de sumisión. El padre obedecía a su jefe (que no estaba interesado en sus opiniones) para no quedarse sin empleo. Los grupos minoritarios aceptaban someterse en gran detrimento de su dignidad personal. Hoy en día, todos los grupos minoritarios están reivindicando activamente su derecho a una igualdad completa y a la dignidad. Es difícil encontrar a alguien que esté dispuesto a aceptar un papel inferior y sumiso en la vida. Los niños están simplemente siguiendo los ejemplos que ven a su alrededor. También ellos quieren que los traten con dignidad y respeto.

Es importante señalar que ser iguales no significa ser "idénticos". Cien céntimos de euro y un euro son muy distintos, pero iguales. Obviamente, los niños no merecen todos los derechos que entraña tener más experiencia, competencias y madurez. Es importante que los adultos los dirijan y guíen. No obstante, merecen ser tratados con dignidad y respeto. También merecen tener la oportunidad de desarrollar las competencias para la vida que necesitan en un entorno amable y firme que no les inflija culpa, vergüenza ni dolor.

Otro cambio importante radica en que, en la sociedad actual, los niños tienen menos ocasiones para aprender a ser responsables y sentirse motivados. Ahora, ya no los necesitamos para que contribuyan de una forma significativa a la supervivencia económica familiar. En vez de eso, les damos demasiado en nombre del amor sin ningún esfuerzo ni inversión por su parte y, en consecuencia, ellos se creen con derecho a merecerlo todo. Demasiados padres y madres creen que los buenos padres protegen a sus hijos de cualquier decepción. Los rescatan y sobreprotegen, privándolos de la oportunidad de sentirse con capacidad para afrontar los altibajos de la vida. A menudo, no dedican tiempo a enseñarles competencias para la vida porque llevan una vida muy ajetreada o porque no comprenden la importancia de que sus hijos colaboren. Con frecuencia, privamos a nuestros hijos de oportunidades para que se sientan tenidos en cuenta e importantes colaborando de una forma responsable, y luego nos quejamos y los criticamos por no ser responsables.

Los niños no desarrollan su responsabilidad cuando sus padres y profesores son demasiado estrictos y controladores, ni tampoco lo hacen cuando sus padres y profesores son permisivos. Los niños aprenden a ser responsables cuando tienen oportunidades para aprender valiosas competencias sociales y para la vida en un entorno de amabilidad, firmeza, dignidad y respeto.

Es importante señalar que eliminar el castigo no significa permitir que los niños hagan lo que les apetezca. Necesitamos brindarles oportunidades para experimentar la responsabilidad en relación directa con los privilegios de que disfrutan. De lo contrario, se convierten en receptores dependientes que sienten que su único modo de conseguir ser importantes y que los tengan en cuenta es manipulando a otras personas para su provecho. Algunos niños acaban creyendo que "No me quieren a menos que se hagan cargo de mí". Otros pueden terminar creyendo que no deberían intentarlo porque no pueden hacer mucho que no vaya a avergonzarlos o hacerlos sufrir. Lo más triste es cuando terminan creyendo que "No soy lo bastante bueno" porque no tienen ocasión de practicar competencias que los ayudarían a sentirse capaces. Estos niños invierten mucha energía en conductas rebeldes o de evitación.

Cuando dirigen toda su inteligencia y energía a la manipulación, la rebelión y la evitación, los niños no desarrollan las percepciones y competencias que necesitan para convertirse en personas capaces. En el libro *Raising Self-Reliant Children in a Self-Indulgent World,*[2] H. Stephen Glenn y yo identificamos las siete percepciones y competencias importantes que necesitamos para convertirnos en personas capaces.

Las siete percepciones y competencias importantes

1. Una buena percepción de las capacidades propias: "Soy capaz".
2. Una buena percepción de la importancia propia en las relaciones primordiales: "Contribuyo de formas importantes y se me necesita genuinamente".
3. Una buena percepción del poder o influencia propios sobre la vida: "Puedo influir en lo que me sucede".
4. Buenas competencias intrapersonales: la capacidad de comprender las emociones propias y utilizar esa comprensión para desarrollar la autodisciplina y el autocontrol.
5. Buenas competencias interpersonales: la capacidad de colaborar con otras personas y hacer amistades basadas en la comunicación, la colaboración, los pactos, la empatía y saber escuchar.

6. Buenas competencias sistémicas: la capacidad de responder a los límites y consecuencias de la vida cotidiana con responsabilidad, adaptabilidad, flexibilidad e integridad.
7. Buenas competencias críticas: la capacidad de utilizar la sabiduría y evaluar las situaciones en virtud de valores adecuados.

Los niños desarrollaban estas percepciones y competencias de forma natural cuando podían trabajar junto a sus padres, aprendiendo en la práctica mientras hacían importantes contribuciones al estilo de vida familiar. Lo irónico es que, en los viejos tiempos, los niños tenían la oportunidad de desarrollar sus competencias para la vida, pero apenas tenían ocasión de utilizarlas. Ahora, el mundo rebosa de oportunidades para las cuales demasiados niños no están preparados. Hoy en día, los niños no tienen muchas oportunidades naturales para sentirse necesitados e importantes, pero sus padres y profesores se las pueden brindar si se lo proponen. Una maravillosa ventaja añadida es que se pueden eliminar casi todos los problemas de conducta cuando padres y profesores aprenden formas más eficaces de ayudar a sus hijos y alumnos a desarrollar percepciones y competencias saludables. El origen de casi todas las malas conductas es un desarrollo deficiente de estas siete percepciones y competencias importantes.

Comprender por qué los niños no se portan como antes es el primer paso que deben dar los padres y profesores que tienen dificultades con la disciplina de sus hijos y alumnos. Necesitamos comprender por qué los métodos controladores, que tan buen resultado daban hace años, no son efectivos con los niños de hoy. Necesitamos comprender nuestra obligación de procurarles oportunidades, que antes les procuraban las circunstancias, para que ellos puedan sentirse responsables y motivados. Y, lo más importante, necesitamos comprender que la colaboración basada en el respeto mutuo y la responsabilidad compartida es, sin lugar a duda, bastante más eficaz que el control autoritario (veáse Tabla 1.1).

TABLA 1.1
LOS TRES PRINCIPALES ENFOQUES PARA LA INTERACCIÓN ENTRE ADULTOS Y NIÑOS

SEVERIDAD (control excesivo)	• Orden sin libertad • Ninguna opción • "Tú lo haces porque yo lo digo"
PERMISIVIDAD (sin límites)	• Libertad sin orden • Opciones ilimitadas "Puedes hacer lo que te apetezca"
DISCIPLINA POSITIVA (amabilidad y firmeza al mismo tiempo)	• "Libertad con orden • Opciones limitadas • "Puedes decidir qué hacer dentro de unos límites que sean respetuosos con todos"

La actitud de los padres y profesores que optan por uno de estos tres enfoques es muy distinta.

Severidad: "Estas son las reglas a las que debes atenerte y este es el castigo que recibirás por contravenirlas." Los niños no participan en la toma de decisiones.

Permisividad: "No hay reglas. Estoy seguro de que nos querremos y seremos felices, y más adelante tú podrás decidir tus propias reglas."

Disciplina positiva: "Juntos, decidiremos reglas que nos convengan a los dos. También decidiremos soluciones que nos sirvan a todos cuando tengamos problemas. Cuando tenga que utilizar mi criterio sin tu opinión, lo haré con firmeza y amabilidad, dignidad y respeto."

Para ilustrar de un modo entretenido las diferencias extremas entre estos tres enfoques, el doctor John Platt[3] cuenta la historia de Johny, un niño de tres años, a la hora del desayuno en cada hogar. En el hogar severo, donde la madre sabe qué es lo mejor para él, Johny no puede elegir qué desayunar. En un día frío y lluvioso, las madres severas del mundo entero saben que lo que Johny necesita son unos cereales con leche caliente para pasar bien el día. Johny, no obstante, tiene una idea distinta. Mira el tazón y dice: "¡Puaj! ¡No lo quiero!". Hace cien años, era mucho más fácil ser una madre estricta y controladora. Habría bastado con que hubiera dicho "¡Cómetelo!" y Johny habría obedecido. Hoy en día es más difícil, por lo que esta madre pasa por los cuatro pasos siguientes en un intento de que su hijo la obedezca.

Primer paso: intenta convencer a Johny de que necesita comerse los cereales para pasar bien el día. Sus argumentos no dejan a su hijo muy impresionado.

Segundo paso: la madre intenta que los cereales sepan mejor. Prueba con toda clase de mejunjes: azúcar moreno, canela, pasas, miel, jarabe de arce e incluso virutas de chocolate. Johny se toma otra cucharada y sigue diciendo: "¡Puaj! ¡Los odio!".

Tercer paso: la madre intenta apelar a la gratitud de su hijo. "Pero, Johny, piensa en todos los niños de África que se están muriendo de hambre." Johny sigue sin estar impresionado y responde: "Bueno, pues envíaselos a ellos".

Cuarto paso: ahora la madre está exasperada y siente que su única alternativa es dar a su hijo una lección por desobedecerla. Lo azota y le dice que a ella le da lo mismo que se quede con hambre.

La madre se siente bien con la forma en que ha abordado la situación durante unos treinta minutos antes de comenzar a sentirse culpable. ¿Qué va a pensar la gente cuando descubra que ella no ha conseguido que su hijo coma? ¿Y si Johny está sufriendo por no haber comido?

Johny se queda jugando afuera durante el tiempo suficiente para que su madre se sienta culpable y entonces entra y dice: "¡Mami, mi tripita se muere de hambre!".

La madre procede ahora a darle el sermón más divertido que existe: el sermón de "ya te lo había dicho". No se da cuenta de que Johny está con la mirada perdida mientras espera a que ella termine para poder volver a sus cosas. La madre se siente muy bien con el sermón que le ha dado. Ahora ha cumplido con su deber de demostrarle cuánta razón tenía. Luego, le da una galleta y vuelve a enviarlo afuera a jugar. Para compensar la pérdida nutricional causada por la falta de un buen desayuno, entra en la cocina y empieza a preparar hígado con brécol. ¿Adivina cómo va a ser el almuerzo?

La próxima escena se sitúa en un hogar permisivo, donde la madre está formando a un futuro anarquista. Cuando este Johny entra en la cocina, ella dice: "¿Qué te apetece desayunar, cielo?".

Como Johny ya tiene tres años de formación, es un auténtico "cielo" y procede a repasar con su madre lo que ha aprendido. Pide primero un huevo pasado por agua en una tostada. Hace hervir nueve huevos a su madre antes de que ella consiga el punto justo. Entonces decide que en realidad no quiere un huevo pasado por agua, sino torrijas. A la madre le quedan tres huevos, así que le hace torrijas. Entretanto, Johny ha estado viendo la televisión. Durante la pausa para la publicidad, ve que los deportistas pueden hacer cosas maravillosas si se toman el "desayuno de los campeones". Dice: "¡Quiero copos de maíz, mamá!". Cuando los prueba, cambia de opinión y pide copos de arroz azucarados con sabor a chocolate. Su madre no tiene copos de arroz azucarados con sabor a chocolate, pero corre a la tienda a comprarlos. Johny no necesita conseguir que su madre se sienta culpable. Ella ya lo hace durante las veinticuatro horas del día.

Estas historias no son exageraciones. Son ejemplos de situaciones reales. Una madre me dijo que su hijo se negaba a comer nada que no fueran patatas fritas. Yo le pregunté que de dónde las sacaba él. Ella exclamó: "Bueno, ¡se las compro yo, porque él no come nada más!". Muchos niños están siendo educados para ser tiranos que solo se sienten importantes si pueden manipular a otras personas para que satisfagan sus exigencias.

Visitaremos ahora un hogar donde se aplica la disciplina positiva. Hay dos diferencias significativas antes de que el desayuno comience. En primer lugar, Johny estará vestido y tendrá la cama hecha antes de bajar siquiera a desayunar. (Más adelante, explicaré cómo lograrlo.) La segunda diferencia reside en que Johny hará alguna cosa para colaborar en la rutina familiar, tal como poner la mesa, hacer las tostadas o revolver los huevos. (Sí, los niños de tres años pueden revolver los huevos, como veremos cuando hablemos de las tareas domésticas.)

Esta mañana tocan cereales. La madre da a Johny una opción limitada. "¿Te apetecen copos de avena o de maíz?" (Ella no compra cereales con sabor a chocolate.)

Este Johny también ha estado viendo anuncios en televisión sobre qué comen los grandes deportistas, así que elige los copos de maíz. Nada más probarlos, cambia de opinión y dice: "¡No los quiero!".

La madre dice: "Bien. Los copos de maíz no se pueden volver a meter en la bolsa. Ve afuera a jugar y nos veremos a la hora de comer". Fíjese en que esta madre se ha saltado todos los pasos por los que ha pasado la madre controladora. No ha intentado convencer a Johny, hablarle de niños hambrientos ni que los cereales supieran mejor. Ni siquiera ha tenido que darle un azote. Se ha limitado a permitir que su hijo experimente las consecuencias de su decisión.

Como la madre es nueva en esto, Johny intenta conseguir que se sienta culpable. Al cabo de dos horas, cuando le dice que su tripita se muere de hambre, ella le responde respetuosamente: "Me lo puedo imaginar". Evita su sermón de "Ya te lo había dicho" y, en vez de eso, lo tranquiliza, diciéndole: "Estoy segura de que podrás aguantar hasta la hora de comer".

Sería bonito si la historia terminara aquí con la comprensión y colaboración de Johny; no obstante, no sucede tan deprisa. Johny no está habituado a que su madre actúe de esa forma. Está frustrado porque no ha conseguido lo que esperaba y tiene un berrinche. En este punto sería lógico que casi todas las madres pensaran: "Esto de la disciplina positiva no funciona". La madre de Johny conocía la explicación siguiente, que ilustra lo que a menudo sucede cuando modificamos nuestro enfoque disciplinario.

Los niños están habituados a suscitar determinadas reacciones en los adultos. Cuando nosotros modificamos nuestras reacciones, es probable que ellos exageren su conducta (la empeoren) en un intento de conseguir que reaccionemos con lo que se supone que deberíamos hacer. Es lo mismo que ocurre cuando metemos dinero en un dispensador de bebidas y la bebida no sale: lo aporreamos para intentar conseguir que haga lo que se supone que debería hacer.

El problema de la "severidad" radica en que, cuando una conducta se castiga, esta cesa de inmediato, pero enseguida se reanuda.

Aunque un niño puede portarse peor cuando las técnicas de la disciplina positiva se aplican por vez primera, usted observará que hay un período de calma antes de que reincida en su mala conducta. Cuando un niño experimenta que sus tácticas de manipulación no dan resultado, lo más probable es que vuelva a intentarlo, solo para asegurarse. Cuando la disciplina positiva se aplica de una forma sistemática, las malas conductas van perdiendo intensidad y los períodos de calma se van prolongando.

Cuando somos firmes con dignidad y respeto, los niños enseguida aprenden que portándose mal no consiguen lo que esperaban y eso los motiva para modificar su conducta, dejando su autoestima intacta. Una vez que sabemos esto, atravesar el breve período en que la conducta de nuestros hijos y alumnos empeora no es tan malo como las constantes luchas de poder que suscita un enfoque excesivamente controlador.

Cuando Johny tiene un berrinche, su madre puede irse a otra habitación para que los dos tengan tiempo de tranquilizarse y sentirse mejor (explicado en el capítulo 7). Luego, pueden pensar juntos en una solución al problema si el niño tiene edad para participar en su resolución. Con niños más pequeños, sentirse mejor o una simple distracción suele bastar para que modifiquen su conducta.

Esta historia procura muchos ejemplos de las diferencias entre los tres enfoques para la interacción entre adultos y niños e ilustra cuánto más efectivo es utilizar la disciplina positiva para obtener resultados que sean eficaces a largo plazo. No obstante, aún queda mucho trabajo por hacer para convencer a algunos adultos de los beneficios a largo plazo de la disciplina positiva.

Muchos adultos no quieren dejar de intentar ejercer un control excesivo porque creen erróneamente que la única alternativa es la permisividad, la cual es muy poco saludable para niños y adultos. Los niños que reciben una educación permisiva crecen creyendo que tienen derecho a que se lo den todo regalado. Están educados para invertir toda su energía e inteligencia en manipular y dar la lata a los adultos para que se ocupen de todos sus deseos. Se pasan más tiempo intentando eludir sus responsabilidades que desarrollando su independencia y sus capacidades.

TENGA CUIDADO CON LO QUE DA RESULTADO

Muchas personas están firmemente convencidas de que la severidad y el castigo dan resultado. Estoy de acuerdo. Yo nunca diría que el castigo no es efectivo. Lo es en la medida en que suele interrumpir la conducta de inmediato. Pero ¿cuáles son los resultados a largo plazo? Los resultados inmediatos a menudo nos engañan. En ocasiones, debemos tener cuidado con lo que da resultado cuando sus repercusiones a largo plazo son negativas. Cuando los castigan, los niños adoptan a la larga una o las cuatro "R" del castigo:

1. Resentimiento: "Esto es injusto. No puedo confiar en los adultos."
2. Revancha: "Ahora están ganando, pero me las pagarán."
3. Rebelión: "Voy a hacer justo lo contrario para demostrarles que no necesito hacerlo a su manera."
4. Retraimiento:
   a. Disimulo: "La próxima vez no me cogerán."
   b. Baja autoestima: "Soy mala persona."

Normalmente, los niños no son conscientes de las decisiones que están tomando como reacción a que los castiguen. No obstante, su conducta futura está basada en estas decisiones subconscientes. Por ejemplo, un niño puede decidir que "Soy mala persona" y continuar interpretando ese papel. Otro niño, que toma la misma decisión, se puede convertir en un adicto a la aprobación externa para obtener el amor que no cree merecer. Por este motivo, los adultos necesitan ser más conscientes de los efectos a largo plazo de sus actos en lugar de dejarse engañar por los resultados a corto plazo.

¿De dónde hemos sacado la idea loca de que, para que los niños lo hagan mejor, antes tienen que sentirse peor? Piense en la última vez en que se sintió humillado o tratado injustamente. ¿Tuvo

ganas de colaborar o de hacerlo mejor? Cierre los ojos y recuerde un momento reciente (o un momento de su infancia) en que alguien intentó motivarle para que lo hiciera mejor intentando que se sintiera mal. Recuerde exactamente qué sucedió. Cobre conciencia de lo que estuvo decidiendo con respecto a usted, a la otra persona y a qué hacer en el futuro (aunque lo más probable es que en ese momento no fuera consciente de estar tomando ninguna decisión). ¿Se sintió motivado para hacerlo mejor? De ser así, ¿fue una sensación agradable, o se basó en sentimientos negativos hacia usted y la otra persona? ¿Tuvo ganas de darse por vencido o disimular para poder evitar ulteriores humillaciones? ¿O quiso convertirse en un adicto a la aprobación externa, renunciando a gran parte de su persona para complacer a los demás? Los niños no desarrollan características positivas a partir de los sentimientos y las decisiones subconscientes que toman como resultado del castigo.

Los padres y profesores que no comulgan con el control excesivo ni con la permisividad, pero no saben qué otra cosa hacer, pueden, debido a su confusión, oscilar entre estas dos ineficaces alternativas. Pueden ejercer un control excesivo hasta que no se soportan por ser tan tiránicos. Entonces se vuelven permisivos hasta que no soportan lo consentidos y reclamantes que se vuelven sus hijos y alumnos, con lo que vuelven a ejercer un control excesivo.

¿Cuál es el precio cuando el control excesivo parece ser efectivo con algunos niños? Las investigaciones han demostrado que los niños que reciben muchos castigos se vuelven rebeldes o sumisos. La disciplina positiva no incluye la culpa, la vergüenza o el dolor (físico y emocional) como motivadores. Por otra parte, la permisividad es humillante para adultos y niños y crea una codependencia poco saludable en vez de fomentar la independencia y la colaboración. El propósito de la disciplina positiva reside en lograr resultados positivos a largo plazo, así como responsabilidad y colaboración.

Puesto que muchos padres y profesores creen que la única alternativa a abandonar el control excesivo y la severidad es la permisividad, es importante que definamos el concepto de disciplina. "Disciplina" es un término que a menudo utilizamos erróneamente. Muchas personas la igualan al castigo, o al menos creen que el castigo es la forma de ayudar a las personas a ser disciplinadas. No obstante, disciplina proviene del término latino *discipulus* o *disciplini,* que significa "seguidores de la verdad, los principios o un maestro venerado". Nuestros hijos y alumnos no se convertirán en seguidores de la verdad y los principios a menos que su motivación proceda de un locus interno de control, es decir, mientras no aprenden autodisciplina. Tanto el castigo como los premios provienen de un locus externo de control.

SI NO SEVERIDAD NI TAMPOCO PERMISIVIDAD, ¿QUÉ ENTONCES?

La disciplina positiva es un enfoque que no incluye ni el control excesivo ni la permisividad. ¿En qué se distingue de otros métodos disciplinarios? Una diferencia radica en que no es humillante ni para los niños ni para los adultos.

La disciplina positiva está basada en el respeto mutuo y la colaboración. Incorpora la noción de ser amables y firmes al mismo tiempo como base para enseñar competencias para la vida fundamentadas en un locus interno de control.

Cuando se ejerce un control excesivo, los niños dependen de un "locus externo de control". Es responsabilidad del adulto ejercer un control constante sobre la conducta del niño. La forma más popular de control excesivo utilizada por padres y profesores es un sistema de premios y castigos. Con este sistema, los adultos deben "pillar" a los niños portándose bien para premiarlos y "pillarlos" portándose mal para castigarlos. ¿Quién está asumiendo la responsabilidad? Obviamente, el adulto; ¿y qué ocurre cuando él no está? Los niños no aprenden a responsabilizarse de su propia conducta.

Es interesante señalar con cuánta frecuencia se quejan los adultos controladores de la irresponsabilidad de los niños sin darse cuenta de que los están educando para ser irresponsables. La permisividad también enseña irresponsabilidad, porque tanto los adultos como los niños la eluden.

Uno de los conceptos más importantes para entender la disciplina positiva es que los niños están más dispuestos a cumplir reglas que ellos han contribuido a establecer. Cuando aprenden a colaborar en la familia, la clase y la sociedad, se convierten en personas que saben tomar decisiones y tienen un concepto saludable de sí mismas. Estos son importantes efectos a largo plazo de la disciplina positiva. Pueden resumirse del modo siguiente:

Los cuatro criterios para una disciplina eficaz

1. ¿Es amable y firme al mismo tiempo? (Respetuosa y motivadora.)
2. ¿Ayuda a los niños a sentirse tenidos en cuenta e importantes? (Conexión.)
3. ¿Es eficaz a largo plazo? (El castigo da resultado a corto plazo, pero tiene efectos negativos a largo plazo.)
4. ¿Enseña valiosas competencias sociales y para la vida? (Respeto, interés por los demás, habilidad para resolver problemas, responsabilidad, participación, colaboración.)

El castigo no satisface ninguno de estos criterios. Todos los métodos de la disciplina positiva lo hacen. El primer criterio, amabilidad y firmeza al mismo tiempo, es la piedra angular de la disciplina positiva.

AMABILIDAD Y FIRMEZA AL MISMO TIEMPO

Rudolf Dreikurs enseñó la importancia de ser amables y firmes al mismo tiempo en nuestras relaciones con los niños. La amabilidad es importante para demostrar que respetamos al niño. La firmeza es importante para demostrar que nos respetamos a nosotros y respetamos las necesidades de la situación. Los métodos autoritarios carecen habitualmente de amabilidad. Los métodos permisivos carecen de firmeza. La amabilidad y la firmeza son esenciales para la disciplina positiva.

Muchos padres y profesores tienen dificultades con este concepto por muchos motivos. Uno es que a menudo no se sienten con ganas de ser amables cuando un niño los ha sacado de sus casillas. Una vez más, quiero preguntar: "Si los adultos quieren que los niños aprendan a dominar su conducta, ¿es demasiado pedir que ellos aprendan a dominar la suya?". A menudo, son los adultos quienes deberían hacer una pausa obligada positiva (tratada en el capítulo 6) hasta sentirse mejor para poder hacerlo mejor.

Otro motivo por el que los adultos tienen dificultades para ser amables y firmes al mismo tiempo reside en que no saben cómo se hace. Pueden estar atrapados en el círculo vicioso de ser demasiado firmes cuando se disgustan, o porque no saben qué otra cosa hacer, y ser luego demasiado permisivos para compensar su exceso de firmeza.

Muchos padres y profesores tienen un concepto equivocado de la amabilidad. Uno de los mayores errores que algunos padres y profesores cometen cuando deciden adoptar un enfoque disciplinario positivo reside en volverse demasiado permisivos porque no quieren ser punitivos. Algunos creen erróneamente que están siendo amables cuando complacen a sus hijos, o cuando los rescatan y protegen de cualquier decepción. Esto no es ser amable: es ser permisivo. Ser amable entraña ser respetuoso con el niño y con uno mismo. No es respetuoso consentir a los niños. No es respetuoso protegerlos de todas las decepciones para que no tengan ocasión de desarrollar sus "músculos de la decepción". Es respetuoso reafirmar sus sentimientos: "Veo que estás decepcionado (o enfadado, o disgustado, etc.)". A continuación, es respetuoso tener fe en que pueden superar la decepción y, al hacerlo, sentirse cada vez más capaces.

Ahora, veamos cómo podemos ser respetuosos con nosotros mismos. No es amable permitir que los niños nos traten (o traten a otras personas) de un modo irrespetuoso. Aquí es donde las cosas se complican un poco. No permitir a un niño que nos falte al respeto no significa abordar la situación de un modo punitivo. El castigo es muy irrespetuoso. Entonces, ¿cómo debemos actuar?

Imaginemos que un niño le replica. Una forma amable y firme de abordar esta situación es marcharse de la habitación. Ah, ya oigo las objeciones: "¿Pero no es eso permitir que el niño se salga con la suya?". Analicemos la situación con más detenimiento. Usted no puede obligar a nadie a tratarle con respeto, pero sí puede tratarse a sí mismo con respeto. Marcharse es un modo de hacerlo, y un ejemplo claro para los niños. Siempre puede abordar la situación más tarde, cuando todo el mundo haya tenido ocasión de calmarse y sentirse mejor para poder hacerlo mejor.

En ese momento, usted podría decir: "Cielo, siento que te hayas enfadado tanto. Respeto tus sentimientos, pero no cómo los expresas. Siempre que me faltes al respeto, yo me iré durante un rato. Te quiero y quiero estar contigo, así que, cuando estés listo para tratarme con respeto, puedes decírmelo y a mí me encantará ayudarte a encontrar otras formas de resolver tu enfado. Entonces podremos centrarnos en encontrar una solución que sea respetuosa para los dos". Es mejor decir a un niño lo que vamos a hacer con antelación cuando todo el mundo se ha tranquilizado.

Nunca está de más incidir en que demasiados padres creen que necesitan abordar el problema en el momento del disgusto.

Este es el peor momento para abordar un problema. Cuando las personas están disgustadas, se conectan con su cerebro primitivo, donde la única opción es pelear (luchas de poder) o huir (retraerse y no comunicarse). No podemos pensar racionalmente cuando estamos conectados con nuestro cerebro primitivo. Decimos cosas que luego lamentamos. La única actitud razonable es serenarnos hasta que podamos reconectarnos con nuestro cerebro racional antes de abordar un problema. Esta es una magnífica competencia que todos los niños deberían aprender. A veces, es mejor "decidir qué vamos a hacer" (una herramienta sobre la que se abunda en el capítulo 5) que intentar obligar a un niño a hacer algo: al menos, mientras no podamos inducirlo a colaborar en lugar de entablar con él una lucha de poder. Así pues, recuerde que amabilidad equivale a respeto.

Abordemos ahora la firmeza. Casi todos los adultos están habituados a pensar que firmeza equivale a castigos, sermones o alguna otra forma de control. No es así. La firmeza, cuando se combina con la amabilidad, equivale a respeto por el niño, por nosotros y por la situación.

Tomemos la situación de los límites. Casi todos los padres deciden cuáles deberían ser y asumen luego la responsabilidad de hacerlos cumplir. No obstante, consideremos el propósito de los límites. Su finalidad reside en que los niños se sientan seguros y se eduquen. Cuando los adultos ponemos los límites y los hacemos cumplir mediante castigos, sermones y el control, estos a menudo inducen a la rebelión y provocan luchas de poder. Esto no sirve para que los niños se sientan seguros ni para que se eduquen. En vez de eso, pídales que colaboren en el establecimiento y cumplimiento de los límites. Por ejemplo, pueden hacer conjuntamente sugerencias sobre cuáles deberían ser los límites para ver la televisión, volver a casa por la noche, jugar fuera de casa o los deberes. Inclúyalos en una discusión (lo cual significa que ellos hablan tanto, si no más, que usted) acerca de por qué son importantes los límites, cuáles deberían ser y cómo puede responsabilizarse todo el mundo de cumplirlos. Por ejemplo, cuando pregunte a su hijo por qué son importantes los deberes, él se lo dirá ("Para aprender", "Para sacar mejores notas"). A continuación, su hijo puede decidir cuánto tiempo necesita y cuándo prefiere hacerlos. (Habitualmente, los padres quieren que sus hijos hagan los deberes en cuanto llegan a casa después de clase. Normalmente, ellos prefieren pasar primero un rato sin hacer nada. Cuando tienen cierto grado de elección, los niños se sienten más capacitados.) Después de que su hijo decida cuándo prefiere hacer los deberes, pueden poner algunos límites juntos tales como: "La tele solo se ve durante una hora y solo después de haber hecho los deberes. Yo solo podré ayudarte entre las siete y las ocho, y no cederé a tus súplicas de última hora para que te ayude a otras horas". Los niños están mucho más dispuestos a cumplir límites que han ayudado a establecer, porque saben por qué son necesarios y cómo responsabilizarse de ellos.

Naturalmente, poner límites es distinto con niños menores de cuatro años. Los padres con hijos de estas edades necesitan ponerlos ellos, pero pueden seguir haciéndoselos cumplir con amabilidad y firmeza.

Cuando un niño viole un límite, no le dé un sermón ni lo castigue. Siga tratándolo con respeto. Evite decir qué ha sucedido y qué habría que hacer al respecto. Puede hacerle "preguntas de curiosidad": "¿Qué ha pasado? ¿Qué crees que lo ha provocado? ¿Qué se te ocurre para resolver el problema ahora? ¿Qué has aprendido que vaya a serte de ayuda la próxima vez?".

Una advertencia: si un niño está habituado a los sermones y a los castigos, es posible que diga: "No sé". Este es el momento para que usted diga: "A ti se te da muy bien resolver problemas. ¿Por qué no lo piensas y nos reunimos dentro de treinta minutos para que puedas decirme qué se te ha ocurrido?".

Padres y profesores suelen dar sermones y hacer exigencias constantemente. Sus hijos y alumnos a menudo reaccionan resistiéndose o rebelándose. Las siguientes frases "amables y firmes" son útiles para evitar el uso de palabras irrespetuosas y favorecer la colaboración:

- Ahora va a tocarte a ti.
- Sé que sabes decirlo sin faltarme al respeto.
- Te quiero y voy a esperar a que los dos seamos capaces de tratarnos con respeto para seguir esta conversación.
- Sé que puedes pensar en una solución útil.
- Haga, no predique. (Por ejemplo, coja tranquilamente al niño de la mano y muéstrele lo que tiene que hacer.)
- Hablaremos de esto más tarde. Ahora es hora de subirse al coche.
- (Cuando el niño está teniendo un berrinche.) Ahora tenemos que salir de la tienda. Volveremos a intentarlo más tarde (o mañana).

Cuando usted decida dejar de ser punitivo, necesitará practicar nuevas técnicas. Y necesitará invertir tiempo en sus hijos o alumnos para enseñarles respeto mutuo y habilidades para resolver problemas.

LOS CONTRARIOS SE ATRAEN: CUANDO UN PROGENITOR ES AMABLE Y EL OTRO FIRME

Es interesante señalar que las personas con estas filosofías opuestas a menudo se casan. Una tiene una tendencia a ser un poco más blanda de lo que debiera. La otra tiene una tendencia a ser un poco más severa de lo que debiera. Cuando esto ocurre, el progenitor blando cree que necesita ser un poco más blando aún para compensar la excesiva severidad de su desalmado cónyuge. El progenitor severo cree que necesita ser un poco más severo aún para compensar la falta de carácter de su manipulable cónyuge, con lo que ambos se distancian cada vez más y se pelean por quién tiene razón y quién no. En realidad, los dos están siendo ineficaces.

Una forma de favorecer una buena comunicación entre padres e hijos es celebrar regularmente reuniones de familia donde todos tengan ocasión, una vez a la semana, de proponer soluciones a los problemas y escoger las que sean respetuosas con todos. Centrarse en las soluciones es una de las mejores formas de que los "contrarios" se acerquen, se apoyen y respalden a sus hijos. Esto se trata en mayor detalle en el capítulo 6.

CÓMO AYUDAR A UN NIÑO A SENTIRSE TENIDO EN CUENTA E IMPORTANTE (CONEXIÓN)

Sentirse tenidos en cuenta y sentirse importantes son los dos objetivos primordiales de todos los individuos, en especial de los niños. Esto es tan crucial que esta sensación de conexión (o su ausencia) es un indicador primordial de cuál será el rendimiento escolar de un niño, tanto académico como social. Ninguno de los alumnos que, en los ataques perpetrados en un instituto, mató a otros compañeros y profesores se sentía tenido en cuenta ni importante.

El castigo no ayuda a un niño a sentirse tenido en cuenta e importante. Por eso no resulta efectivo a largo plazo. Los métodos de la disciplina positiva sí ayudan a un niño a sentirse tenido en cuenta e importante y este es un tema recurrente de este libro. El capítulo 4 presenta detalles acerca de por qué y de cómo se porta mal un niño cuando no se siente tenido en cuenta.

¿ES EFICAZ A LARGO PLAZO?

Una de las principales razones de que padres y profesores continúen recurriendo al castigo reside en que da resultado a corto plazo. El castigo suele interrumpir la conducta momentáneamente. El problema radica en que los adultos no conocen sus efectos a largo plazo. Los niños que han sido castigados no están pensando: "Oh, gracias. Esto me ayuda mucho. Me muero por pediros ayuda cada vez que tenga problemas". En vez de eso, están pensando en rebelarse (en cuanto tengan ocasión) o en someterse, en gran detrimento de su concepto de sí.

Otros dos motivos para que los adultos recurran al castigo son su temor a que la única alternativa sea la permisividad y su temor a dejar de ejercer el control y no hacer su labor como padres y profesores. Y el castigo es más fácil. Un adulto no necesita que nadie le explique cómo tiene que aplicarlo. Lo sabe. El castigo es a menudo una respuesta "reactiva". En cambio, disciplinar con eficacia exige esfuerzo y preparación.

La última razón por la que los padres recurren al castigo pese a no ser efectivo a largo plazo reside en que no saben qué otra cosa hacer. Este libro está repleto de alternativas al castigo que dan resultado a largo plazo y enseñan el último criterio para una disciplina eficaz.

ENSEÑAR VALIOSAS COMPETENCIAS SOCIALES Y PARA LA VIDA

Esta es una noción nueva para la mayoría de padres y profesores. Simplemente, no han considerado la posibilidad de que la disciplina pudiera enseñar competencias sociales y para la vida. Si quiere echar un vistazo a las investigaciones sobre los efectos a largo plazo del castigo, descubrirá que fomenta la violencia, el disimulo, la falta de autoestima y muchas otras competencias negativas. Conforme vaya estudiando los métodos de la disciplina positiva, advertirá que todas sus herramientas no solo ponen fin a las malas conductas, sino que además enseñan competencias sociales y para la vida.

EL VIAJE HACIA LA DISCIPLINA POSITIVA

Cuando se embarque en el viaje hacia la disciplina positiva, es útil y conveniente tener un destino en mente. ¿Qué es lo que realmente quiere para sus hijos o alumnos? Cuando se pide a padres y profesores que enumeren todas aquellas características que querrían fomentar en sus hijos y alumnos, piensan en las siguientes cualidades:

un concepto positivo de sí mismos
autodisciplina
ausencia de prejuicios
respeto por sí mismos y por los demás
aceptación de sí mismos y de los demás
interés por aprender
honestida
paciencia
interés por los demás
responsabilidad
sabiduría interior
colaboración
pensar con objetividad
compasión
ganas de vivir
educación
autocontrol
sentido del humor
competencia para resolver problemas
integridad

Añada a esta lista cualquier característica que crea que falta. Tenga estas características presentes conforme vaya conociendo y ampliando los conceptos que configuran la disciplina positiva. Verá con suma claridad que los niños desarrollan estas características cuando participan activamente en la búsqueda de soluciones en el entorno de respeto mutuo y colaboración que favorece la disciplina positiva.

REVISIÓN

Herramientas de la disciplina positiva

1. Eliminar el castigo.
2. Eliminar la permisividad.
3. Ser amable y firme al mismo tiempo.
4. Procurar oportunidades para que los niños desarrollen las siete percepciones y competencias importantes.
5. Tener cuidado con lo que da resultado (el castigo tiene efectos negativos a largo plazo).
6. Deshacerse de la idea loca de que, para que un niño lo haga mejor, antes tiene que sentirse peor.
7. Implicar activamente a los niños en el establecimiento de los límites.
8. Hacer preguntas de curiosidad.
9. Utilizar frases amables y firmes.

Preguntas

1. ¿Cuáles son las dos principales razones para que los niños no se comporten como en los viejos tiempos?
2. ¿Cuáles son las siete percepciones y competencias importantes? ¿Cómo podría su carencia inducir a un niño a portarse mal?
3. ¿Cuáles son las tres formas de enfocar la disciplina infantil y en qué se diferencian?
4. Comente las dos principales diferencias entre la disciplina positiva y los otros dos métodos y por qué son importantes estas diferencias para los resultados a largo plazo.
5. ¿A qué nos referimos con "tener cuidado con lo que da resultado"?

6. ¿Cuáles son las cuatro "R" del castigo? Comparta experiencias personales de momentos en los que sintió alguna de estas cuatro "R" y explique por qué.
7. ¿Cuáles son los efectos a largo plazo para los niños que aprenden con métodos severos y por qué?
8. ¿Cuáles son los efectos a largo plazo para los niños que aprenden mediante la disciplina positiva y por qué?
9. ¿Por qué empeoran a veces las cosas antes de mejorar?
10. ¿Qué características querría que interiorizaran sus hijos o alumnos como resultado de su interacción con usted?
11. ¿Cuáles son los cuatro criterios para una disciplina eficaz y cómo encajan con el castigo? ¿Por qué son eficaces a largo plazo?
12. ¿Cuáles son algunas de las frases que son amables y firmes al mismo tiempo?

Capítulo 2

ALGUNOS CONCEPTOS BÁSICOS

Este libro contiene centenares de ideas prácticas para disciplinar sin castigar. No obstante, antes de pasar a la práctica, es importante conocer la teoría. Demasiados padres y profesores utilizan métodos con sus hijos y alumnos que no son efectivos a largo plazo porque no comprenden los conceptos esenciales de la conducta humana. Los conceptos adlerianos básicos descritos en este capítulo y en los dos siguientes (junto con muchas sugerencias para su aplicación práctica) ayudan a padres y profesores a comprender cómo funciona la conducta humana, por qué se portan mal los niños y por qué contribuyen los métodos de la disciplina positiva a enseñarles las importantes competencias y actitudes que ellos necesitan para convertirse en miembros felices y útiles de la sociedad.

Alfred Adler fue un hombre con ideas que se adelantaron a su tiempo. Durante sus populares conferencias y seminarios públicos en Viena (después de separarse de Freud), defendió la igualdad de todas las personas, todas las razas, las mujeres y los niños mucho antes de que estuviera en boga hacerlo. Adler, como austriaco con ascendencia judía, tuvo que abandonar su tierra natal durante la persecución nazi para proseguir con su trabajo.

Rudolf Dreikurs colaboró estrechamente con Adler y continuó desarrollando su psicología tras su muerte en 1937.

Dreikurs escribió, solo y con otros autores, libros para ayudar a padres y profesores a comprender la aplicación práctica de la teoría adleriana a fin de mejorar su relación con sus hijos y alumnos (véase "Bibliografía recomendada").

A Dreikurs le preocupaba que tantos adultos que intentaban poner en práctica sus sugerencias no comprendieran algunos de los conceptos básicos. Esa falta de comprensión los inducía a distorsionar muchas de las técnicas y a utilizarlas para "ganar" a los niños en lugar de para "ganárselos". Los adultos ganan a los niños cuando emplean métodos controladores y punitivos, y se los ganan cuando los tratan con dignidad y respeto (amabilidad y firmeza al mismo tiempo) y confían en su capacidad para colaborar y ser útiles. Esto requiere que los adultos motiven mucho a los niños e inviertan tiempo en enseñarles competencias esenciales para la vida.

"Ganar a un niño" lo convierte en perdedor, lo cual lo incita generalmente a rebelarse o a someterse ciegamente. Ninguna de estas dos características es deseable. "Ganarse a un niño" entraña conseguir que colabore voluntariamente.

Un ejemplo de cómo malinterpretan los adultos los conceptos básicos de la disciplina positiva es la práctica común de añadir una humillación a una consecuencia lógica creyendo erróneamente que los niños no aprenderán a menos que "sufran" por sus fallos. Es cierto que la humillación puede motivar a un niño para que se porte mejor, pero ¿a qué precio para su autoestima? ¿Se convertirá en un adicto a la aprobación externa, creyendo siempre que su valía depende de que los demás lo aprueben? ¿Se portará mejor pero tendrá miedo de arriesgarse por temor al fracaso? ¿Incluirá su aprendizaje culpa, vergüenza y dolor y la clase de desánimo generado por los adultos que provoca un menoscabo de la autoestima? ¿O estará su aprendizaje basado en la empatía, la motivación y el amor incondicional de los adultos y en una sensación de capacitación que predispone a practicar competencias para la vida y fomenta una autoestima saludable?

LA AUTOESTIMA: UN CONCEPTO ILUSORIO

Dado que hemos mencionado la autoestima, es importante definir este término, aun cuando los expertos no se pongan de acuerdo en una definición. Yo formé parte de un grupo de trabajo sobre autoestima y fue interesante escuchar a sus miembros mientras debatían una definición de autoestima.

Pienso que hemos hecho un flaco favor a los niños creyendo que les podemos dar autoestima. Ha habido un movimiento que lo ha pretendido utilizando elogios, pegatinas de caras sonrientes y convirtiéndolos en "la persona más importante del día". Todo esto podría ser entretenido e inofensivo, salvo si un niño decide que su autoestima depende de la opinión de otras personas. Cuando esto ocurre, un niño puede convertirse en un adicto a la aprobación externa. Aprende a fijarse en los demás para determinar si lo que está haciendo es lo correcto en vez de aprender a evaluarse a sí mismo y reflexionar internamente sobre la forma correcta de actuar. Basa su autoestima en los demás en lugar de hacerlo en sí mismo.

¿Se ha fijado usted en lo ilusoria que puede ser la autoestima? Un día podemos sentirnos magníficamente bien en nuestra piel. Entonces cometemos un error y nos criticamos, u oímos alguna crítica ajena, y, de pronto, la autoestima se nos cae a los pies.

Nuestra mejor forma de ayudar a los niños reside en enseñarles a evaluarse a sí mismos (tratado en más detalle en el capítulo 7) en lugar de depender de los elogios y opiniones ajenos. Podemos contribuir a ello enseñándoles que los errores son oportunidades maravillosas para aprender. Si les permitimos experimentar sus fracasos, los niños aprenderán a resolver solos los problemas cuando surjan. Aprender a superar las dificultades será enormemente provechoso para ellos porque les demostrará que son capaces de afrontar los altibajos de la vida. Es bueno que los niños tengan muchas oportunidades para sentirse bien consigo mismos colaborando de un modo importante en casa, la escuela y la comunidad. Es crucial que se sientan tenidos en cuenta e importantes.

Una de mis viñetas de Charlie Brown favoritas ilustra a Lucy preguntando a Linus: "¿Cómo te ha ido hoy en clase?".

Linus responde: "No he ido. He abierto la puerta y he preguntado: '¿Me necesita alguien?'. No me ha contestado nadie, así que me he ido a casa". Los niños necesitan sentirse necesitados.

Cuando los niños desarrollen las siete percepciones y competencias importantes tratadas en el primer capítulo, tendrán un buen concepto de sí mismos y serán capaces de abordar la naturaleza ilusoria de la autoestima. Los adultos podemos empezar creando un entorno positivo de aprendizaje y "ganándonos" a los niños en lugar de querer "ganarlos".

CÓMO GANARNOS A LOS NIÑOS

Los niños se sienten motivados cuando creen que comprendemos su punto de vista. Una vez que se sienten comprendidos, están más dispuestos a escuchar nuestro punto de vista y a buscar una solución al problema. Recuerde que es más probable que un niño le escuche *después* de sentirse escuchado. Utilizar los siguientes cuatro pasos para obtener colaboración es una forma magnífica de instaurar un ambiente donde los niños se sientan dispuestos a escuchar y colaborar.

Los cuatro pasos para obtener colaboración

1. Exprese su comprensión por los sentimientos del niño. Asegúrese de comprobar con él si ha acertado.
2. Muestre empatía sin excusar la conducta. La empatía no significa que esté de acuerdo con la conducta del niño o la justifique. Significa únicamente que comprende su

percepción. Un bonito detalle es compartir con él algún momento en el que usted se ha sentido o comportado de una forma similar.

3. Comparta sus sentimientos y percepciones. Si ha realizado los dos primeros pasos sincera y cordialmente, el niño estará listo para escucharle.
4. Invite al niño a centrarse en una solución. Pregúntele si tiene algunas ideas sobre qué hacer en el futuro para evitar el problema. Si no las tiene, hágale algunas sugerencias hasta que puedan llegar a un acuerdo.

Para estos pasos es esencial adoptar una actitud cordial, cariñosa y respetuosa. Su decisión de obtener colaboración será suficiente para instaurar en usted un talante positivo. Después de los dos primeros pasos, se habrá ganado al niño. Ahora, él estará listo para escucharle cuando usted pase al tercer paso (aunque usted pueda haberle dicho ya muchas veces cómo se siente sin que él le haya escuchado). El cuarto paso tiene probabilidades de dar resultado ahora que usted ha creado un entorno de respeto.

La señora Martínez nos contó la experiencia siguiente. Su hija, Linda, llegó a casa después de clase quejándose de que su profesora le había chillado delante de toda la clase. La señora Martínez se puso en jarras y preguntó a Linda, con un tono de voz acusador:

–¿Y qué has hecho tú?

Linda bajó la mirada y respondió, enojada:

–Yo no he hecho nada.

–Oh, venga. Los profesores no chillan a sus alumnos por no hacer nada. ¿Qué has hecho? –dijo la señora Martínez.

Linda se derrumbó en el sofá con expresión malhumorada y la fulminó con la mirada. La señora Martínez continuó con su tono acusador:

–¿Y qué vas a hacer para resolver el problema?

–Nada –le respondió Linda, beligerante.

En aquel punto, la señora Martínez recordó los cuatro pasos para obtener colaboración. Respiró hondo, cambió de actitud y comentó con un tono cordial de voz:

–Seguro que ha debido de darte mucha vergüenza que la profesora te chille delante de toda la clase. (Primer paso: expresar comprensión.)

Linda miró a su madre con un interés receloso. La señora Martínez dijo entonces:

–Me acuerdo de que eso me pasó una vez en cuarto porque me levanté para sacar punta al lápiz durante un examen de matemáticas. Me dio muchísima vergüenza y me supo fatal que mi profesor me chillara delante de toda la clase. (Segundo paso: mostrar empatía sin excusar la conducta y compartir una experiencia similar.)

Ahora Linda estaba interesada.

–¿En serio? –dijo–. Lo único que he hecho es pedir si podían prestarme un lápiz. Desde luego, no me parece justo que la profesora me haya chillado por eso.

–Bueno, desde luego, comprendo cómo debes de haberte sentido –dijo la señora Martínez–. ¿Se te ocurre algo que podrías hacer para evitar ese tipo de situación desagradable en el futuro? (Cuarto paso: invitar al niño a centrarse en una solución. El tercer paso no ha sido necesario en este caso.)

–Supongo que podría asegurarme de llevar más de un lápiz, para no tener que pedir ninguno prestado –respondió Linda.

–Parece una idea excelente –dijo la señora Martínez.

Uno de los objetivos de la señora Martínez era ayudar a Linda a actuar de formas que no provocaran la ira y la desaprobación de su profesora. Fíjese en que, la primera vez que ha invitado a Linda a pensar en qué podría hacer para resolver el problema, ella estaba demasiado hostil para colaborar. En cuanto la señora Martínez la ha motivado (aplicando los cuatro pasos para obtener colaboración), Linda la ha sentido próxima y confiada, no distante ni hostil, y ha estado dispuesta a pensar en una solución.

Cuando la señora Martínez ha sido capaz de ver las cosas desde la perspectiva de su hija, esta ya no ha sentido la necesidad de estar a la defensiva.

La señora Jones también recurrió a los cuatro pasos para obtener colaboración cuando se enteró de que Jeff, su hijo de seis años, había estado robando. Encontró un momento tranquilo en el que estaban a solas y pidió a Jeff que se sentara en su regazo. Entonces le explicó que se había enterado de que él había robado un paquete de chicles de la tienda. (Fíjese en que no le "tendió una trampa" preguntándole si había hecho algo cuando ella ya sabía que así era.) A continuación, le explicó que, cuando hacía quinto, ella había robado una goma de borrar de una tienda; sabía que no debería haberlo hecho y eso la hizo sentirse muy culpable, por lo que decidió que no merecía la pena. Jeff dijo, a la defensiva:

–Pero en la tienda hay muchos chicles.

La señora Jones preguntó entonces a Jeff cuántos chicles y otros artículos tendría que vender el tendero para pagar el alquiler, los sueldos de los empleados y el género y ganarse el sustento. Jeff admitió no haber pensado nunca en ello. También hablaron de que no les gustaría que otra persona cogiera sus cosas. Jeff admitió que no quería volver a robar más cosas y que pagaría los chicles que había robado. Su madre se ofreció a ir con él para apoyarlo moralmente.

La señora Jones fue capaz de ganarse a Jeff absteniéndose de acusarlo, culparlo o sermonearlo. Jeff no necesitó sentirse una mala persona por lo que había hecho y estuvo dispuesto a explorar razones socialmente responsables para no repetirlo. Asimismo, pudo aportar una solución que, aunque incómoda para él, sería una valiosa lección para su conducta futura. Pudo hacerlo porque se sintió apoyado por su madre, no atacado ni con necesidad de ponerse a la defensiva.

EL SENTIMIENTO CON QUE HACEMOS O DECIMOS LAS COSAS

El sentimiento con que hacemos o decimos las cosas es más importante que lo que hacemos o decimos. Lo que hacemos no es nunca tan importante como el modo en que lo hacemos. El sentimiento y la actitud con que lo hacemos determinarán el cómo. Un adulto puede preguntar: "¿Qué te ha enseñado esto?" con un tono de voz que inflija culpa y vergüenza o con un tono que transmita empatía e interés. Un adulto puede instaurar un ambiente que favorezca la proximidad y la confianza, o uno que cree distancia y hostilidad. Es asombroso que tantos adultos piensen que pueden influir positivamente en un niño después de crear distancia y hostilidad, en vez de proximidad y confianza. (¿Lo creen realmente, o están simplemente reaccionando sin pensar?)

El sentimiento con que decimos las cosas suele ser más evidente en nuestro tono de voz. Utilizar un tono de voz humillante viola el concepto básico de respeto mutuo. También convierte lo que podría ser una consecuencia lógica en un castigo, lo cual no tiene efectos positivos a largo plazo. Si un niño derrama leche en el suelo, la consecuencia lógica (o la solución) sería que la limpiara. Seguirá siendo una consecuencia lógica mientras el adulto motive al niño con palabras amables pero firmes, tales como: "Uy, ¿qué necesitas hacer?". Dese cuenta de que preguntar a un niño qué necesita hacer en vez de ordenárselo es mucho más motivador para él. Preguntar en vez de ordenar es uno de los métodos más eficaces de la disciplina positiva que va usted a aprender y se trata en mayor detalle en el capítulo 6. Ordenar incita a la resistencia y la rebelión. Pedir respetuosamente a un niño que colabore lo induce a sentirse capaz de canalizar sus facultades de formas que sean útiles. Una petición se convierte en un castigo cuando los adultos no utilizan un tono de voz que sea amable y respetuoso o incorporan una humillación como, por ejemplo: "¿Cómo puedes ser tan torpe? Límpialo ahora mismo y deja que a partir de

ahora te sirva yo la leche, ya que parece que tú no sabes hacerlo".
La psicología adleriana procura un conjunto de conceptos básicos que nos ayudan a mejorar nuestra comprensión de los niños y de nosotros mismos, pero es mucho más que una mera teoría. Los conceptos básicos no sirven de nada si no se combinan con actitudes motivadoras, comprensivas y respetuosas. Si no comprendemos estas actitudes, reduciremos las técnicas a una manipulación irrespetuosa. Seremos más eficaces con los niños si siempre nos preguntamos: "¿Capacita lo que hago, o desmotiva?".

CONCEPTOS ADLERIANOS BÁSICOS

1. Los niños son seres sociales

La conducta se determina en el marco de un contexto social. Los niños toman decisiones sobre sí mismos y sobre cómo comportarse a partir de cómo se ven en relación con otras personas y de cómo creen que los ven los demás. Recordemos que los niños están constantemente tomando decisiones y formándose creencias sobre sí mismos, el mundo y lo que necesitan para sobrevivir o desarrollarse. Cuando se "desarrollan", están adquiriendo competencia en las siete percepciones y competencias importantes descritas en el primer capítulo. Cuando están "sobreviviendo" (intentando encontrar el modo de sentirse tenidos en cuenta e importantes), los adultos a menudo interpretan esto como mala conducta. ¿Le parece distinta la mala conducta cuando piensa en ella como en una conducta de "supervivencia"?

2. La conducta tiene una finalidad

La conducta se basa en un objetivo que se debe perseguir en el marco de un contexto social. El objetivo primordial es sentirse tenido en cuenta. Los niños no saben conscientemente qué objetivo quieren perseguir. A veces, tienen ideas equivocadas sobre cómo conseguir lo que quieren y se comportan de formas que logran justo lo contrario de lo que pretenden. Por ejemplo, pueden querer sentirse tenidos en cuenta, pero actuar de un modo odioso en sus torpes intentos por alcanzar ese objetivo. Esto puede convertirse en un círculo vicioso. Cuanta más ira provoque su conducta, más odiosamente pueden actuar ellos por querer ser tenidos en cuenta.

Dreikurs explicó: "Los niños son buenos percibiendo, pero malos interpretando". Los niños no son los únicos que tienen este problema. La siguiente situación es un ejemplo de cómo empieza todo.

Cuando la madre de Adele, una niña de dos años, vuelve a casa del hospital con su hijo recién nacido, Adele percibe cuánta atención presta su madre al bebé. Por desgracia, Adele interpreta que eso significa que su madre quiere al bebé más que a ella. Esto no es cierto, pero la verdad no es tan importante como lo que Adele cree. Su conducta se basará en lo que ella cree que es cierto, no en lo que lo es. El objetivo de Adele es recuperar su lugar especial con su madre y cree erróneamente que la forma de lograrlo es actuar como un bebé, por lo que es posible que pida el biberón, se haga caca encima o llore mucho. Adele consigue justo lo contrario de lo que pretende cuando su madre, en vez de sentirse amorosa y cariñosa, se siente frustrada y con ganas de rechazarla.

3. El objetivo primordial de un niño es sentirse tenido en cuenta e importante

Los dos primeros conceptos se combinan aquí cuando vemos que el objetivo de toda conducta reside en lograr sentirnos aceptados e importantes en el entorno social. La mala conducta se basa en una creencia errónea de cómo conseguirlo, como en el ejemplo anterior.

4. Un niño que se porta mal es un niño desanimado

Un niño que se porta mal nos está diciendo: "No me siento parte de nada ni importante y tengo una creencia errónea sobre cómo lograrlo". Cuando un niño actúa de una forma odiosa, es fácil comprender por qué tienen algunos adultos dificultades para trascender la conducta y recordar su verdadero significado y mensaje: "Solo quiero sentirme tenido en cuenta". Entender este concepto es el primer paso para que los adultos sean más eficaces en ayudar a los niños que se portan mal. Es como descifrar un mensaje en clave. Cuando un niño se porta mal, conciba su mala conducta como un mensaje en clave y pregúntese: "¿Qué me está diciendo realmente?". Recuerde que el niño no es consciente de su mensaje en clave, pero se sentirá profundamente comprendido cuando usted aborde su creencia subconsciente en vez de solo reaccionar a su conducta. Usted percibirá la mala conducta de un modo muy distinto si recuerda que, detrás de ella, hay un niño que solo quiere sentirse tenido en cuenta y tiene una idea equivocada sobre cómo alcanzar ese objetivo de un modo socialmente útil o carece de las competencias necesarias para lograrlo. También le resultará útil fijarse en si su propia conducta está induciendo al niño a sentirse excluido o poco importante. Estos cuatro primeros conceptos se tratan en mayor detalle en el capítulo 4.

5. Responsabilidad social o espíritu de solidaridad

Otra importante aportación de Alfred Adler es el concepto de *Gemeinschaftsgefühl,* una hermosa palabra acuñada por él. No hay una buena traducción, pero Adler optó finalmente por interés social (y yo utilizo responsabilidad social). Significa tener un interés real por el prójimo y un deseo sincero de contribuir a la sociedad. Kristin R. Pancer aportó el siguiente relato en la revista *The Individual Psychologist* de diciembre de 1978 para ilustrar el significado de responsabilidad social.

Había dos hermanos que eran dueños de una granja. Tenían que trabajar de firme para ganarse el sustento a causa del suelo pedregoso y la sequía, pero compartían las ganancias equitativamente. Uno de los hermanos tenía mujer y cinco hijos. El otro era soltero. Una noche, el hermano casado no pudo dormir. Estuvo dando vueltas en la cama y pensó en lo injusto que era su acuerdo. Pensó: "Mi hermano no tiene hijos con los que hablar al volver a casa, ni que vayan a cuidar de él cuando sea mayor. Necesita realmente más de la mitad. Mañana, le ofreceré dos tercios de las ganancias. Seguro que eso será más equitativo". Esa misma noche, el otro hermano también tuvo dificultades para conciliar el sueño, porque también decidió que su acuerdo del 50 % no era justo. Pensó: "Mi hermano tiene una mujer y cinco hijos que alimentar. Además, ellos hacen más trabajo que yo en la granja. Mi hermano merece más de la mitad. Mañana, le ofreceré las dos terceras partes". Al día siguiente, los hermanos se reunieron y cada uno explicó su plan para un acuerdo más equitativo. Esta historia es un ejemplo práctico de responsabilidad social.

Adler tenía lo que él denominaba su "plan de curación de catorce días". Afirmaba que podía curar a cualquiera de una enfermedad mental en solo catorce días si la persona hacía exactamente lo que él le decía. Un día, una mujer que estaba extremadamente deprimida fue a verlo. Él le dijo:

–Puedo curarle la depresión en solo catorce días si usted sigue mi consejo.

Ella no mostró mucho entusiasmo y preguntó:

–¿Qué quiere que haga?

–Si cada día hace usted una cosa por otra persona durante catorce días, cuando termine ese período ya no estará deprimida –respondió Adler.

–¿Por qué iba yo a hacer nada por otra persona cuando nadie hace nunca nada por mí? –objetó ella.

–Bueno, a lo mejor tarda usted veintiún días –respondió Adler en tono jocoso. Luego añadió–: Si usted no puede pensar en nada que esté dispuesta a hacer por otra persona, piense únicamente en lo que podría hacer si tuviera ganas. –Adler sabía que el mero hecho de pensar en hacer algo por otra persona la ayudaría a reponerse.

Es extremadamente importante enseñar responsabilidad social a los niños. ¿De qué sirve el aprendizaje académico si los jóvenes no aprenden a ser miembros útiles de la sociedad? Dreikurs a menudo decía: "No hagáis nada por un niño que él pueda hacer solo". La razón para ello reside en que, cuando hacemos demasiadas cosas por ellos, privamos a los niños de oportunidades para desarrollar, a través de la experiencia, la creencia de que son capaces. En vez de eso, pueden terminar creyendo que necesitan que se hagan cargo de ellos o que tienen "derecho" a que se lo hagan todo.

Imp

El primer paso para enseñar responsabilidad social consiste en enseñar a un niño a ser autosuficiente. Cuando lo es, está preparado para ayudar a otros y, al hacerlo, se siente extremadamente capaz. Cuando los adultos asumen el papel de supermamás y superprofesores, los niños aprenden a esperar que el mundo los sirva en vez de aprender a servir al mundo. Estos son los niños que consideran que es injusto si no se salen con la suya. Cuando los demás se niegan a servirlos, se compadecen de sí mismos o se vengan de alguna forma hiriente o destructiva. Cuando se vengan, siempre se hacen tanto o más daño a sí mismos que a los demás.

En el otro extremo se hallan los padres y profesores que están demasiado ocupados para invertir tiempo en enseñar a sus hijos y alumnos las competencias sociales y para la vida que ellos necesitan para ser miembros responsables de la sociedad. Estos mismos adultos se disgustan cuando los niños no "se portan bien". No estoy segura de cómo se figuran ellos que estos niños aprenden a comportarse de una forma respetuosa. Demasiados adultos "culpan" a los niños de su mala conducta en vez de responsabilizarse (no culparse) de la parte que a ellos les corresponde.

La disciplina positiva ayuda a niños y adultos a poner fin a estos círculos viciosos fomentando la responsabilidad social. Habitualmente, ni padres ni profesores son conscientes de cuánto están haciendo por sus hijos y alumnos que ellos podrían hacer solos. No invierten tiempo en enseñarles a colaborar en casa o en clase. Hagamos inventario. Profesores: ¿cuántas cosas están haciendo en clase que podrían hacer los alumnos? Padres: ¿cuánto están haciendo por sus hijos porque les resulta conveniente en lugar de ayudarlos a sentirse capaces colaborando en casa?

En el libro *Positive Discipline in the Classroom*,[1] mis coautores y yo mencionamos la importancia de que los alumnos pongan en común todas las cosas que es necesario hacer en una clase. El profesor puede participar, pero es asombroso cuántas cosas se les pueden ocurrir a los alumnos cuando se les invita a hacerlo. Una vez completada la lista, el profesor pide voluntarios para cada tarea. Hay que asegurarse de que haya al menos una tarea por alumno. Puede haber incluso un "supervisor de tareas". Es importante establecer (con la participación de los alumnos) un sistema rotatorio de tareas para que nadie se quede durante demasiado tiempo con las tareas menos atractivas. Compartir las tareas puede obviamente aumentar la sensación de pertenencia, enseñar competencias para la vida y permitir que los niños experimenten la responsabilidad social.

6. Igualdad

Hoy en día, muchas personas no tienen dificultades con el concepto de igualdad mientras este no haga referencia a los niños.

Entonces, ponen muchas objeciones. "¿Cómo pueden ser iguales los niños cuando no tienen la misma experiencia, conocimiento o responsabilidad?", preguntan.

Como hemos señalado en el primer capítulo, ser iguales no significa ser "idénticos". Por igualdad, Adler entendía que todas las personas tienen el mismo derecho a la dignidad y el respeto. Casi todos los adultos están dispuestos a aceptar que los niños valen igual que ellos. Este es un motivo por el que la disciplina positiva no incluye la humillación. Las técnicas humillantes son contrarias a los conceptos de igualdad y respeto mutuo.

7. Los errores son oportunidades maravillosas para aprender

En nuestra sociedad, nos enseñan a avergonzarnos de los errores. Todos somos imperfectos. Lo que necesitamos es reunir el valor para modificar nuestras creencias debilitantes sobre la imperfección. Este es uno de los conceptos más motivadores y, no obstante, uno de los que más nos cuesta aceptar en nuestra sociedad. No existe un ser humano perfecto en este planeta y, no obstante, todo el mundo se lo exige a sí mismo y a los demás, en especial a los niños.

Cierre los ojos y recuerde los mensajes que sus padres y profesores le transmitieron sobre los errores que cometió durante su infancia. ¿Cuáles fueron esos mensajes? Para que el ejercicio tenga más impacto, quizá quiera ponerlos por escrito. Cuando cometía un error, ¿le transmitían que era usted un estúpido, un inepto, una mala persona, una decepción, un patoso? Vuelva a cerrar los ojos y recuerde un momento concreto en que le estaban riñendo por un error. ¿Qué estaba usted decidiendo sobre sí mismo y sobre qué hacer en el futuro? Recuerde que, en ese momento, usted no era consciente de estar tomando ninguna decisión; pero, cuando echa la vista atrás, las decisiones que estaba tomando suelen ser obvias. Algunos niños deciden que son malos o ineptos. Otros deciden que no deberían asumir riesgos por temor a la humillación si sus intentos no alcanzan la perfección. Como ya hemos dicho, demasiados deciden convertirse en adictos a la aprobación externa e intentan complacer a los adultos, pagando un precio muy alto a costa de su autoestima. Y algunos deciden que disimularán sus errores y harán cuanto puedan para evitar que los pillen. ¿Son estos mensajes y decisiones saludables y favorecedores de un desarrollo productivo de competencias para la vida?

Cuando padres y profesores transmiten a sus hijos y alumnos mensajes negativos sobre los errores, lo hacen habitualmente con buena intención. Están intentando motivarlos para que lo hagan mejor "por su propio bien". No han dedicado tiempo a pensar en los resultados a largo plazo de sus métodos. La educación que muchos padres y profesores imparten está basada en el miedo. Los adultos temen no estar haciéndolo bien si no "obligan" a los niños a hacerlo mejor. Demasiados de ellos están más preocupados por lo que pensarán los vecinos que por lo que aprenden los niños. Otros temen que los niños no vayan nunca a mejorar si no les infunden miedo y los humillan. La mayoría tienen miedo porque no saben qué otra cosa hacer y temen que, si no infligen culpa, vergüenza y dolor, estarán actuando de una forma permisiva. A menudo, los adultos disimulan su miedo actuando de un modo más controlador.

Hay otro modo. No es permisivo y motiva realmente a los niños para que lo hagan mejor sin que su autoestima se resienta. Necesitamos aprender a concebir los errores como oportunidades para aprender y enseñarles eso a los niños. ¿No sería maravilloso oír a un adulto decir a un niño: "Te has equivocado. Eso es genial. ¿Qué podemos aprender los dos de eso?"? Y me refiero realmente a los dos. Nosotros participamos en casi todos los errores que cometen los niños. Muchos ocurren porque nosotros no hemos invertido tiempo en enseñarles y motivarlos. A menudo, los inducimos a rebelarse en lugar de motivarlos para mejorar. Si tiene valor para aceptar su propia imperfección, sus hijos o alumnos aprenderán de usted que los errores son realmente oportunidades para aprender.

Los niños aprenden a concebir y aprovechar los errores como oportunidades para aprender durante las reuniones de familia y clase (tratado en los capítulos 8 y 9). A muchas familias les ha resultado útil invitar a todo el mundo a compartir durante la cena un error que ha cometido ese día y explicar qué ha aprendido de él. En las reuniones diarias de clase, algunos profesores dejan tiempo, una vez a la semana, para que todos los alumnos compartan un error y expliquen qué han aprendido de él. Los niños necesitan estar expuestos diariamente al valor de los errores y aprender de ellos en un entorno seguro.

Un tema primordial de este libro, sobre el que incidiremos constantemente, es aprender a utilizar las dificultades con que nos topamos en la disciplina de nuestros hijos y alumnos como oportunidades para aprender. Antes, no obstante, los adultos necesitamos modificar cualquier creencia negativa con respecto a nuestros propios errores para poder dar ejemplo de lo que Rudolf Dreikurs llamó valor para ser imperfectos. Utilizar las tres "R" para reparar los errores es una excelente forma de ilustrar este valor para ser imperfectos.

Las tres "R" para reparar los errores

1. Reconocimiento: "¡Vaya! He cometido un error".
2. Reconciliación: "Lo siento".
3. Resolución: "Pensemos juntos en una solución".

Es mucho más fácil responsabilizarse de un error cuando se concibe como una oportunidad para aprender y no como algo malo. Si concebimos los errores como algo malo, tendemos a sentirnos incompetentes y desanimados y podemos ponernos a la defensiva, evasivos o críticos, con nosotros o con los demás. Por otra parte, cuando los errores se conciben como oportunidades para aprender, reconocerlos parecerá una aventura estimulante. "Me pregunto qué voy a aprender de este." Perdonarse a uno mismo es un importante elemento de la primera "R" para reparar los errores.

¿Se ha fijado usted alguna vez en la facilidad con que nos perdonan los niños cuando nosotros estamos dispuestos a disculparnos? ¿Se ha disculpado usted alguna vez con un niño? De ser así, ¿cómo reaccionó él? Hago esta pregunta durante las conferencias que doy por todo el mundo y la respuesta es universal. Cuando los adultos se disculpan sinceramente, los niños casi siempre dicen: "No pasa nada, mamá" (o papá o profesor). Un niño puede estar enfadado y resentido con nosotros como reacción a nuestra conducta irrespetuosa (y los adultos probablemente nos lo merecemos) y, al momento, nos perdona en cuanto decimos: "Lo siento".

Las dos primeras "R" para reparar los errores, reconocimiento y reconciliación, instauran un ambiente positivo para la tercera R: hallar una solución. Intentar hallar soluciones mientras el ambiente es hostil es totalmente improductivo.

Como tantos otros adultos y niños, aunque sepa cómo se hacen las cosas, no siempre hago lo que sé. Como seres humanos que somos, es frecuente que nos impliquemos demasiado emocionalmente y perdamos nuestro sentido común (revirtamos a nuestro cerebro reptil). Entonces, reaccionamos irreflexivamente en lugar de hacerlo reflexivamente. Una cosa que me encanta de los principios de la disciplina positiva es que, por muchos errores que cometa, y por muchos desastres que cree con ellos, siempre puedo volver a acogerme a los principios, arreglar el desastre que he creado e incluso mejorar las cosas.

Como cometo muchos errores, las tres "R" para reparar los errores son uno de mis conceptos favoritos. Mi ejemplo emblemático es la vez en que dije a mi hija, cuando ella tenía ocho años: "Mary, eres una mocosa malcriada". (¿Sugiere eso amabilidad, firmeza, dignidad y respeto?)

Mary, que está muy familiarizada con las tres "R" para reparar los errores, replicó:

–Bueno, luego no me digas que lo sientes.

Sin pensarlo, dije:

–No te preocupes por eso, porque no voy a hacerlo.

Mary corrió a su habitación y cerró de un portazo. Yo me reconecté con mi cerebro racional, me di cuenta de lo que había hecho y fui a su habitación a disculparme. Ella seguía enfadada y no estaba lista para una disculpa. Tenía una edición anterior de *Cómo educar con firmeza y cariño* y estaba muy ocupada subrayándola con un gran rotulador de color negro. Miré por encima de su hombro y vi que había garabateado "falsa" en el margen.

Abandoné la habitación pensando: "Vaya por Dios, cualquier día de estos va a salir a la venta otro libro sobre las virtudes de las madres". Sabía que había cometido un error grave.

Al cabo de unos cinco minutos, Mary se acercó a mí, me rodeó tímidamente con los brazos y dijo:

–Lo siento, mamá.

Yo dije:

–Cielo, yo también lo siento. De hecho, cuando te he llamado mocosa malcriada, lo estaba siendo yo. Estaba disgustada contigo por no haberte sabido contener, pero yo tampoco he sabido contenerme. Lo siento mucho.

Mary dijo:

–No pasa nada. Me estaba portando como una mocosa malcriada.

Yo dije:

–Bueno, yo veo cómo he contribuido a que te portes así.

Mary dijo:

–Bueno, y yo veo qué parte de culpa es mía.

He visto ocurrir esto mismo en repetidas ocasiones. Cuando los adultos se responsabilizan de lo que han hecho para crear el conflicto (y, para cualquier conflicto, hacen falta al menos dos personas), los niños están habitualmente dispuestos a seguir su ejemplo y responsabilizarse de su parte. Nuestros hijos y alumnos aprenden a ser responsables a partir de nuestro ejemplo.

Unos días después oí a Mary decir a su amiga por teléfono:

–Oh, Debbie, ¡qué idiota eres! –Enseguida se dio cuenta de lo que había hecho y añadió–: Lo siento, Debbie. Cuando te llamo idiota, significa que la idiota soy yo.

Mary había interiorizado las tres "R" para reparar los errores y aprendido que estos no son más que oportunidades maravillosas para aprender.

8. Asegurarse de que el mensaje de amor es recibido

La señora Smith, madre soltera, llamó pidiendo ayuda para un problema que tenía con su hija María. La señora Smith tenía miedo de que su hija estuviera tomando drogas. Había encontrado un paquete de seis cervezas en el suelo del armario de su hija. La confrontó con el paquete de seis cervezas en la mano y le preguntó:

–¿Qué es esto?

Su tono de voz indicaba claramente que en realidad no estaba interesada en la respuesta. La suya era una pregunta destinada a pillar y humillar a su hija. La pregunta creó de inmediato distancia y hostilidad.

María respondió con sarcasmo:

–Parece un paquete de seis cervezas, mamá.

La conversación subió de tono. La señora Smith dijo:

–No te hagas la lista conmigo, jovencita. Cuéntamelo.

María dijo, con total inocencia:

–Mamá, ¡no sé qué quieres que te cuente!

Ahora, la señora Smith estaba lista para echarle el lazo.

–He encontrado estas cervezas en el suelo de tu armario, jovencita, y será mejor que me des una explicación.

María pensó con rapidez y dijo:

–Oh, se me había olvidado por completo. Se la estaba escondiendo a una amiga mía.

–¡Sí, claro! ¿Crees que me voy a creer eso? –dijo sarcásticamente la señora Smith.

–Me da igual si lo crees o no –dijo enojada María mientras se iba a su habitación y cerraba de un portazo.

Yo quise ayudar a la señora Smith a entrar en contacto con su mensaje fundamental de amor preguntándole:

–¿Por qué se preocupó cuando encontró la cerveza?

Me di cuenta de que la pregunta le parecía absurda cuando me respondió con indignación:

–Porque no quiero que se meta en líos.

–¿Por qué no quiere que se meta en líos? –fue mi siguiente pregunta.

Percibí que la señora Smith se arrepentía de haberme llamado cuando me respondió totalmente indignada:

–¡Porque no quiero que arruine su vida!

Como aún no había entrado en contacto con su mensaje fundamental, insistí:

–¿Y por qué no quiere usted que arruine su vida?

Por fin lo captó:

–¡Porque la quiero! –exclamó.

Por último, le pregunté con dulzura:

–¿Cree usted que ella ha recibido ese mensaje?

Cuando se dio cuenta de lo lejos que había estado de transmitir a su hija el mensaje de que la quería, la señora Smith se sintió mortificada.

A la semana siguiente, la señora Smith llamó para informarme de que había utilizado una combinación de las tres "R" para reparar los errores y los cuatro pasos para obtener colaboración. La noche siguiente, cuando María volvió a casa, ella fue a recibirla a la puerta y, amorosamente, le preguntó:

–¿Podemos hablar?

María le preguntó con beligerancia:

–¿De qué quieres que hablemos? (Es importante mencionar que los niños pueden tardar un tiempo en percibir un cambio de actitud en los adultos y en confiar en él.)

La señora Smith lo entendió. En vez de reaccionar a la beligerancia de su hija, se puso en la piel de María e intentó adivinar cómo se podía estar sintiendo.

–Estoy segura de que, cuando empecé a gritarte por lo del paquete de cervezas anoche, probablemente pensaste que tú ni siquiera me importabas.

María se sintió tan comprendida que comenzó a llorar. Con un tono de voz acusador y tembloroso, dijo:

–Es verdad. He estado sintiendo que para ti yo no soy más que una molestia, y que solo mis amigos se preocupan realmente por mí.

La señora Smith dijo:

–Entiendo que te hayas podido sentir así. Cuando me angustio y te ataco, en lugar de tratarte con cariño, ¿cómo ibas a sentirte si no?

María relajó visiblemente su actitud beligerante. Ahora estaba por fin percibiendo la actitud amorosa de su madre. Cuando la señora Smith se dio cuenta, continuó:

–Siento muchísimo la forma en que metí la pata ayer.

La distancia y la hostilidad se habían transformado en proximidad y confianza. María respondió diciendo:

–No pasa nada, mamá. Yo se la estaba escondiendo a una amiga de verdad.

La señora Smith añadió entonces:

–María, te quiero muchísimo. A veces, me asusta que puedas hacer cosas que te perjudiquen. Mis miedos me vuelven loca y se me olvida decirte que es solo porque te quiero. –Rodeó a María con los brazos y dijo–: ¿Vas a darme otra oportunidad? ¿Podemos empezar a hablar y resolver juntas los problemas con un amor e interés mutuos?

María dijo:

–Claro, mamá. Me parece bien.

La señora Smith me informó de que habían empezado a tener reuniones de familia esa noche. Se sentía agradecida porque habían instaurado un entorno de amor y colaboración que cambió completamente su relación.

Advertirá que los ejemplos de este capítulo ilustran cómo la mala conducta adulta (la falta de conocimientos o competencias) contribuye a la mala conducta infantil. Cuando los adultos modifican su conducta, también lo hacen los niños. Y, en todos los casos, los adultos obtienen más alegrías, además de resultados positivos, cuando se acuerdan de asegurarse de que su mensaje de amor es recibido.

Estos ocho conceptos adlerianos básicos sientan las bases para comprender la conducta y desarrollar las actitudes y métodos necesarios para disciplinar con un enfoque positivo. Los métodos contribuirán a que padres y profesores aprendan las actitudes y técnicas necesarias para ayudar a sus hijos y alumnos a desarrollar las competencias para la vida que necesitan cuando se aventuran a salir al mundo.

REVISIÓN

Herramientas de la disciplina positiva

1. Ganarse a los niños en lugar de utilizar su poder para ganarlos.
2. Brindarles oportunidades para desarrollar y practicar las siete percepciones y competencias importantes para mejorar su autoestima.
3. Dejar de "ordenar" y empezar a "pedir" de formas que impulsen a los niños a colaborar en la resolución de los problemas.

4. Utilizar los cuatro pasos para obtener colaboración.
5. Recordar que el sentimiento con que hace o dice las cosas es más importante que lo que hace o dice.
6. Invitar a los niños a poner en común las tareas que hay que hacer y sugerir un plan para realizarlas.
7. Evitar consentirlos para que puedan creer en sus propias capacidades.
8. Enseñar que los errores son oportunidades maravillosas para aprender y demostrarlo con el ejemplo.
9. Enseñar y practicar las tres "R" para reparar los errores.
10. Asegurarse de que su mensaje de amor se recibe.

Preguntas

1. ¿Qué diferencia hay entre ganarse a un niño y ganarlo?
2. ¿Cuáles son los cuatro pasos para obtener colaboración? Piense en una dificultad que esté teniendo con la conducta de un niño. ¿Cómo podría utilizar estos pasos en esa situación?
3. ¿Cuáles son las actitudes importantes necesarias para que la disciplina positiva sea eficaz con los niños?
4. ¿Qué significa ser un ser social?
5. ¿Cuál es el objetivo primordial al que va dirigida toda conducta?
6. ¿Por qué actúan a menudo los niños de formas que son contraproducentes para alcanzar su objetivo primordial?
7. ¿Qué nos están intentando decir los niños cuando se portan mal?
8. ¿Cómo podríamos actuar de otra forma si recordamos el mensaje en clave que transmite la mala conducta de un niño?
9. ¿Qué es la responsabilidad social y por qué es importante que la desarrollen los niños?

10. ¿Qué entiende Adler por igualdad?
11. ¿Por qué está fuera de lugar la humillación en un enfoque disciplinario positivo?
12. ¿Cuál es la finalidad de los errores?
13. ¿Por qué es importante tener valor para ser imperfectos?
14. ¿Por qué sería útil enseñar a los niños que los errores son oportunidades para aprender y no algo de que avergonzarse?
15. ¿Cuáles son las tres "R" para reparar los errores? Coméntelas.
16. ¿Cuál es el concepto clave que abre todas las puertas? Comparta un ejemplo de cómo algo que usted hizo con un niño podría haber sido distinto si hubiera comenzado por el mensaje de amor.

Capítulo 3

LA IMPORTANCIA DEL ORDEN DE NACIMIENTO

Si conocemos la influencia del orden de nacimiento, podemos mejorar nuestra comprensión de cómo pueden desarrollar los niños ideas erróneas sobre sí mismos basadas en cómo interpretan su posición en la familia. Es otra forma de "ponernos en la piel del niño" para comprender mejor su realidad. Los niños siempre están tomando decisiones y formándose creencias sobre sí mismos, otras personas y su mundo basadas en su interpretación de sus experiencias vitales. Su conducta se basa pues en estas decisiones y en lo que ellos creen que necesitan hacer para sobrevivir y desarrollarse. Es muy frecuente que los niños se comparen con sus hermanos y decidan que, si a uno le va bien en una determinada área, su única opción para sobrevivir sea una de las siguientes:

- ser competentes en un área completamente distinta;
- competir e intentar hacerlo mejor que sus hermanos;
- ser rebeldes o vengativos;
- darse por vencidos por creer que no pueden competir.

Estar en una familia es como estar en una obra de teatro. Cada posición creada por el orden de nacimiento es como un papel diferente en la obra, con características definidas y distintas para cada papel. Así pues, si un hermano ya tiene un papel, por ejemplo el de "niño bueno y obediente", es posible que sus otros hermanos sientan que deben encontrar otros papeles que interpretar, por ejemplo, el de niño rebelde, niño buen estudiante, niño deportista, niño sociable, etc.

Podemos preguntar: "¿Por qué ocurre eso? No tiene sentido. ¿Por qué no pueden dos niños entender que ambos pueden ser buenos en algo?". En primer lugar, es importante señalar que toda regla tiene excepciones. En ocasiones, todos los hijos de una familia decidirán descollar en la misma área, sobre todo cuando en la familia reina un ambiente de colaboración y no de competencia. No obstante, casi todos los niños creen que necesitan ser distintos para sentirse tenidos en cuenta e importantes. No sirve de nada intentar entenderlo. Sí sirve saber, en cambio, que los niños suelen extraer ciertas conclusiones basadas en su posición en la familia.

Parecería más lógico que los niños tuvieran similitudes por pertenecer a una misma familia que por compartir la misma posición en el orden de nacimiento, pero lo contrario es cierto. Los niños de una misma familia son a menudo extremadamente distintos, aunque tengan los mismos padres, el mismo hogar y el mismo vecindario. Naturalmente, el entorno no puede ser totalmente el mismo para los niños de una misma familia, pero el factor que más contribuye a las diferencias que existen en las familias es la interpretación que cada niño hace del entorno que percibe. Casi todas las interpretaciones se basan en cómo se comparan los niños con sus hermanos.

Como hemos visto en el segundo capítulo, los niños son buenos percibiendo, pero no lo son interpretando. Esto se hace muy patente en el estudio del orden de nacimiento. La verdad de una situación no es tan importante como la interpretación que de ella hace el niño. La conducta se basa en esta última. Niños del mismo orden de nacimiento a menudo hacen interpretaciones similares con respecto a sí mismos y con respecto a cómo creen que necesitan comportarse para sentirse tenidos en cuenta e importantes en la vida. Por eso suelen tener las personas con el mismo orden de nacimiento características y conductas similares.

El orden de nacimiento no es la única explicación para el desarrollo de la personalidad, pero es un factor importante. Hay muchas otras teorías que pueden ayudarnos a comprender las similitudes y la singularidad de las personas, entre ellas, la teoría de los nueve temperamentos estudiados por Chess y Thomas.[1] Estos autores descubrieron que los niños nacen con determinadas características que perduran a lo largo de toda su vida. Estas características y su relación con la disciplina positiva se tratan en *Positive Discipline for Preschoolers*.[2] La teoría de las prioridades de estilo de vida, desarrollada por la psicóloga israelí Nira Kefir, describe otro factor que influye en la personalidad infantil. Esta teoría postula que los adultos escogen una prioridad (control, ser complaciente, superioridad o comodidad) que motiva su conducta cuando están sometidos a estrés. Cómo pueden estas prioridades suscitar determinadas decisiones y conductas en los niños se trata en el capítulo 10.

El propósito de conocer el orden de nacimiento (o cualquiera de las teorías de la personalidad citadas) no es encasillar ni estereotipar. Es, más bien, aumentar nuestro conocimiento y comprensión de nosotros mismos y de los niños para poder relacionarnos con ellos de un modo más eficaz.

HIJOS MAYORES

Las similitudes más previsibles se hallan entre los hijos mayores porque esta es la posición con menos variables. Por ejemplo, hay muchas formas de ser el hijo mediano, tal como el mediano de tres o uno de los medianos de siete. Los hijos menores tienen casi tantas similitudes previsibles como los mayores. Los hijos únicos se parecerán más a los hijos mayores o menores, en virtud de si los han consentido como a un hijo menor o les han concedido más responsabilidad como a uno mayor.

Todos los hijos mayores no extraerán exactamente las mismas conclusiones ni serán exactamente iguales, ni tampoco lo serán todos los hijos medianos, todos los hijos únicos ni todos los hijos menores. Todos somos individuos únicos y tenemos tantas diferencias como similitudes, pero las personas con el mismo orden de nacimiento a menudo comparten algunas características.

Antes de seguir leyendo, cierre los ojos y piense en varios adjetivos que se le ocurran para describir a los hijos mayores, medianos y menores que usted conoce. Es fácil pensar en adjetivos que describan a los hijos mayores, tales como responsables, líderes, mandones (aunque, mentalmente, quieren que otros lo hagan mejor que ellos por su propio bien), perfeccionistas, críticos (consigo mismos y con los demás), conformistas, organizados, competitivos, independientes, reacios a correr riesgos y conservadores. Como los hijos mayores son los primeros en nacer, a menudo interpretan erróneamente que deben ser los primeros o mejores para ser importantes. Esto se puede manifestar de muchas formas distintas. A algunos, puede parecerles importante ser los primeros en terminar los deberes, aunque no los hagan bien. Otros pueden ser los últimos en entregarlos porque invierten mucho tiempo en hacerlos mejor que nadie.

HIJOS MENORES

La característica que primero se nos ocurre cuando describimos a los hijos menores es malcriados. Muchos hijos menores están consentidos, tanto por sus padres como por sus otros hermanos. Debido a ello, les resulta más fácil interpretar erróneamente que, para ser importantes, deben seguir manipulando a los demás para que los sirvan. Los hijos menores a menudo son expertos en utilizar sus encantos para conseguir que otras personas hagan cosas por ellos. Con frecuencia, son creativos y amantes de la diversión. Gran parte de su creatividad, energía e inteligencia se puede canalizar en adquirir importancia a través de la manipulación seductora.

A menudo, los hijos menores se encuentran en la confusa situación de que sus padres los prefieran y sus hermanos los aborrezcan. El mayor peligro para los niños que han estado consentidos reside en que suelen creer que la vida es injusta cuando no se hacen cargo de ellos o no les dan lo que ellos quieren. Esta injusticia con frecuencia los ofende y les da supuestamente derecho a tener berrinches, compadecerse de sí mismos o vengarse de algún modo que sea destructivo o perjudique a otras personas. Pueden desarrollar la creencia de que "Me siento querido cuando otras personas se hacen cargo de mí".

Los hijos menores pueden tener dificultades para adaptarse a la escuela. Aparte de creer que el profesor debería continuar tratándolos como en casa, es posible que crean que debería aprender de ellos. Conscientemente, dicen: "Profesor, áteme los zapatos, por favor". Subconscientemente, y a través de sus actos, están diciendo: "Y, mientras lo hace, por favor, aprenda de mí". "No puedo" y "Enséñame" a menudo son simples exigencias que significan "Hazlo por mí".

Como asesora pedagógica de educación primaria, hablé con muchos niños que tenían dificultades para adaptarse al entorno escolar. Yo siempre les preguntaba: "¿Quién te viste por las mañanas?". Como puede imaginar, normalmente hay otra persona que sigue asumiendo la responsabilidad de vestirlos. Si no es mamá o papá, puede que sea un hermano mayor.

Cuando impartí clases de desarrollo infantil a estudiantes graduados, tuve muchos alumnos que trabajaban en guarderías y parvularios. Durante diez años, estos alumnos realizaron encuestas a los niños con quienes trabajaban. Rara vez encontraron a un niño que se vistiera solo por la mañana.

IMP

Los niños pueden vestirse solos a partir de los dos o tres años si tienen ropa que es lo bastante fácil de poner y les han enseñado a hacerlo. Cuando los padres continúan vistiendo a sus hijos después de los tres años, les están impidiendo desarrollar su responsabilidad, independencia y seguridad en sí mismos. Con ello, es menos probable que desarrollen la creencia de que son capaces. En vez de eso, estos niños se sienten tenidos en cuenta cuando otros hacen cosas por ellos. Si no creen en su propia capacidad, es menos probable que sean buenos estudiantes y es posible que no desarrollen las competencias que necesitan para tener éxito en la vida.

Si consentir a un niño es tan perjudicial para él, ¿por qué lo hacen los padres? Muchos creen realmente que es el mejor modo de demostrar a sus hijos que los quieren. He oído a algunos argumentar que los niños tienen mucho tiempo para adaptarse a este mundo inhóspito y cruel, así que, ¿por qué no dejar que tengan las cosas fáciles y agradables durante el mayor tiempo posible? Estos padres no son conscientes de cuánto cuesta modificar las creencias, los hábitos y las características una vez que se han instaurado. Las creencias que desarrollamos de niños se convierten en nuestras "bases para vivir" como adultos, aun cuando esas creencias hayan dejado de tener sentido desde hace ya tiempo.

Otras de las razones por las que los padres pueden consentir a sus hijos son porque es más fácil, porque colma su necesidad de sentirse necesitados, porque creen que es lo que unos "buenos" padres tienen que hacer, porque quieren asegurarse de que sus hijos no tengan la infancia difícil que ellos creen haber tenido o porque se sienten presionados por familiares y amigos. Los padres no están realmente pensando en los efectos a largo plazo cuando privan a sus hijos de la oportunidad de practicar valiosas competencias para la vida porque les resulta más fácil, rápido y oportuno hacerlo ellos. Nunca dejo de asombrarme cuando los padres me dicen que "no tienen tiempo" para dejar que sus hijos hagan cosas por sí solos. Estos mismos padres se sentirán más adelante decepcionados y frustrados cuando descubran que sus hijos no han llegado a desarrollar unas buenas competencias y actitudes para la vida. ¿Acaso piensan que las competencias se desarrollan automáticamente? Los padres que quieren lo mejor para sus hijos serán más eficaces si reevalúan su lista de prioridades.

Necesitamos comprender que las "supermamás" no hacen ningún bien a sus hijos. Es importante que los padres sepan cuánto perjudican a sus hijos cuando los consienten. Por eso, como hemos mencionado en el segundo capítulo, Dreikurs decía: "No hagáis nada por un niño que él pueda hacer solo". Esto no significa que no podamos hacer nunca nada por los niños. Significa que los ponemos en una situación de desventaja si no les permitimos aprender cuán capaces pueden ser cuando no están consentidos.

Los niños aprenden valiosas competencias para la vida cuando sus padres invierten tiempo en enseñárselas y luego les permiten desarrollar su responsabilidad y su confianza en sí mismos practicándolas. Es un error pensar que los niños siempre pueden aprender a cuidar de sí mismos más adelante. Cuanto más esperen, más difícil les resultará modificar sus malas interpretaciones de lo que ellos creen que necesitan hacer para sentirse tenidos en cuenta e importantes.

Algunos hijos menores hacen una interpretación completamente distinta y se convierten en personas que siempre se exigen más. A menudo interpretan erróneamente que, para ser importantes, deben superar a todos los que están por delante de ellos. Se convierten en adultos que, pese a su éxito, siguen intentando demostrar su importancia.

HIJOS MEDIANOS

Es más difícil generalizar acerca de las características de los hijos medianos a causa de las muchas posiciones distintas que ocupan.

Normalmente, se sienten atrapados en medio, sin los privilegios del hijo mayor ni las ventajas del menor. Esto los empuja a hacer la interpretación errónea de que deben diferenciarse de algún modo para ser importantes. Esta diferenciación puede traducirse en una tendencia a exigirse siempre más o a no desarrollar todo su potencial, en una extraversión o introversión exageradas o en una rebeldía social o individualista. Muchos son de trato más fácil que sus hermanos. Casi todos los hijos medianos tienen mucha empatía con el más débil, con quien se identifican. A menudo son buenos conciliadores y otros acuden a ellos en busca de compasión y comprensión. Suelen ser mucho más liberales que su conservador hermano mayor.

HIJOS ÚNICOS

Como ya hemos dicho, los hijos únicos pueden parecerse a los hijos mayores o menores, con algunas diferencias importantes. Si son como los mayores, lo serán con una tendencia menos marcada hacia el perfeccionismo, porque no se han visto presionados por la amenaza de que alguien menor que ellos les pueda robar su posición. No obstante, una tendencia menos marcada al perfeccionismo no elimina este rasgo por completo. Normalmente, los hijos únicos se exigen lo que ellos creen que les han exigido sus padres. Como han sido el único hijo de la familia, suelen desear y valorar la soledad, o es posible que teman sentirse solos. Para ellos, puede tener más importancia ser únicos que ser los primeros.

Todos los astronautas originales fueron hijos mayores, hijos mayores psicológicos (como se explica en la página 61) o hijos únicos. Neil Armstrong, hijo único, tuvo la experiencia única de ser el primer hombre en pisar la luna.

¿Cómo nos ayuda la información sobre el orden de nacimiento a comprender mejor a los niños y a ser más eficaces con ellos? Tener presente el orden de nacimiento de un niño nos permitirá hacer algunas conjeturas bien fundamentadas sobre su mundo y punto de vista. Con suerte, estos conocimientos ayudarán a padres y profesores a comprender la importancia de no consentir a sus hijos y alumnos, de brindar a los hijos mayores oportunidades para que se sientan bien perdiendo y no siendo siempre los primeros, de ayudar a los hijos medianos a sentirse menos atrapados entre sus hermanos y, en general, de ponerse en la piel de cada niño.

EXCEPCIONES A LAS REGLAS

Hay muchos factores que explican las excepciones a las reglas generales. Uno es el sexo. Si los hijos mayor y mediano son de distinto sexo, ambos pueden desarrollar las características de un hijo mayor, sobre todo si en su familia existe una clara división de los roles sexuales. Cada uno asumirá las responsabilidades que corresponden al hijo mayor de su rol sexual. Por ejemplo, si el primogénito es varón, tendrá las características del hijo mayor en el rol masculino. Si va seguido de una hermana, esta también desarrollará las características de hija mayor en el rol femenino.

No obstante, si los dos hijos mayores de tres o más hermanos son del mismo sexo, es probable que las diferencias entre ambos sean extremas. Los dos hijos mayores del mismo sexo suelen ser radicalmente opuestos. Cuanto más se aproximan en edad, más pronunciadas son las diferencias, lo cual nos lleva al segundo factor, que explica las excepciones a las reglas generales.

Cuando hay una diferencia de edad de cuatro años o más entre los hermanos, estos se influyen menos y perciben menos competencia entre ellos. Si una familia tiene cinco hijos que se llevan más de cuatro años entre uno y otro, cada uno puede desarrollar unos rasgos más próximos a los del hijo único o mayor. Se convierten en "hijos mayores psicológicos" o en "hijos menores psicológicos". En una familia donde hay siete hermanos de diecinueve, diecisiete, quince, nueve, siete, tres y un año, hay un hijo mayor real. Los hermanos que tienen nueve y tres años son hijos mayores psicológicos, porque el hermano que tienen delante les lleva cuatro o más años. También hay un hijo menor real y dos hijos menores psicológicos, los niños que tienen quince y siete años, porque han sido los hijos menores durante cuatro o más años antes de que naciera el siguiente hermano. Cuando un niño ha tenido ocasión de estar en una posición durante más de cuatro años, ya se ha formado muchas interpretaciones sobre la vida, sobre sí mismo y sobre cómo conseguir sentirse tenido en cuenta e importante. Puede modificarlas cuando varía la constelación familiar, pero normalmente no las transforman por completo. Es interesante observar lo que a veces ocurre cuando el primogénito se va de casa para estudiar. El segundo hijo puede cambiar considerablemente, asumiendo más responsabilidades, pero sin una tendencia tan marcada al perfeccionismo. La dinámica en las familias donde hay hijos de distintos padres puede comprenderse mejor cuando se tiene en cuenta el orden de nacimiento. Para un hijo mayor o menor puede ser muy molesto que, al unirse a la familia, otros niños lo expulsen de su posición. Un niño que antes era el hijo mayor puede de pronto convertirse en el menor o mediano. El menor puede perder súbitamente su posición de "hermano mimado" cuando un niño menor que él se une a la familia. Será de mucha ayuda que estos niños se sientan comprendidos y participen en reuniones de familia (véase el capítulo 9). Colaborar respetuosamente en la resolución de los problemas les permitirá sentirse tenidos en cuenta e importantes.

Otra excepción a la regla es que, en ocasiones, los niños intercambian arbitrariamente rasgos típicos de una posición. Un hijo mediano puede esforzarse hasta el punto de ponerse por delante de su hermano mayor. Este puede entonces darse por vencido y renunciar a los rasgos típicos de primogénito. Darse por vencido es un indicador claro de perfeccionismo. Este niño ha decidido que "si no puedo ser el primero o el mejor, ¿para qué intentarlo?". Un hermano mayor que se ha "dado por vencido" para dejar sitio a uno menor puede convertirse en un "fracasado". Muchos padres me han dicho cuánto les ayudó esta explicación a comprender la grave situación de su hijo mayor, quien había sido destronado por un hermano menor. Saberlo les permitió utilizar la motivación (en lugar de la ira y la frustración) con su hijo mayor.

Un hijo menor que se convierte en una persona que siempre se exige más deja vacante el rol de niño consentido. El hermano que lo precede en edad puede rellenar este hueco y adoptar rasgos del hijo menor.

AMBIENTE FAMILIAR

Otro factor que explica las excepciones a la regla general es el ambiente familiar, el cual puede acrecentar o disminuir las diferencias. En familias donde se valora y practica la competencia, las diferencias pueden aumentar. En familias donde se valora y practica la colaboración, las diferencias pueden disminuir. Muchos padres no son conscientes de que, cuando discrepan sobre cómo educar a sus hijos, están creando un ambiente familiar competitivo. Los padres que están de acuerdo en cómo educan a sus hijos están creando un ambiente familiar colaborador.

Como ya hemos dicho, una regla general que casi siempre se cumple predice que dos hijos mayores serán muy distintos si son del mismo sexo y de una edad parecida. No obstante, tuve ocasión de conocer una excepción clarísima a esta regla general. Cuando entrevisté a una señora que tenía una hermana solo dieciocho meses mayor que ella, lo primero que pensé fue que tendrían rasgos radicalmente opuestos. La entrevista me demostró que me había equivocado. Eran muy similares. Cuando llegamos a la pregunta sobre cómo eran sus padres, le pedí si me dejaba adivinarlo antes de que ella me respondiera. Conjeturé que sus padres eran muy cariñosos y colaboradores entre ellos, habían coincidido en su forma de educar a sus hijas y ellas se sentían queridas y tratadas de una forma justa. Ella me preguntó que cómo lo había sabido. Yo basé mi conjetura en mi conocimiento de los efectos del ambiente familiar. Cuando dos hermanas que solo se llevan dieciocho meses tienen rasgos parecidos, en lugar de opuestos, cabe suponer que los padres han creado un ambiente de colaboración y no de competencia.

CÓMO UTILIZAR LA INFORMACIÓN SOBRE EL ORDEN DE NACIMIENTO PARA MOTIVAR A LOS NIÑOS

En un distrito escolar, la información sobre el orden de nacimiento se utilizó para que los profesores cobraran conciencia del elevado número de hijos menores reales o psicológicos que había en las clases para alumnos con discapacidades de aprendizaje.* Esto planteó una pregunta válida sobre las discapacidades educacionales. ¿Son fisiológicas o conductuales? ¿Aprenden los hijos menores a utilizar sus dificultades para seguir obteniendo un trato especial? Si son fisiológicas, ¿se nos están pasando por alto muchas dificultades educacionales de los hijos mayores porque ellos aprenden a sobrecompensarlas?

---

* Recuerde que esta información no se debe utilizar para crear etiquetas ni estereotipos que nos permitan presumir de "saber" cómo son los demás. Sirve simplemente para ayudarnos a comprender por qué suelen hacer los niños interpretaciones erróneas sobre cómo conseguir sentirse tenidos en cuenta e importantes, para que nosotros conozcamos modos más eficaces de ayudarlos (o sepamos cuándo deberíamos abstenernos de hacerlo). También la podemos utilizar para centrarnos en los aspectos positivos. Deberíamos recordar siempre la importancia de buscar y valorar las muchas formas en que cada individuo es único.

En una escuela de educación primaria, había un grupo de alumnos que parecía volver locos a todos los profesores. Cuando este grupo hizo segundo, su profesor consideró pedir la jubilación. Cuando hizo tercero, su profesor contó los días que quedaban para el verano. Por último, el profesor de cuarto realizó una encuesta sobre el orden de nacimiento y descubrió que el 85 por ciento de sus alumnos eran hijos menores. Muchos de ellos invertían gran cantidad de tiempo en demostrar que no podían hacer nada solos y en buscar una atención especial. Mediante la celebración de reuniones de clase, el profesor de cuarto consiguió mejorar significativamente las cosas a medida que sus alumnos aprendían a ayudarse entre ellos y a sí mismos mejorando sus habilidades para resolver problemas.

Judy Moore, profesora de quinto curso, hizo su tesis doctoral sobre el orden de nacimiento y los grupos de lectura. Averiguó que había un elevado porcentaje de hijos mayores y únicos en los grupos de lectura más avanzados y de hijos menores en los más rezagados. La señora Moore grabó en cintas la dinámica de cada grupo mientras ella hacía preguntas. En el grupo más avanzado, todos los alumnos alzaban la mano, impacientes por ser los primeros en responder. El grupo intermedio era más relajado, pero habitualmente alguien tenía una respuesta. En el grupo más rezagado, los alumnos tenían una mayor tendencia a expresar su falta de comprensión y su necesidad de que los ayudaran.

La señora Moore tenía un alumno en su clase (lo llamaré John) que era el que peor leía. Le preocupaba que pudiera tener un bajo cociente intelectual, por lo que su primer paso para ayudarlo consistió en pedir que lo sometieran a pruebas psicológicas. A continuación, le hizo una entrevista y descubrió que era el hijo menor. Aún más interesante, tenía tres hermanas mayores que se llamaban Georgia, Roberta y Paula. Se enteró de que todo el mundo en la familia lo llamaba "rey". Con aquella información, la señora Moore pudo hacer algunas conjeturas bien fundamentadas sobre el valor de los varones en aquella familia y la posibilidad de que John estuviera extremadamente consentido. ¿Por qué iba a querer hacer nada por sí mismo, incluyendo aprender, si nunca había sabido lo que era la responsabilidad? Las corazonadas de la señora Moore se confirmaron cuando recibió el informe psicológico de que John era un niño especialmente inteligente. Había estado invirtiendo toda su inteligencia en perfeccionar sus seductoras dotes de manipulación.

La señora Moore confrontó amablemente a John y le dijo que ahora sabía que era un jovencito muy capaz que podía estar perfectamente en el grupo de lectura superior. Lo cambió a este grupo y él no la defraudó. Sabía que ya no podía engañarla. El mayor problema fue para sus hermanas, que pensaban que la señora Moore estaba siendo poco razonable esperando tanto de su hermano menor.

Es importante incidir en la actitud de la señora Moore cuando informó a John de que el juego había terminado. No dijo, con un tono adoctrinador: "Sé que puedes hacerlo mejor". En vez de eso, dijo: "John, he descubierto qué jovencito tan capaz eres. Voy a cambiarte al grupo superior de lectura porque tengo plena confianza en tu capacidad para adaptarte bien a él".

¿Cuántos de nosotros odiábamos que nuestro padre o madre nos dijera: "Si lo intentaras, podrías hacerlo mejor"? La actitud que acompañaba a esta afirmación solía ser adoctrinadora y expresar decepción. Una actitud así desanima a cualquier niño. Para casi todos los hijos mayores, sería devastador decirles que, si lo intentaran, podrían hacerlo mejor. El motivo por el que quizá no lo estén haciendo tan bien como podrían reside en que sus esfuerzos por alcanzar la perfección con frecuencia los tensan tanto que su rendimiento no es el óptimo. Para los hijos medianos, decirles que podrían hacerlo mejor si lo intentaran puede ser desalentador si ellos creen erróneamente que no pueden hacerlo tan bien como sus hermanos mayores, quienes ya dominan esa área por completo. Con frecuencia, los hijos menores detestan que les digan que lo podrían hacer mejor porque creen erróneamente que son más tenidos en cuenta e importantes cuando los demás se hacen cargo de ellos. El enfoque de la señora Moore dio resultado con John por el modo en que hizo las cosas: con una actitud que transmitía motivación en lugar de decepción.

Conocer el orden de nacimiento puede ayudar a padres y profesores a ponerse en la piel de sus hijos y alumnos. El mero hecho de transmitir a otra persona que somos capaces de ver, comprender y respetar su punto de vista es una de las cosas más motivadoras que podemos hacer. Ser capaces de decir: "Entiendo cómo debes de sentirte" es muy distinto de la acusación y la culpa que transmitir: "Bueno, no es ningún misterio que actúes así, dado que eres el hijo mayor (mediano, menor, único)".

Comprender la influencia del orden de nacimiento ayudó a un padre a poner fin al ciclo de perfeccionismo que su hijo mayor Mark estaba desarrollando. Mark ya no soportaba perder cuando tenía ocho años. Su padre estaba favoreciendo aquella actitud dejándole ganar al ajedrez porque no le gustaba verlo disgustarse y llorar. Cuando conoció la influencia del orden de nacimiento, se dio cuenta de que era más importante permitir que Mark adquiriera experiencia en perder, por lo que empezó a ganar al menos la mitad de las partidas. Mark se disgustó al principio, pero pronto comenzó a ganar y perder con más elegancia. Un día, su padre tuvo la sensación de haber rebasado un hito cuando estaba jugando a la pelota con Mark y se la lanzó mal. En lugar de disgustarse por no cogerla, su hijo fue capaz de utilizar su sentido del humor y comentar: "Bien tirada, papá. Mal cogida, Mark".

EL ORDEN DE NACIMIENTO Y EL MATRIMONIO

Conocer la influencia del orden de nacimiento también puede ayudar a los padres a comprenderse y motivarse entre ellos. Es interesante considerar las repercusiones de la información sobre el orden de nacimiento en lo relativo al matrimonio. Como quizá haya adivinado, a menudo se produce una atracción entre los hijos mayores y los menores. A los menores les gusta que los cuiden y a los mayores cuidar, por lo que parece la pareja ideal. No obstante, como dijo Adler: "Dígame usted su queja sobre su cónyuge y yo le diré por qué se casó con esa persona en primer lugar". Las características que nos atraen al principio son precisamente las que a menudo nos irritan más adelante.

En este caso, el hijo mayor puede más adelante hartarse de ser siempre el cónyuge responsable y criticar a su cónyuge más irresponsable, olvidando que ese mismo rasgo le pareció atractivo al principio. El hijo menor también puede hartarse de que su cónyuge lo cuide y le diga lo que tiene que hacer, salvo cuando él decide que lo quiere así. El problema es que, cuando él lo quiere así, a menudo no es cuando lo quiere su cónyuge.

Cuando dos hijos mayores se casan, con frecuencia lo hacen porque admiran los rasgos que también respetan en sí mismos; el problema comienza cuando no pueden ponerse de acuerdo en quién asume el mando o quién sabe realmente la mejor manera de hacer las cosas.

Dos hijos menores se casan porque reconocen lo bien que se lo pueden pasar juntos, pero más adelante se molestan con su cónyuge por no cuidar mejor de ellos. Todas las combinaciones pueden llegar a buen término con comprensión, respeto mutuo, colaboración y sentido del humor. Un buen amigo mío es un hijo menor casado con una hija menor. Los dos se fueron de vacaciones. Él preguntó a su mujer si había hecho las reservas de hotel. Ella respondió: "No, ¿no las habías hecho tú?". Los dos se echaron a reír y se divirtieron buscando un motel.

ORDEN DE NACIMIENTO Y ESTILOS DOCENTES

Los estilos docentes pueden diferir a causa del orden de nacimiento. A los profesores que son hijos mayores a menudo les gusta tener el control. Suelen estar dispuestos a organizar actividades interesantes y complicadas para sus alumnos. Prefieren la estructura y el orden y les encanta que sus alumnos se queden sentados en ordenadas filas mientras hacen lo que ellos les han dicho. Como esta escena ya no es tan típica como solía, muchos de estos profesores están frustrados hasta que aprenden métodos que los ayudan a instaurar el orden sin ser autoritarios. Enseguida descubren las ventajas que la disciplina positiva tiene para sus alumnos y para ellos.

Los profesores que son hijos medianos suelen estar tan interesados en el bienestar psicológico de sus alumnos como en su éxito académico. Se sienten atraídos por los alumnos rebeldes y confían en influirles para que tomen una dirección más positiva. Estos profesores intentan instaurar el orden mediante el respeto mutuo y la comprensión.

Los profesores que son hijos menores suelen ser creativos y amantes de la diversión y son los que menos dificultades tienen para adaptarse al ruido y al desorden. Estos profesores suelen estar dispuestos a permitir que los alumnos asuman más responsabilidad para no tener que hacerlo todo ellos.

La información sobre el orden de nacimiento también puede ayudar a padres y profesores a mejorar su comprensión de los niños y de sí mismos.

EJERCICIO DE GRUPO

El ejercicio siguiente es una forma excelente de experimentar las similitudes y diferencias de las personas que ocupan la misma posición con respecto a su orden de nacimiento.

Divida el grupo en grupos más reducidos formados por personas del mismo orden de nacimiento. Proporcione a cada grupo rotuladores y papel de embalar. Deles las siguientes instrucciones: "Cada persona del grupo debería pensar en adjetivos que la describen como individuo. Compartid estos adjetivos con vuestro grupo. Si casi todos estáis de acuerdo en que ese rasgo también os describe a vosotros, escribidlo en el papel de embalar".

Deje unos diez minutos para este ejercicio y a continuación pida a cada grupo que cuelgue su papel de embalar en la pared con cinta adhesiva. También puede proponer una discusión sobre cómo se relaciona lo que ellos han descubierto con la información que proporciona este capítulo. Asegúrese de tratar los siguiente puntos:

- Factores que explican las excepciones y la singularidad de cada persona.
- La importancia de recalcar los rasgos positivos de cada posición creada por el orden de nacimiento.
- Formas en que puede utilizarse la información para mejorar nuestra comprensión de los niños y de nosotros mismos.
- Lo pernicioso de utilizar esto para encasillar o estereotipar.

Pregunte también al grupo si alguien ha comprendido mejor por qué ha podido hacer determinadas interpretaciones con respecto a sí mismo y adoptar creencias erróneas sobre qué necesita hacer para conseguir sentirse tenido en cuenta e importante.

REVISIÓN

Preguntas

1. ¿Cuál es el principal propósito de conocer la influencia del orden de nacimiento y cómo puede eso ayudarnos a trabajar con niños?
2. ¿Cuáles son algunas de las decisiones que los niños suelen tomar cuando se comparan con sus hermanos?

3. ¿Cuáles son algunas de las formas en que se puede hacer un mal uso de la información sobre el orden de nacimiento?
4. ¿Cuáles son las características típicas de cada posición determinada por el orden de nacimiento?
5. ¿Cuáles son los peligros de consentir a un niño y por qué lo hacen algunos padres?
6. ¿Cuáles son los factores que explican las excepciones a las reglas generales sobre el orden de nacimiento?

Capítulo 4

UNA NUEVA FORMA DE ENTENDER LA MALA CONDUCTA

En una de mis escenas favoritas de la película *Kramer contra Kramer,* vemos aparecer al niño Seth muy enfadado, gritando a su padre:

–Te odio.

Su padre lo coge, lo lleva a su habitación, lo arroja a su cama y le grita:

–Yo también te odio a ti, crío de mierda.

¿Se odian realmente este padre y este hijo? Naturalmente que no. Se quieren muchísimo. ¿Qué ocurre entonces?

Seth se siente *herido* porque su padre está trabajando y no le presta atención. El padre tiene un plazo de entrega y se disgusta mucho cuando Seth vuelca el vaso de lo que se está bebiendo encima de todo su proyecto. Reacciona culpándolo, avergonzándolo e hiriéndolo.

A un nivel subconsciente, Seth no se siente tenido en cuenta; se siente insignificante. De manera que le dice a su padre que lo odia. Este reacciona vengándose y ambos se ven atrapados en un "ciclo de venganza". El padre desempeña un importante papel en este episodio de mala conducta. Es igual de responsable, si no más.

RESPONSABILIDAD NO ES LO MISMO QUE CULPA O VERGÜENZA

En esta nueva forma de entender la mala conducta, los resultados pueden ser motivadores tanto para los niños como para los adultos si usted no equipara responsabilidad a culpa o vergüenza. Es más útil concebir la responsabilidad como algo liberador que usted puede modificar si lo desea, no como algo de que sentirse culpable.

Cuando se dé cuenta de que puede haber contribuido a la mala conducta de su hijo o alumno, tendrá información sobre cómo modificar su papel y, con ello, sobre cómo ayudar al niño a modificar el suyo.

¿QUÉ ES LA MALA CONDUCTA?

Cuando la analizamos con detenimiento, la mala conducta no es más que una falta de conocimiento (o conciencia), una falta de competencias eficaces, una conducta apropiada para la etapa de desarrollo, una expresión de nuestro desánimo, o, a menudo, el resultado de algún incidente que nos induce a reconectarnos con nuestro cerebro primitivo, donde la única opción radica en entablar luchas de poder o en retraernos y no comunicarnos. Los adultos a menudo tenemos tanta falta de conocimiento, conciencia y competencias como los niños y exhibimos conductas tan propias del cerebro primitivo como ellos. Por eso son tan corrientes las luchas de poder entre adultos y niños: para que estas existan, hacen falta al menos dos personas. Y los adultos a menudo estamos tan desanimados como los niños. ¿Parecería distinta la mala conducta (la nuestra y la del niño) si la concibiéramos como una "conducta fruto del desánimo", una "conducta debida a una falta de competencias", una "conducta del cerebro reptil" o una "conducta apropiada para la edad"?[1]

La mayor parte del tiempo, los niños pequeños no se están portando mal, sino únicamente como corresponde a su edad. Muchos padres y profesores no tienen suficientes conocimientos sobre la conducta humana y el desarrollo infantil y, por ese motivo, tratan conductas apropiadas para la edad como malas conductas. Es francamente triste pensar en los muchos niños pequeños que son castigados por exhibir conductas que son apropiadas para su etapa de desarrollo. Por ejemplo, los niños menores de cuatro años reciben castigos por ser "traviesos" cuando su cerebro aún no se ha desarrollado lo suficiente como para comprender qué se espera de ellos. No poseen ni el lenguaje ni las competencias sociales para obtener lo que quieren, sobre todo cuando lo que quieren es irrazonable, inoportuno o inapropiado para los adultos de su vida. Es desgarrador ver cómo castigan a estos niños a quedarse solos en su habitación cuando ellos aún no han desarrollado la capacidad para comprender realmente la relación entre causa y efecto.

¿Con cuánta frecuencia se portan mal los niños porque están cansados o tienen hambre? ¿Quién es responsable de eso? (A menudo, se debe a circunstancias que no se pueden evitar, razón de más para tener compasión por su hijo y por usted en lugar de calificarlo de mala conducta.) Es posible que los padres aún no hayan pedido respetuosamente a sus hijos que colaboren en el establecimiento de una rutina. Quizá no se hayan dado cuenta aún de que sus exigencias incitan a sus hijos a rebelarse y resistirse, mientras que las "preguntas de curiosidad" (y los métodos de la disciplina positiva) los inducen a colaborar. Puede ser muy estimulante centrarse en la responsabilidad y en las soluciones (y en los errores como oportunidades para aprender) en lugar de hacerlo en las malas conductas y el castigo.

Puede parecer que estoy proponiendo que los padres y profesores no hagan nada con las conductas evolutivamente apropiadas que son socialmente inapropiadas (llamadas malas conductas). Eso no es lo que estoy diciendo. Lo que digo es que los padres y los profesores son los adultos. Si queremos que los niños aprendan a controlar su conducta, deberíamos aprender a controlar la nuestra. Con conciencia, podemos responsabilizarnos de nuestra conducta y modificarla de formas que los induzcan a mejorar la suya sin perjudicar su autoestima. Podemos ser nosotros los que salgamos de la habitación para calmarnos y poder actuar reflexivamente en vez de reaccionar irreflexivamente. Estoy sugiriendo que asumamos al menos la misma responsabilidad por nuestra mala conducta y aprendamos a utilizar métodos motivadores y eficaces a largo plazo porque satisfacen los cuatro criterios para una disciplina eficaz (véase el capítulo 1).

Cuanto mejor comprendamos la conducta, la nuestra y la de nuestros hijos y alumnos, más eficaces podremos ser como padres y profesores. Un buen comienzo es ponernos en la piel del niño para comprender mejor sus conductas fruto del desánimo.

Como tantas veces dijo Rudolf Dreikurs: "Un niño que se porta mal es un niño desanimado". Dreikurs descubrió cuatro objetivos inapropiados o erróneos que los niños persiguen cuando se sienten desanimados. Se llaman objetivos erróneos porque se basan en creencias erróneas sobre cómo conseguir sentirnos tenidos en cuenta e importantes.

Cuando Rudolf Dreikurs explicaba los cuatro objetivos erróneos, la gente a menudo le preguntaba: "¿Cómo puede usted seguir poniendo a los niños en esas casillas?". Él respondía: "Yo no los sigo poniendo ahí, los sigo encontrando ahí".

Las cuatro creencias y objetivos erróneos de la conducta

1. Búsqueda de atención. La creencia errónea: solo me tienes en cuenta cuando me prestas atención.
2. Búsqueda de poder. La creencia errónea: solo me tienes en cuenta cuando mando yo o, al menos, cuando no permito que tú me mandes.

3. Búsqueda de venganza. La creencia errónea: no me tienes en cuenta, pero al menos puedo devolverte el daño que me has hecho.
4. Demostración de incapacidad. La creencia errónea: es imposible que me tengan en cuenta. Me doy por vencido.

El objetivo primordial de todos los seres humanos es sentirse tenidos en cuenta e importantes. Los niños (y muchos adultos) adoptan uno o más de los cuatro objetivos erróneos porque creen que:

- Buscar atención o poder les ayudará a conseguir que los tengan en cuenta y los consideren importantes.
- Buscar venganza mitigará en cierto modo el dolor que les produce no sentirse tenidos en cuenta ni importantes.
- Darse por vencidos es la única opción porque creen realmente que no valen para nada.

Los niños no son conscientes de su creencia errónea. Si les preguntamos por qué se portan mal, ellos nos dirán que no lo saben o esgrimirán alguna otra excusa. Más adelante, explicaré cómo podemos ayudarlos a cobrar conciencia de su objetivo erróneo sin que se sientan avergonzados ni amenazados.

Todo el mundo quiere que le presten atención. No hay nada malo en ello. El problema surge cuando los niños quieren que les presten una atención desmesurada. En otras palabras, buscan que los tengan en cuenta exhibiendo conductas que son molestas en lugar de útiles. Las conductas son molestas porque se basan en su creencia errónea de que "Solo me tienen en cuenta cuando soy el centro de atención". Esta creencia inconsciente imprime una perentoriedad y una persistencia a las conductas que los demás encuentran molestas. Para los niños que buscan una atención desmesurada, puede ser muy motivador reorientarlos para que obtengan atención con conductas útiles. Esto les permite

TABLA DE LOS OBJETIVOS ERRÓNEOS

El OBJETIVO DEL NIÑO es:	**Si el PROGENITOR/ PROFESOR se siente:**	**Y tiende a REACCIONAR:**	**Y si la REACCIÓN del NIÑO es:**	**La CREENCIA que suscita la CONDUCTA del NIÑO es:**	**LAS RESPUESTAS PROACTIVAS Y MOTIVADORAS DEL PROGENITOR/ PROFESOR incluyen:**
Búsqueda de atención (mantener a los demás ocupados o recibir un trato especial)	Enojado Irritado Preocupado Culpable	Avisándolo Engatusándolo Haciendo cosas por él que él sabe hacer solo	Interrumpir transitoriamente la conducta, pero reanudar más adelante la misma u otra conducta molesta	Solo se me tiene en cuenta cuando se fijan en mí o recibo un trato especial Solo soy importante cuando te mantengo ocupado conmigo	Reorientar al niño ocupándolo en una tarea útil. "Te quiero y…" (Ejemplo: "Te quiero y luego pasaré un rato contigo".) Programar ratos especiales con él. Establecer rutinas. Invertir tiempo en enseñarle competencias. Hacer reuniones de familia/clase. Contacto sin palabras. Establecer señales no verbales
Búsqueda de poder (ser quien manda)	Provocado Desafiado Amenazado Derrotado	Peleándose Cediendo Pensando "No vas a salir impune" o "Voy a obligarte a hacerlo" Queriendo tener razón	Intensificar la conducta Obedecer con actitud desafiante Sentir que ha ganado cuando el progenitor/profesor está disgustado Ejercer un poder pasivo	Solo se me tiene en cuenta cuando mando o tengo el control, o cuando demuestro que no me puede mandar nadie "No puedes obligarme"	Reconocer que no lo puede obligar y pedirle ayuda. No pelearse y no ceder. Retirarse del conflicto para calmarse. Ser firme y amable. Actuar, no predicar. Decidir qué hacer él. Dejar que manden las rutinas. Desarrollar un respeto mutuo. Plantear opciones limitadas. Obtener su ayuda para poner límites razonables. No dejar las cosas a medias. Motivar. Reorientar el poder en una dirección positiva. Hacer reuniones de familia/clase
Búsqueda de venganza (ajustar cuentas)	Herido Decepcionado Incrédulo Indignado	Vengándose Ajustando cuentas Pensando "¿Cómo has podido hacerme esto?"	Vengarse Hacer daño a otros Dañar objetos Ajustar cuentas Intensificar la misma conducta o escoger otra arma	Creo que no se me tiene en cuenta, así que voy a hacer a los demás el mismo daño que me han hecho a mí. Nadie puede apreciarme ni quererme	Abordar los sentimientos heridos. "Tu conducta me dice que debes de estar herido. ¿Podemos hablar de ello?" Evitar castigar y tomarse la revancha. Reflejar lo que oye. Reparar el error. Centrarse en los aspectos positivos. Hacer reuniones de familia/clase
Demostración de incapacidad (abandonar y que lo dejen en paz)	Desesperado Impotente Inútil Incapaz	Abandonando Haciendo las cosas por él Ayudándolo demasiado	Retraerse más Pasividad Ninguna mejora Ninguna reacción	Me parece imposible que me tengan en cuenta, por lo que voy a convencer a los demás para que no esperen nada de mí. Soy un inútil y un inepto; no sirve de nada que lo intente porque no lo voy a hacer bien	Tener fe. Ir despacio. Dejar de criticar. Alentar cualquier intento positivo, por muy pequeño que sea. Centrarse en los aspectos positivos. No compadecerse. No abandonar. Brindar oportunidades al niño para que lo haga bien. Enseñarle competencias. Disfrutar de él. Fomentar sus intereses. Motivarlo, motivarlo, motivarlo. Hacer reuniones de familia/clase

experimentar la sensación de ser tenidos en cuenta de un modo distinto y les enseña a conseguirlo de un modo más constructivo.

Si hay alumnos que están alterando la clase, usted puede asignarles una tarea (tal como recoger papeles, ir a ver qué necesitan los compañeros que tienen la mano levantada o supervisar las tareas de clase). Una madre encontró un modo de reorientar la molesta conducta de su hija de cuatro años de interrumpirla mientras hablaba por teléfono. La siguiente vez que sonó el teléfono, interrumpió a su interlocutor durante el tiempo suficiente para dar su reloj de pulsera a su hija y decirle: "¿Ves la segundera que se está moviendo? Mírala hasta que dé tres vueltas completas y entonces habré terminado".

La niña se quedó observando atentamente la segundera, mirando de vez en cuando a su madre. Ella colgó el teléfono antes de que hubieran pasado los tres minutos y su hija dijo: "Mami, tenías más tiempo. Tenías más tiempo".

Todo el mundo quiere tener poder. El poder no es malo, según cómo se utilice. Cuando los niños tienen la creencia errónea (una vez más, subconsciente) de que solo se los tiene en cuenta cuando mandan ellos, su uso del poder se percibe como mala conducta. Cuando los niños persiguen este objetivo erróneo, no están aprendiendo a utilizar su poder de un modo útil y necesitan que los reorienten para emplearlo de formas socialmente útiles.

Cuando padres o profesores entablan una "lucha de poder" con un niño, lo más eficaz es retirarse y admitir lo que está sucediendo: "Me parece que estamos enfrentados en una lucha de poder. Soy consciente de lo que estoy haciendo para contribuir a este problema. Noto que tienes la sensación de que estoy intentando dominarte. Yo no quiero hacerlo, pero necesito tu ayuda. Démonos tiempo para calmarnos y luego veamos cómo podemos resolver esto de una forma que sea respetuosa para los dos".

Al igual que el padre de *Kramer contra Kramer*, parece ser propio de nuestra naturaleza humana contraatacar cuando nos sentimos heridos. Por eso son tan comunes los ciclos de venganza. Una vez más, es irónico que los adultos queramos que los niños dominen su conducta cuando nosotros tenemos dificultades para dominar la nuestra. No obstante, dominar nuestra conducta es importante para poner fin al ciclo de venganza. Identifique cuándo se siente herido y evite contraatacar. En vez de eso, reafirme cómo se siente el niño. "Debes de sentirte muy herido ahora mismo. Lo entiendo. Yo me sentiría probablemente igual que tú si estuviera en tu piel." Reafirmar los sentimientos es una forma muy eficaz de reducir la tensión, pero puede que luego sea necesario centrarse en resolver el problema. "Cuando los dos estemos más tranquilos, ¿por qué no nos sentamos a hablar de esto?"

Es importante señalar que usted puede no haber sido quien ha herido al niño, o que este puede tener la percepción de que usted lo ha hecho cuando su intención era ayudarlo. También es importante comprender que el castigo (incluso cuando está mal disimulado bajo el disfraz de consecuencia lógica) solo perpetúa el ciclo de venganza.

Los niños que persiguen el objetivo erróneo de demostrar su incapacidad (debido a una creencia errónea sobre sus capacidades) pueden no causarle muchos problemas durante el día, pero es posible que no le dejen dormir por la noche, cuando dispone de tiempo para pensar en cómo parecen haber abandonado la lucha. A diferencia de los niños que dicen "No puedo" solo para conseguir que les presten atención, los que se sienten incapaces creen realmente que no pueden. Una vez que haya identificado la creencia errónea, usted puede decir a un niño que busca atención: "Confío en que lo resolverás". No obstante, con un niño que se cree incapaz, necesita invertir tiempo en enseñarle las cosas poco a poco. No se lo haga todo. Es posible que eso haya sido lo que lo ha inducido a creerse incapaz. Un ejemplo es decir: "Yo dibujaré la mitad del círculo y tú puedes dibujar la otra mitad" o "Yo te enseñaré cómo se anuda un zapato y luego tú puedes enseñarme lo que has aprendido y decirme si necesitas más ayuda".

¿Por qué es importante identificar el objetivo erróneo? Conocer el objetivo erróneo (y la creencia) es útil para poder saber cuál es la mejor forma de ayudar a un niño a perseguir su verdadero objetivo de sentirse tenido en cuenta e importante.

Identificar la creencia que suscita la conducta y el objetivo erróneo no siempre es fácil, porque los niños pueden utilizar la misma conducta para alcanzar cualquiera de los cuatro objetivos erróneos. Por ejemplo, un niño puede negarse a hacer los deberes para obtener atención ("Miradme, miradme"), para demostrar su poder ("Tú no puedes obligarme"), para vengarse ("Me duele que mis notas sean más importantes para ti que yo, así que te voy a devolver el daño") o para demostrar su incapacidad ("No sé hacerlos"). Comprender el objetivo es importante porque nuestra forma de intervenir y motivar será distinta en cada caso.

Fíjese en la palabra "motivación". Esto es muy importante porque un niño que se porta mal es un niño desanimado (desmotivado). El desánimo se debe a creencias desalentadoras y a una sensación de no ser tenido en cuenta ni importante. No importa que estas creencias estén basadas en hechos o en cómo percibe un niño la situación. La conducta está basada en lo que los niños creen que es cierto, no en lo que lo es.

PISTAS PARA IDENTIFICAR LAS CREENCIAS Y LOS OBJETIVOS ERRÓNEOS

Hay dos pistas que pueden ayudar a los adultos cuando intentan identificar el objetivo erróneo.

Primera pista

La reacción emocional primaria a la conducta del niño. Esto quizá parezca extraño al principio. Usted puede extrañarse de que sus sentimientos puedan indicarle el objetivo erróneo del niño. Cuando adquiera práctica en comprender lo que siente, no le costará identificar esta primera pista.

Las emociones primarias que tienen los adultos ante las conductas destinadas a alcanzar cada uno de los cuatro objetivos erróneos son las siguientes (véase la segunda columna de la tabla de los objetivos erróneos, página 77): si usted se siente enojado, preocupado, culpable o irritado, el objetivo del niño es probablemente la búsqueda de atención. Si se siente amenazado (quiere mandar tanto como quiere el niño), desafiado, provocado o derrotado, el objetivo del niño es probablemente la búsqueda de poder. Si reacciona imponiéndose, entablará con él una lucha de poder. Si se siente herido ("¿Cómo me ha podido hacer una cosa así cuando yo me esfuerzo tanto para ser buen padre o profesor?"), decepcionado, incrédulo o indignado, el objetivo del niño es probablemente la búsqueda de venganza. Si se siente incapaz ("¿Cómo puedo sintonizar con este niño e inspirarlo?"), desesperado, inútil o impotente, el objetivo del niño es probablemente demostrar su incapacidad. Si cede a lo que siente, estará abandonando como ya ha hecho el niño.

Cuando les preguntan por sus reacciones emocionales primarias a las conductas infantiles, muchos adultos responden con las palabras "ira" y "frustración", las cuales son reacciones secundarias a una reacción emocional primaria. Hay una buena razón para esto. Sentirnos amenazados, heridos o incapaces nos causa tal impotencia que enseguida lo encubrimos con la reacción secundaria de la ira. Enojarnos nos confiere al menos una falsa sensación de poder: podemos hacer algo, aunque ese algo consista meramente en despotricar y repartir golpes a diestro y siniestro. La frustración y la ira son ambas reacciones secundarias a nuestra incapacidad para controlar la situación que provoca nuestras emociones más primarias. Si usted encubre sus emociones primarias con la ira, en vez de reafirmar lo que siente el niño, es probable que se vea atrapado en un ciclo de venganza.

Necesita preguntarse: "¿Qué hay debajo de mi ira o frustración? ¿Me siento herido, derrotado, amenazado, asustado?". Remítase a la tabla de los objetivos erróneos de la página 77 y consulte la columna de las emociones para ver cuál se adecua a usted. Muchos padres y profesores me han dicho que tienen una copia de esta tabla en su escritorio o frigorífico para recurrir a ella cuando la necesitan. Les ayuda a recordar la base de casi todas las conductas y a ser más eficaces en la ayuda que prestan a sus hijos y alumnos en esos momentos de tensión.

Segunda pista

La reacción del niño cuando le pedimos que deje de comportarse como lo está haciendo. (Véase la cuarta columna de la tabla de los objetivos erróneos, página 77.)

Búsqueda de atención: el niño interrumpe la conducta durante un rato, pero suele reanudar la misma conducta o alguna otra para captar nuestra atención.

Búsqueda de poder: el niño continúa portándose mal y puede desafiarnos verbalmente o resistirse pasivamente a nuestra petición de que ponga fin a su conducta. Esto a menudo termina convirtiéndose en una lucha de poder entre nosotros y el niño.

Búsqueda de venganza: el niño se venga haciendo algo destructivo o diciendo algo hiriente. Esto a menudo termina convirtiéndose en un ciclo de venganza entre nosotros y el niño.

Demostración de incapacidad: el niño suele ser pasivo y confía en que pronto abandonaremos y lo dejaremos en paz.

A veces, "actuará" (siendo quizás el payaso de la clase) para disimular su sensación de incapacidad para los estudios.

Estas pistas nos ayudan a "descifrar el mensaje en clave" que nuestros hijos y alumnos nos están transmitiendo con su conducta. Incluso cuando lo entendemos, puede no ser fácil. Ante un niño que se está portando mal, es mucho más fácil (y normal) tener una reacción secundaria basada en la ira y la frustración que detenernos a preguntarnos: "¿Qué me está intentando decir este niño?".

En nuestros talleres sobre disciplina positiva realizamos una actividad experiencial que se llama "La jungla" y está adaptada de una actividad propuesta por John Taylor en su libro *Person to Person*.[2] En esta actividad, algunos participantes se quedan de pie en sillas mientras sus compañeros interpretan a niños que los miran y dicen: "Soy un niño y solo quiero que me tengan en cuenta". Los "adultos" deben fingir que los "niños" se están portando mal y hacer afirmaciones punitivas y desalentadoras tales como "Deja de interrumpirme. ¿Es que no ves que estoy ocupada? ¿Por qué no puedes parecerte más a tu hermano? ¿Cómo puedes ser tan egoísta? Entonces ¿por qué no ordenas tu habitación o haces los deberes? ¿Cuántas veces te lo he dicho?".

Más adelante, comentamos la actividad preguntando a todos cómo se han sentido, qué han estado pensando y qué han estado decidiendo como niños y adultos. Es una experiencia emocionalmente intensa. No haríamos pasar a las personas por ella de no ser porque nada de lo que hacemos ayuda más eficazmente a los adultos a ver, oír y experimentar los efectos inmediatos y a largo plazo de reaccionar a la conducta en lugar de descifrar el mensaje en clave y comprender qué necesita realmente el niño.

Después de la actividad, preguntamos: "¿Qué has aprendido en esta actividad?". El grupo explica las muchas lecciones que ha aprendido, de las cuales la más importante es que un niño que se porta mal en realidad está diciendo: "Soy un niño y solo quiero que me tengan en cuenta". Cuando no conocemos las creencias y los objetivos erróneos de la conducta, reaccionamos a la conducta en lugar de responder a la creencia que la suscita.

Cuando los adultos entienden realmente que un niño que se porta mal es un niño desanimado, están listos para actuar de formas que sean motivadoras para él. La motivación es el modo más eficaz de modificar una conducta. Un niño motivado no necesita portarse mal.

Repito: un niño motivado no necesita portarse mal. Este es el concepto que más les cuesta comprender a padres y profesores: tan habituados estamos a intentar motivar a los niños para que lo hagan mejor a través de castigos, sermones y otras formas de infligir culpa, vergüenza y dolor.

Recientemente, recibí una llamada telefónica de una buena amiga mía que se siente tremendamente mal por haber criado a sus once hijos creyendo que la forma de motivarlos para hacerlo mejor era rebajarlos cuando cometían errores o no hacían las cosas tan bien como debieran. Ahora está intentando reparar la falta de autoestima y la ira acumulada que atormentan a varios de sus hijos.

Motivar no es premiar la mala conducta, como tantos creen. Motivar elimina la necesidad de portarse mal.

MÉTODOS EFECTIVOS DE MOTIVACIÓN PARA CADA OBJETIVO ERRÓNEO

Nunca hay una única forma de resolver un problema de conducta. En los grupos de estudio para padres y profesores, los participantes pueden proponer varias posibles sugerencias basadas en los principios que estamos aprendiendo en este libro. A continuación, el progenitor o profesor que necesita ayuda puede escoger la que juzgue más aceptable.

Muchos problemas se resuelven mejor en una reunión de familia o clase porque los niños se sienten tenidos en cuenta e importantes, al tiempo que aprenden a centrarse en soluciones respetuosas. No obstante, la disciplina positiva incluye muchas herramientas y técnicas alternativas cuando se desean o requieren actuaciones más inmediatas. Las siguientes pautas sobre cómo reaccionar de una forma eficaz a cada objetivo erróneo se tratan en más detalle en capítulos posteriores. Se esbozan aquí para dejar constancia de la gran cantidad de soluciones que existen para cualquier problema de conducta dado.

Después de leer el libro completamente y comprender los conceptos de la disciplina positiva, quizá quiera remitirse a este resumen como recordatorio de los métodos más eficaces para cada objetivo. Todos los métodos son eficaces únicamente cuando se fundamentan en las actitudes básicas de motivación, comprensión y respeto mutuo, tal como se ha dicho en anteriores capítulos.

Búsqueda de atención

Recuerde que todo el mundo necesita atención. Es la atención desmesurada la que no es motivadora para los niños.

- Reoriente al niño hacia conductas útiles. Asígnele una tarea que le procure atención positiva en clase o que sea útil, tal como darle un reloj para que cronometre sus conversaciones telefónicas en casa.
- Haga lo inesperado. (Un fuerte abrazo suele dar muy buen resultado.)
- Fije un horario para poder pasar regularmente ratos especiales con el niño. En la escuela, unos minutos de vez en cuando son suficientes.
- Transmita al niño con una sonrisa que no va a dejarse engatusar y luego diga: “Tengo muchas ganas de que lleguen las seis para poder pasar un rato especial contigo”.

- Establezca de antemano señales no verbales con el niño: una mano en el corazón para indicar "Te quiero" o una mano ahuecada en la oreja para indicar que está dispuesto a escucharlo cuando él deje de gimotear.
- Evite dar al niño un trato especial.
- Tranquilícelo y demuéstrele que confía en él. ("Te quiero y sé que puedes hacer esto solo.")
- Ignore su conducta mientras le pone cariñosamente una mano en el hombro. (Continúe con su conversación: ignore la conducta, pero no al niño.)
- En momentos agradables, invierta tiempo en enseñarle y en representar con él otras formas de comportarse, por ejemplo utilizar palabras en lugar de gimotear.
- Cierre la boca y actúe. Por ejemplo, deje de intentar engatusar al niño, levántese del sofá, cójalo de la mano y llévelo al baño para que se cepille los dientes. Quizá quiera hacerle unas pocas cosquillas para distender un poco el ambiente.
- Verbalice el amor y el afecto que siente por él.

Búsqueda de poder

Recuerde que el poder no es malo. Puede utilizarse constructivamente en lugar de destructivamente.

- Retírese de la lucha de poder hasta haberse tranquilizado. Luego, haga una de las cosas siguientes:
- Admita que no puede obligar al niño a que haga nada y pídale ayuda para encontrar una solución que les sirva a los dos.
- Utilice los cuatro pasos para obtener colaboración (véase capítulo 2).
- A continuación, busquen juntos una solución al problema.

- Reoriente al niño para que utilice su poder constructivamente.
- Pídale que participe en la búsqueda de soluciones.
- Decida qué va a hacer usted, no qué va a intentar que haga el niño. ("Continuaré dando clase cuando todo el mundo esté listo." "Lavaré la ropa sucia que esté en la cesta, no la que esté tirada por el suelo." "Voy a aparcar en el arcén hasta que dejéis de pelearos.") Es muy importante que estas actuaciones se hagan con amabilidad además de con firmeza. Es especialmente eficaz tener la boca cerrada: evite avisar y dar sermones.
- Fije un horario para poder pasar regularmente ratos especiales con el niño. En la escuela, unos minutos de vez en cuando son suficientes.
- Pida al niño que participe en la creación de rutinas y deje luego que manden las rutinas.
- Ofrézcale opciones limitadas.
- Invítelo a incluir sus problemas en la agenda de las reuniones de familia o clase.
- Verbalice el amor y el afecto que siente por él.

Búsqueda de venganza

Recuerde que, cuando los niños se sienten heridos (lo cual les crea una sensación de impotencia), ellos lo disimulan buscando venganza (lo cual les crea una sensación de control).

- Retírese del ciclo de venganza evitando tomar represalias.
- Continúe siendo amable mientras espera a haberse tranquilizado.
- Intente adivinar qué es lo que ha herido al niño y muestre empatía. Dé importancia a cómo se siente.
- Use la honestidad emocional para expresar cómo se siente usted: Me siento ___ por ___ porque ___ y querría ___.

- Escuche reflexivamente: póngase en la piel del niño: "Pareces muy dolido". Esta técnica puede incluir "preguntas de curiosidad": "¿Puedes contarme más? ¿Qué ha ocurrido entonces? ¿Cómo te ha hecho sentir eso?". El propósito es evitar dar su punto de vista y comprender el del niño.
- Utilice las tres "R" para reparar los errores si ha sido usted quien ha herido al niño (capítulo 2).
- Utilice los cuatro pasos para obtener colaboración (capítulo 2).
- A continuación, busquen conjuntamente una solución al problema.
- Demuéstrele que lo quiere y motívelo.
- Fije un horario para poder pasar regularmente ratos especiales con el niño. En la escuela, unos minutos de vez en cuando son suficientes.
- Verbalice el amor y el afecto que siente por él.

Demostración de incapacidad

Recuerde que los niños no son incapaces, pero que seguirán actuando como si lo fueran hasta que dejen de creer que lo son.

- Invierta tiempo en enseñar competencias al niño y proceda tan despacio como haga falta para que él acometa las cosas con éxito.
- Dé un paso pequeño que él pueda repetir. "Yo dibujo la mitad del círculo y tú dibujas la otra mitad."
- Descubra qué sabe hacer y bríndele muchas oportunidades para que pueda demostrar su capacidad.
- Reconozca cualquier intento positivo, por pequeño que sea.
- Elimine todas las expectativas de alcanzar la perfección.
- Céntrese en los aspectos positivos del niño.
- No abandone.

- Pase regularmente ratos especiales con él.
- En clase, anime a los alumnos a escoger a un compañero para que los ayude.
- Verbalice el amor y el afecto que siente por él.

Para dejar constancia de que una misma conducta puede ser representativa de los cuatro objetivos erróneos, vamos a volver a poner el ejemplo de los niños que no hacen los deberes.

Si su objetivo es obtener una atención desmesurada, usted se enojará. Cuando les diga que los hagan, ellos se aplicarán a la tarea durante un rato. Para ayudar a estos niños, usted puede simplemente ignorar los deberes que no han terminado y valorarlos en áreas donde sí colaboran. Esto les permite aprender que no hacer los deberes no es un buen modo de obtener atención. Usted podría darles una opción limitada sobre cuándo hacerlos: ahora o después de clase. Podría reorientar su conducta pidiéndoles que le ayuden con alguna tarea en cuanto hayan terminado los deberes. O podría decirles que va a guiñarles el ojo y sonreírles cada vez que vea que no están haciendo los deberes. Esto es especialmente efectivo si usted llega a este arreglo con ellos después de haber revelado su objetivo erróneo (véase página 92). Puede dar la impresión de que guiñar el ojo y sonreír acrecentará su necesidad de atención. No obstante, esto los ayuda a sentirse tan tenidos en cuenta e importantes que pronto dejan de necesitar captar la atención de este modo. Usted también podría dejar que experimenten las consecuencias de no hacer los deberes y hacerles luego "preguntas de curiosidad": "¿Qué ha pasado? ¿Qué opinas de los resultados? ¿Qué has aprendido de esto? ¿Cómo querrías que fuera? ¿Qué podrías hacer para conseguir lo que quieres?".

Si el objetivo erróneo de los niños es la búsqueda de poder, usted se sentirá amenazado o derrotado y querrá demostrarles que los puede obligar a hacer lo que usted quiere. Cuando diga a estos niños que hagan los deberes, ellos pueden negarse o ignorarle pasivamente. Si insiste en imponerse aplicándoles algún tipo de castigo, es posible que ellos se afiancen más en su postura para demostrarle que "Tú no me puedes obligar". O puede que adopten el objetivo de la venganza. (Ser el que pierde es doloroso.) La forma de ayudar a estos niños es retirarse de la lucha de poder.

Los niños que buscan poder están a veces inspirados por un adulto que busca poder. Es responsabilidad del adulto modificar este ambiente. Cuando usted quiere realmente que imperen el respeto mutuo y la colaboración basados en una comprensión mutua y una toma de decisiones compartida, los niños notan la diferencia. Cuando confíen en esta diferencia (lo cual puede llevarles un tiempo), es más probable que colaboren.

Cuando busque una solución al problema con el niño, admita que ha estado participando en una lucha de poder. Afirme que está realmente interesado en cambiar su relación con él y comenzar a resolver los problemas con un respeto y una comprensión mutuos. Dígale que, siempre que perciba que usted está intentando dominarlo o controlarlo, le gustaría que se lo dijera. Demuéstrele su disposición a buscar juntos soluciones que sean satisfactorias para los dos. Recuerde que los niños están más dispuestos a aceptar las soluciones cuando han colaborado en su decisión.

Las reuniones de familia y clase dan buen resultado para resolver problemas relacionados con el poder. Los niños que buscan poder a menudo tienen buenas dotes de mando. Usted podría decirles que valora estas cualidades y pedirles que le ayuden con alguna tarea donde puedan emplearlas. Un tutor instruyó a alumnos para que fueran tutores de sus compañeros (véase Apéndice II) y pudieran ayudar a los alumnos que tenían problemas de conducta.

Los profesores pueden actuar limitándose a poner una mala nota a los alumnos que no hacen los deberes. Es importante adoptar una actitud amable y firme en vez de entablar una lucha de poder. A continuación, usted puede hacer al niño "preguntas de curiosidad" (como se ha dicho antes) para ayudarlo a comprender que él tiene poder sobre lo que le sucede y puede cambiarlo si lo desea.

Si el objetivo del niño es vengarse, usted puede sentirse herido o indignado. No comprende por qué se niega él a hacer los deberes cuando usted se ha esforzado tanto. Cuando le diga que haga los deberes, él puede responderle con algo hiriente, tal como "Te odio". O puede hacer algo destructivo, tal como romper las hojas.

Para ayudar a este niño, evite tomar represalias. Reafirme cómo se siente y continúe siendo amable, diciéndole: "Veo que estás disgustado, por lo que no podemos discutir esto ahora, pero me gustaría que luego lo habláramos". Cuando el niño se haya tranquilizado, puede utilizar los cuatro pasos para obtener colaboración o ignorar el problema y compartir intereses comunes, como se describe en el capítulo 7. Es posible que necesite revelar su objetivo erróneo para abordar sus sentimientos heridos.

Si el objetivo del niño es demostrar su incapacidad, usted puede sentirse incapaz de ayudarlo. Cuando le pida que haga los deberes, él parecerá abatido y confiará en que usted lo deje pronto en paz. (Esta es una diferencia importante entre la demostración de incapacidad y la búsqueda de atención. Un niño que busca atención puede actuar como si se sintiera incapaz, pero está encantado cuando usted le presta atención. Un niño que se siente incapaz, solo quiere que lo dejen en paz.)

Para ayudar a este niño, asegúrese de que sabe hacer los deberes e invierta tiempo en enseñarle, aun cuando opine que él ya debería saber hacerlos porque usted se lo ha explicado muchas veces. La diferencia entre el niño que no hace los deberes para obtener atención y el que no los hace porque se cree incapaz reside en que el primero sabe hacerlos y solo está intentando manipularle para que le ayude debido a su creencia errónea de que no se le tiene en cuenta a menos que le presten atención.

El segundo está desanimado porque piensa realmente que no sabe hacerlos y no busca su atención. Dado que la conducta de los niños que persiguen estos dos objetivos puede ser idéntica, es importante aguzar su percepción para saber distinguir cuándo está un niño intentando simplemente mantenerle ocupado y cuándo preferiría realmente que se mantuviera alejado.

Otra opción es preguntar al niño si quiere que le ayude usted o prefiere escoger a otro alumno para que lo haga. También puede intentar encontrar un curso en el que se sienta capaz y dejarle trabajar en él. Asegúrese de brindarle muchas oportunidades para que acometa las cosas con éxito.

Persevere. Este niño puede hacer parte de los deberes solo para que usted lo deje en paz. Sea cual sea la razón, esto le conferirá cierta sensación de éxito y lo motivará. Pasar ratos especiales con este niño es muy importante.

REVELACIÓN DEL OBJETIVO ERRÓNEO

Dado que los niños no son conscientes de sus objetivos erróneos, sacarlos a la luz es un modo de ayudarlos a cobrar conciencia de su creencia errónea.

La revelación del objetivo puede ser realizada por profesores, tutores o educadores de padres. Es esencial que, durante el proceso, sean objetivos y amables. Para los padres es casi imposible ser objetivos con sus propios hijos, por lo que esta técnica puede no ser efectiva en su caso.

Puesto que la objetividad y la amabilidad son esenciales, la revelación del objetivo erróneo no debe llevarse a cabo en momentos conflictivos. Mientras se aprende este procedimiento, lo mejor es estar a solas con el niño. Los expertos a menudo lo realizan en grupo o ante un público. Adler y Dreikurs eran famosos por revelar el objetivo erróneo de un niño ante un público para que todo el mundo, incluyendo el niño, pudiera aprender del proceso. Yo recomiendo, no obstante, que, si hace esto con niños, busque un lugar privado donde los dos puedan estar tranquilos.

Pregunte primero al niño si sabe por qué se porta de una determinada manera. Usted debería nombrar la conducta específicamente, por ejemplo: "Mary, ¿sabes por qué no paras de dar vueltas por la clase cuando tendrías que estar sentada?".

Casi todos los niños dirán: "No lo sé". Es cierto que no lo saben a un nivel consciente. Revelar su objetivo erróneo los ayuda a comprender qué está ocurriendo. Aun cuando den alguna razón, no es la *auténtica* razón.

Si dan una razón, diga: "Yo tengo otras ideas. ¿Te parece bien si intento adivinarlo? Tú puedes decirme si he acertado o no".

Si el niño dice que no lo sabe, pregúntele si puede intentar adivinarlo como en el caso anterior. Si su actitud es objetiva y amable, él estará interesado en oír sus conjeturas. Hágale entonces las siguientes preguntas, esperando a que él las vaya respondiendo.

- "¿Podría ser que la razón de que no pares de dar vueltas por la clase sea porque quieres captar mi atención y tenerme ocupado contigo?" (Búsqueda de atención)
- "¿Podría ser que la razón de que no pares de dar vueltas por la clase sea porque quieres demostrarme que puedes hacer lo que quieras?" (Búsqueda de poder)
- "¿Podría ser que la razón de que no pares de dar vueltas por la clase sea porque te sientes herido y quieres ajustar cuentas conmigo o con alguna otra persona?" (Búsqueda de venganza)
- "¿Podría ser que la razón de que no pares de dar vueltas por la clase sea porque crees que no puedes hacerlo bien y, por tanto, ni siquiera quieres intentarlo?" (Demostración de incapacidad)

Hay dos reacciones que le permitirán saber si su conjetura es correcta y si el niño ha cobrado conciencia de su objetivo. La primera es un reflejo de reconocimiento. Esto significa que el niño sonríe de forma involuntaria, incluso mientras dice que no. Si su respuesta es no, sin el reflejo de reconocimiento, pase a la siguiente pregunta. No obstante, el reflejo de reconocimiento (una sonrisa espontánea mientras el niño dice que no) le indica que su conjetura es acertada. La otra reacción es responder simplemente que sí. Cuando obtenga un reflejo de reconocimiento o una respuesta afirmativa, no hace falta que pase a la siguiente pregunta. Entonces puede iniciar con el niño una conversación sobre otras formas de sentirse tenido en cuenta e importante. Si su objetivo es obtener atención, explíquele que todo el mundo la desea. Luego, reoriéntelo hacia formas constructivas de buscarla. Por ejemplo: "¿Puedes ayudarme a pensar en otras formas de obtener atención que también ayuden a los demás?".

También podría acceder a prestarle atención por su conducta e informarle de que le guiñará un ojo y le sonreirá para indicarle que le está prestando atención el número de veces que acuerden. Conviértalo en una conspiración especial entre los dos. Demasiadas personas opinan que esto premia la mala conducta. De hecho, es lo que Dreikurs definió como "escupir en la sopa". Cobrar conciencia de ello lo hace menos apetitoso.

Si el objetivo del niño es la búsqueda de poder, admita que usted no tiene poder para obligarlo a comportarse de otra manera. Luego, pídale ayuda para idear un plan que les permita respetarse y colaborar. "Tienes razón. Yo no te puedo obligar. ¿Cómo podríamos utilizar nuestro poder de un modo respetuoso para resolver este problema?". Pedir ayuda es importante cuando la finalidad es apartar tanto al adulto como al niño de la lucha de poder para que hagan un uso más constructivo de su poder.

Si el objetivo del niño es vengarse, usted puede mostrar su interés por comprender qué le ha podido hacer usted o alguna otra persona para herirlo. "Siento no haberme dado cuenta de que te he hecho daño. ¿Me perdonas?" o "Siento que te hayas sentido herido en esa situación. Yo me sentiría probablemente igual que tú si me pasara a mí". Escuchar, sin juicio, puede ser el procedimiento más motivador para este objetivo. No racionalice, no dé explicaciones ni intente modificar las percepciones del niño. Escucharlo reflexivamente puede ser útil. Cuando se sienta comprendido, el niño puede estar más dispuesto a escuchar su punto de vista y buscar soluciones.

Si el objetivo del niño es demostrar su incapacidad, asegúrele que comprende cómo se siente porque incluso a usted le puede a veces el desánimo. A continuación, transmítale que confía en su capacidad e ideen juntos un plan para proceder tan despacio como él necesite para tener éxito cuando lo intente. "Sé que no te crees capaz, pero yo sé que puedes hacerlo. Y estoy dispuesto a hacer todo lo necesario para ayudarte a conseguirlo."

La revelación del objetivo erróneo puede ser su tercera pista para identificarlo. Hay una filmación de Dreikurs entrevistando a un niño donde él parece seguro de que su objetivo erróneo es la búsqueda de poder. Intenta reiteradamente obtener un reflejo de reconocimiento haciéndole la pregunta sobre el poder de muchas formas distintas, pero lo único que obtiene es una respuesta negativa y ningún reflejo de reconocimiento. Por fin, Dreikurs pasa a la pregunta de la venganza y el niño admite haberse sentido herido por lo que han hecho sus padres.

Los profesores pueden utilizar este procedimiento para conocer mejor a sus alumnos y para mostrar interés por ellos. Cuando revelen el objetivo erróneo, pueden utilizarlo como base para sus conversaciones y su resolución conjunta de los problemas.

GRADO DE DESÁNIMO

Los niños no empiezan forzosamente por el primer objetivo erróneo de querer obtener atención y van pasando paulatinamente por todos hasta llegar a la demostración de incapacidad. Los que son más pasivos pueden pasar directamente a este último objetivo erróneo si los tratan con dureza o creen por alguna otra razón que no son tenidos en cuenta ni importantes.

Los niños que son lo bastante enérgicos como para optar por el poder pueden no pasar nunca a la demostración de incapacidad, pero a menudo son empujados a adoptar el objetivo de la venganza por adultos que insisten en ganar la lucha de poder.

La señora Smith me explicó por qué agradecía tanto haber aprendido los cuatro objetivos erróneos de la conducta junto con medidas para corregirlos. Su hijo mayor, Seth, era un niño difícil. A menudo hacía cosas hirientes o destructivas, como en el ejemplo siguiente.

Un día la familia Smith al completo (los señores Smith, Seth, su hermano menor, Scott, y su hermanita de dos años, María) se pasó el día entero buscando casa. Seth y Scott estuvieron quejándose constantemente de cuánto se aburrían y cuánto calor hacía. No dejaron de insistir en que querían volver a casa. María estuvo contenta, quedándose dormida en el regazo de su madre cuando se cansaba.

Los Smith querían seguir buscando casa al día siguiente, pero decidieron hacer un favor a Seth y Scott dejándolos en la casa de una vecina. Hacía un bonito día y ellos ya tenían edad para jugar con sus amigos del barrio. Como María no había planteado ningún problema y era demasiado pequeña para dejarla jugando con sus amigos, decidieron llevársela. Cuando se estaban preparando para salir, Seth dijo que él quería ir. La señora Smith le recordó cuánto se había aburrido y cuánto calor había pasado el día anterior e intentó convencerlo de que estaría más contento quedándose en casa. Seth insistió en que quería ir. La señora Smith fue firme en su decisión e incluso les dio a él y a su hermano dinero para que se compraran un polo. Seth seguía sin estar satisfecho, pero lo dejaron en casa de todas formas.

Cuando regresaron, la señora Smith se quedó consternada al descubrir que Seth había rajado el vinilo de la trona de María con un cuchillo. Su primera reacción fue sentirse herida y se preguntó: "¿Cómo ha podido hacerme una cosa así?". Enseguida encubrió su dolor con ira, dio una zurra a Seth y lo envió a su habitación.

En el momento en que ocurrió este incidente, la señora Smith estaba asistiendo a un grupo de estudio para padres y llevando un diario para anotar las situaciones que le gustaría trabajar en el grupo. En cuanto empezó a escribir en el diario, pudo ser lo suficientemente objetiva como para ver las cosas desde el punto de vista de Seth y comprendió que el objetivo erróneo de su hijo había sido vengarse. Utilizó los cuatro pasos para obtener colaboración (explicados en el capítulo 2) del modo siguiente:

Fue a la habitación de Seth y le preguntó:

–¿Crees que la razón de que hayamos querido llevarnos a María y no a ti es porque la queremos más a ella que a ti?

–Sí –respondió Seth, apenado.

–Entiendo que te haya podido parecer eso. Seguro que no te has sentido nada bien –dijo ella.

Su hijo comenzó a llorar.

La señora Smith lo abrazó y esperó a que dejara de llorar. Luego dijo:

–Creo que entiendo cómo te has sentido. Cuando yo tenía trece años, mi madre se llevó a mi hermana de dieciséis años a Nueva York. Yo quería ir, pero ella me dijo que era demasiado pequeña. No me lo creí. En realidad, pensé que era porque mi madre quería a mi hermana más que a mí. –Seth la entendió perfectamente. A continuación, ella le preguntó–: ¿Te gustaría saber por qué he querido dejarte en casa? –El niño asintió y la señora Smith se lo dijo–: Ayer me supo mal que te aburrieras tanto y pasaras tanto calor. Para nosotros no fue muy agradable buscar casa mientras tú estabas tan a disgusto. Creía sinceramente que todos estaríamos más contentos si tú te quedabas en casa jugando con tus amigos para no aburrirte. ¿Entiendes por qué pensaba yo que te estaba haciendo un favor?

–Supongo que sí –dijo Seth.

La señora Smith añadió:

–Entiendo por qué has podido pensar que yo quería más a María, ya que nos la hemos llevado a ella y no a ti, pero eso no es cierto. Yo te quiero mucho. Habría preferido dejar también en casa a María, pero sabía que ella no podría salir a jugar con sus amigos como podías hacer tú.

La señora Smith continuó abrazando a Seth durante un rato más y luego le preguntó:

–¿Qué crees que deberíamos hacer para arreglar la trona?

–La puedo arreglar yo –dijo Seth con entusiasmo.

–No me cabe la menor duda –dijo ella.

Decidieron utilizar parte de la asignación de Seth para comprar un trozo de vinilo. Recortaron un dibujo y juntos lo graparon a la silla. La trona estaba mejor que antes, y también lo estaba su relación. (Este es otro ejemplo que demuestra que los errores pueden ser oportunidades para mejorar las cosas.)

La señora Smith se dio cuenta de que ella y su hijo habían estado atrapados en un ciclo de venganza. Seth había adoptado la creencia errónea de que no lo querían (no se sentía tenido en cuenta ni importante). Aquello le dolía y le inspiraba a querer devolver el daño. Entonces hacía algo hiriente o destructivo, pero su madre tendía a encubrir su dolor con ira y se vengaba de él castigándolo.

La señora Smith se dio cuenta esta vez de que la silla ya estaba estropeada y un castigo no la repararía. También supo que no podía ignorar una conducta así. Castigando a Seth tendría la impresión de no haber dejado que saliera impune, pero ahora comprendía que no le serviría para alcanzar los objetivos a largo plazo que ella quería.

Después de identificar que el objetivo erróneo de Seth era vengarse, la señora Smith pudo abordarlo con eficacia para obtener resultados positivos a largo plazo. Cuando su hijo hacía algo destructivo, ella le decía que se daba cuenta de que estaba herido y disgustado y que los dos necesitaban tranquilizarse. Cuando ya estaban calmados, ella aplicaba los cuatro pasos para obtener colaboración como hizo en el ejemplo anterior y los dos terminaban hallando una solución que los acercaba emocionalmente, en lugar de perpetuar el ciclo de venganza y la mala conducta.

Todo esto sucedió hace varios años. La señora Smith explica que ahora ella y Seth tienen una relación excelente. Su hijo ya no es nunca hiriente ni destructivo. Ella detesta pensar en cómo habrían sido las cosas si los dos hubieran continuado atrapados en el ciclo de venganza.

CÓMO TRABAJAR CON ADOLESCENTES

Si revisa los cuatro objetivos erróneos de la conducta, estoy segura de que reconocerá que incluso los adultos adoptamos a menudo estas creencias y objetivos erróneos. No obstante, cuando los niños cumplen once o doce años, no es tan fácil ubicarlos en uno de estos cuatro apartados. Muchos adolescentes que se portan mal tienen los objetivos erróneos de buscar atención, poder o venganza o de demostrar su incapacidad, pero también hay otros factores implicados.

La presión de sus compañeros es extremadamente importante para los adolescentes. Con menos años, los niños se ven influidos por sus compañeros, pero la aprobación de los adultos es incluso más importante. Para los adolescentes, la aprobación de sus compañeros es más importante que la de los adultos y esto se convierte en uno de sus objetivos erróneos. Los adolescentes también atraviesan un importante proceso de individuación. Están explorando quiénes son diferenciándose de sus padres. Esto a menudo se expresa como rebelión mientras cuestionan los valores de sus padres. Esta rebelión rara vez perdura más allá de la veintena, a menos que los padres se vuelvan controladores y punitivos.

Las investigaciones del cerebro más recientes de David Walsh y Nat Bennett[3] muestran que durante la adolescencia puede producirse un rápido crecimiento cerebral en la corteza prefrontal que crea cierta confusión en los adolescentes. Los adolescentes a menudo malinterpretan el lenguaje corporal de quienes les rodean como agresivo cuando no lo es. Por si ser adolescentes no fuera ya lo bastante duro, su cerebro los predispone a tener una percepción y una comunicación distorsionadas. Para los padres, resulta útil saber que la corteza prefrontal no madura hasta los veinticinco años (las compañías de seguros saben lo que se hacen) y que, con sus hijos adolescentes, deben ser extremadamente claros y no dar nada por sentado.

Los métodos excesivamente controladores pueden ser desastrosos con los adolescentes, quienes normalmente están todavía menos dispuestos que los niños a adoptar una posición de inferioridad y sumisión. Cuando los adolescentes han tenido que soportar conductas controladoras por parte de los adultos, desconfían mucho de la palabra "colaborar". La interpretan como "ceder". A menudo tienen razón: eso es lo que muchos adultos entienden por colaborar.

La motivación, que se trata en más profundidad en el capítulo 7, es tan importante para los adolescentes como para los niños. Cuando Lynn Lott y yo escribimos *I'm on Your Side: Resolving Conflict with Your Teenager Son or Daughter* ("Estoy de tu parte: cómo resolver los conflictos con su hijo adolescente"), el libro se vendió solo moderadamente bien durante dos años. Luego, le cambiamos el título por el de *Positive Discipline for Teenagers*[4] ("Disciplina positiva para adolescentes") y vendimos más ejemplares en dos meses que en dos años con el primer título. ¿Qué podía significar aquello? No lo sabemos a ciencia cierta, pero parece obvio que los padres no se dan cuenta de lo importante que es transmitir a sus hijos adolescentes que están de su parte. Muchos padres y adolescentes se han declarado la guerra y los padres parecen más interesados en intentar controlar a sus hijos. Esto nos entristece, porque sabemos que es absolutamente imposible controlar a los adolescentes: es demasiado tarde. Cuanto más lo intentemos, más desafiantes y/o maquinadores se volverán ellos.

La mejor forma de conseguir que un adolescente colabore es resolver los problemas en un ambiente de respeto mutuo e igualdad. Las reuniones de familia y clase enseñan responsabilidad social y permiten que los adolescentes participen en la resolución de los problemas. Cuando sus padres los tratan con amabilidad, comprensión, firmeza, dignidad y respeto y los incluyen en la resolución de los problemas, los adolescentes a menudo vuelven a adoptar los valores familiares a partir de la veintena. Además, habrán adquirido experiencia en las importantes competencias para la vida que necesitarán cuando ya no estén bajo la tutela de los adultos.

REVISIÓN

Los cuatro objetivos tratados en este capítulo reciben el nombre de objetivos erróneos porque dan pie a malas conductas debido a creencias erróneas sobre cómo conseguir que nos tengan en cuenta y nos consideren importantes. Los cuatro objetivos erróneos representan cuatro creencias erróneas que los niños adoptan cuando no se sienten tenidos en cuenta ni importantes.

En ocasiones, cuando los niños se portan mal, padres y profesores tenemos dificultad para recordar que nos están hablando en clave, que nos están intentando decir que quieren sentirse tenidos en cuenta cuando su conducta inspira frustración en lugar de amor y afecto. Algunos expertos creen que, si reaccionamos positivamente a un niño que se está portando mal, reforzaremos su mala conducta. Si, no obstante, entendemos que un niño que se porta mal es un niño desanimado, es obvio que la mejor forma de eliminar la motivación para su mala conducta es hallar una forma positiva de ayudarlo a sentirse tenido en cuenta e importante.

Aceptar este concepto intelectualmente es una cosa, pero llevarlo a la práctica es otra muy distinta por las siguientes razones:

1. La mayoría de adultos no tienen ganas de ser positivos cuando un niño se está portando mal.
2. La mayoría de adultos no comprenden del todo cómo puede su propia conducta inducir a un niño a portarse mal y, por tanto, son reacios a aceptar su parte de responsabilidad: qué pueden estar haciendo ellos para incitar al niño a portarse mal. Responsabilizarse sin culparse es un gran paso para resolver los conflictos.
3. Cuando un niño se porta mal, a menudo rechazará a los pocos adultos que sean capaces de responder motivándolo positivamente. Esto sucede porque los niños (al igual que la mayoría de nosotros) no siempre están receptivos a la motivación cuando más la necesitan. Están demasiado alterados emocionalmente para aceptarla. Espere a que se hayan tranquilizado y vuelva a intentar motivarlos.

El niño que más amor necesita es a menudo el niño que actúa de una forma más odiosa.

Comprender los cuatro objetivos erróneos de la conducta nos ayuda a recordar qué nos están diciendo realmente los niños con su mala conducta: "Solo quiero que me tengan en cuenta". También nos ayuda a saber cómo podemos actuar para contribuir a resolver el problema de formas que sean motivadoras mientras enseñamos a los niños competencias para la vida.

Recuerde que el castigo puede poner momentáneamente fin a una mala conducta, pero que no resolverá el problema de forma permanente. Motivar al niño para que se sienta tenido en cuenta e importante es lo único que verdaderamente tendrá efectos positivos a largo plazo.

Si la motivación no se puede procurar o aceptar en el momento del conflicto, hay que esperar y volver a intentarlo cuando los ánimos se hayan calmado. Asimismo, debe tener presente que hacen falta dos para una lucha de poder o un ciclo de venganza. Quizá quiera usted echar un vistazo a sus propios objetivos erróneos y plantearse cambiarlos por actitudes y conductas más motivadoras.

Herramientas de la disciplina positiva

1. Aceptar su parte de responsabilidad (sin culpa) en la mala conducta de su hijo o alumno.
2. Comprender los cuatro objetivos erróneos de la conducta y responder a ellos motivando al niño.
3. Descifrar el mensaje en clave que el niño le transmite con su mala conducta: "Soy un niño y solo quiero que me tengan en cuenta".
4. Guiarse por las pistas que le ayudan a identificar el objetivo erróneo de la conducta. ¿Qué siente? ¿Qué hace el niño en respuesta a lo que hace usted?
5. Para la búsqueda de atención: revisar todas las herramientas sugeridas en las páginas 85-86.
6. Para la búsqueda de poder: revisar todas las herramientas sugeridas en las páginas 86-87.
7. Para la búsqueda de venganza: revisar todas las herramientas sugeridas en las páginas 87-88.
8. Para la demostración de incapacidad: revisar todas las herramientas sugeridas en las páginas 88-89.
9. Utilizar amablemente la técnica para revelar el objetivo erróneo a fin de ayudar a los niños a cobrar conciencia de sus objetivos erróneos.
10. Cuatro pasos para obtener colaboración.

Preguntas

1. ¿De qué modos pueden ser "responsables" los adultos de lo que se define como "mala conducta infantil"?
2. ¿Qué otros términos se podrían utilizar para lo que ahora se describe como mala conducta?
3. ¿Cuáles son los cuatro objetivos erróneos de la conducta?
4. ¿Cuál es la creencia errónea en la que se basa cada objetivo?
5. ¿Por qué es importante identificar el objetivo?
6. ¿Cuáles son las dos pistas que ayudan a los adultos a identificar el objetivo?
7. ¿Cuál es la reacción emocional primaria de los adultos a las conductas suscitadas por cada uno de los cuatro objetivos? Responda esta pregunta para cada objetivo.
8. ¿Cómo reacciona un niño que se está portando mal guiado por cada uno de los cuatro objetivos cuando le decimos que interrumpa su conducta? Responda para cada objetivo.
9. ¿Cuáles son algunas respuestas o actuaciones eficaces que podemos adoptar para corregir la mala conducta en cada objetivo?
10. ¿Por qué se califican de "erróneos" los cuatro objetivos?
11. Los niños no basan su conducta en lo que es cierto sino, más bien, ¿en qué?
12. ¿Qué está intentando decirnos un niño cuando se porta mal?
13. ¿Por qué es difícil recordar lo que el niño nos está intentando decir?
14. ¿Por qué pueden lo niños rechazar nuestros intentos de ser positivos cuando se están portando mal?
15. ¿Qué clase de niño necesita habitualmente más amor?
16. ¿Qué es lo más importante que podemos hacer para ayudar a un niño a superar su motivación para portarse mal?

Capítulo 5

CUIDADO CON LAS CONSECUENCIAS LÓGICAS

Durante años, fui partidaria de utilizar consecuencias lógicas. No obstante, me frustraba cada vez que oía a padres y profesores darme ejemplos de las consecuencias que imponían. A mí me parecían castigos.

Algunos padres y profesores parecen creer que pueden disimular un castigo llamándolo consecuencia lógica. No obstante, cuando yo señalo que casi todas las consecuencias lógicas son castigos mal disimulados, ellos están de acuerdo. Creía que había sido la primera en descubrir este fenómeno hasta que releí *Children the Challenge* y encontré la siguiente cita de Dreikurs:[1] "Cuando utilizamos el término 'consecuencias lógicas', los padres a menudo lo malinterpretan como una nueva forma de imponer sus exigencias a sus hijos. Los niños perciben esto como lo que es: un castigo encubierto".

¿Se ha preguntado usted alguna vez qué están pensando los niños cuando los castigan (aun cuando lo llamen consecuencia lógica)? Algunos pueden estar decidiendo que son malos o que no valen para nada. Otros deciden no repetir la conducta que ha provocado el castigo, pero lo hacen porque tienen miedo y se sienten intimidados, no porque hayan adoptado principios éticos. Estos son los niños que pueden convertirse en unos adictos a la aprobación y pasarse la vida intentando demostrar que valen porque, en el fondo, han decidido que no son lo bastante buenos. Otros pueden estar pensando en cómo derrotarnos más adelante, o en cómo evitar que los pillemos en un futuro. Muchos están pensando en vengarse y normalmente lo hacen bastante pronto. Cuando los castigan, algunos niños se quedan con una sensación de injusticia. En lugar de centrarse en la conducta que ha provocado el castigo, se centran en la ira que sienten hacia el adulto que se lo ha impuesto o los ha avergonzado.

Algunos adultos cometen el error de pensar que los niños continúan portándose mal porque el castigo no ha sido lo suficientemente severo como para darles una lección. Por ese motivo vuelven a castigarlos, más severamente, y ellos encuentran formas cada vez más inteligentes de tomarse la revancha. Con ello, se perpetúa un ciclo de venganza. Los padres pueden no reconocer la severidad del ciclo de venganza hasta que sus hijos son adolescentes y se rebelan por completo escapándose de casa, tomando drogas, quedándose encinta o haciendo alguna otra cosa extremadamente hiriente. La ironía es que, con su venganza, estos niños se hacen tanto o más daño a sí mismos como el que hacen a sus padres.

No estoy diciendo que el castigo (aun cuando se llame consecuencia lógica) no dé resultado. Cualquiera que haya estado con niños sabe que castigarlos los obligará a dejar de portarse mal, al menos durante un tiempo. Por este motivo, los adultos pueden creer que están ganando muchas batallas disciplinarias. No obstante, han perdido ineluctablemente la guerra cuando los niños se ven impulsados a vengarse, evitar que los pillen u obedecer por miedo o por sentir que no valen nada.

Una vez más, debemos tener cuidado con lo que surte efecto y considerar los resultados a largo plazo. Mientras los adultos sigan concediendo importancia a ganar, convertirán a los niños en perdedores.

Casi todos los padres se quedan consternados cuando piensan en los resultados a largo plazo del castigo. Jamás fue su intención crear unas circunstancias donde sus hijos fueran a tener la sensación de no valer nada o el deseo de rebelarse. Creían realmente que el castigo impulsaría a sus hijos a hacerlo mejor y a convertirse en mejores personas. Pensar en los resultados a largo plazo es un concepto totalmente nuevo para muchos padres. No obstante, los que dedican tiempo a considerar los efectos a largo plazo de lo que hacen se entusiasman cuando descubren métodos de disciplina más motivadores que son eficaces a largo plazo en ayudar a los niños a sentirse capaces y aprender valiosas competencias sociales y para la vida.

Como he visto hacer un mal uso de las consecuencias naturales y lógicas mucho más a menudo que un uso realmente eficaz, ahora soy partidaria de no utilizar consecuencias lógicas, al menos casi nunca. Yo las eliminaría por completo salvo que sé que las consecuencias lógicas, cuando se utilizan como es debido, pueden ser un método eficaz y motivador que emplear con los niños. No obstante, ahora se encontrarían casi al final de mi lista de herramientas en nueve de cada diez casos. Muchas familias y profesores me han dicho que el ambiente de sus hogares y aulas cambió espectacularmente cuando dejaron de centrarse en las consecuencias y pasaron a hacerlo en las soluciones (véase el capítulo 6).

Tengo tres motivos para hablar de las consecuencias lógicas (y naturales), incluso después de haber dicho que están casi al final de mi lista de herramientas. De hecho, son únicamente las consecuencias lógicas las que están al final de mi lista. Las consecuencias naturales brindan a los niños una experiencia de aprendizaje excelente cuando los adultos no intervienen como habitualmente hacen:

1. Hay veces en que las consecuencias naturales y lógicas son apropiadas, útiles y eficaces.

2. Las consecuencias lógicas son una de las herramientas disciplinarias que más se utiliza en casa y en clase. A padres y profesores puede resultarles muy útil saber qué es una auténtica consecuencia lógica y cómo utilizarla apropiadamente.
3. Las consecuencias naturales y lógicas pueden ser respetuosas y motivadoras para los niños y, no obstante, a menudo se utilizan mal o poco. Cuando se emplean como es debido, los niños pueden aprender mucho de ellas y desarrollar su responsabilidad con dignidad y respeto.

CONSECUENCIAS NATURALES

Una consecuencia natural es cualquier cosa que sucede de forma natural, sin ninguna interferencia adulta. Cuando nos quedamos bajo la lluvia, nos mojamos. Cuando no comemos, nos entra hambre. Cuando nos olvidamos el abrigo, pasamos frío. No se permiten las "coletillas". Los adultos usan "coletillas" cuando dan sermones, regañan o dicen "Ya te lo había dicho" o cualquier otra cosa que acreciente la culpa, la vergüenza o el dolor que la experiencia ya inflige naturalmente al niño. De hecho, las coletillas reducen el aprendizaje que se puede producir al experimentar una consecuencia natural porque el niño deja de integrar la experiencia y se centra en asimilar la culpa, la vergüenza o el dolor o en defenderse de ellos. En vez de utilizar coletillas, muestre empatía y comprensión por lo que el niño está experimentando: "Seguro que ha sido duro pasar hambre (mojarte, sacar malas notas, perder tu bicicleta)". Cuando parezca apropiado, y no condescendiente, puede añadir: "Te quiero y confío en tu capacidad para resolver esto". Los padres pueden tener dificultades para dar apoyo a sus hijos sin rescatarlos ni sobreprotegerlos, pero esta es una de las cosas más motivadoras que pueden hacer para ayudarlos a percibirse como individuos capaces. Veamos un ejemplo de cómo operan las consecuencias lógicas.

Billy, un niño de seis años, se olvidaba el almuerzo todos los días. Su madre hacía un hueco en su apretada agenda para llevárselo en coche a la escuela. Cuando supo qué eran las consecuencias naturales, decidió que Billy quizá aprendiera a no olvidarse el almuerzo si experimentaba la consecuencia natural de dejárselo en casa. Primero lo habló con Billy, diciéndole que estaba segura de que él podría responsabilizarse de no olvidarse el almuerzo. También le dijo que ya no se lo llevaría más a la escuela si se lo olvidaba porque ella sabía que él podía aprender de sus errores. Cuando decida modificar su forma de actuar y permitir que sus hijos o alumnos experimenten las consecuencias naturales de sus decisiones, es importante y respetuoso hablarlo antes con ellos.

Las intenciones de esta madre se vieron saboteadas durante un tiempo porque la profesora de Billy asumió la responsabilidad y le prestó dinero para comprarse el almuerzo cuando lo olvidaba. Billy no se responsabilizó de su almuerzo hasta que madre y profesora acordaron un plan que le permitiera aprender de las consecuencias naturales de su conducta.

Billy las puso a prueba. La siguiente vez que se olvidó el almuerzo, preguntó a su profesora si le podía prestar dinero para comprárselo. Ella dijo: "Lo siento, pero hemos acordado que tú solo podías resolver tu problema con el almuerzo". Billy llamó entonces a su madre y le exigió que le trajera el almuerzo. Ella también le recordó, con amabilidad pero con firmeza, que él podía resolver el problema. Billy hizo pucheros durante un rato, aun cuando uno de sus amigos le dio medio bocadillo.

Después de aquello, Billy rara vez se olvidó el almuerzo. Cuando lo hacía, conseguía encontrar a alguien que quisiera compartir su comida con él. Cuando empezó segundo, asumió la responsabilidad de prepararse el almuerzo, además de no dejárselo en casa.

Muchos adultos no tienen mucha tolerancia con los gimoteos, los pucheros y la decepción. A la madre de Billy no le resultó fácil escuchar a su hijo cuando se ponía exigente y le costó permitirle experimentar el malestar de tener hambre. Observó que esto le creaba cierta culpa, pero se recordó que dejarse el almuerzo en casa solo era en realidad un pequeño error, uno de los muchos que Billy cometería a lo largo de su vida. Si ella cedía, su hijo no aprendería la competencia para la vida de organizarse un poco más por las mañanas ni experimentaría la grata sensación de resolver un problema por sí solo. En vez de eso, aprendería que, siempre que las cosas se torcieran, podía gimotear o quejarse y conseguir que alguna otra persona se hiciera cargo de sus problemas. Planteándoselo de ese modo, la madre de Billy logró mantenerse más serena.

DECIDIR QUÉ VAMOS A HACER

Este ejemplo de consecuencia natural también se podría expresar como "decidir qué vamos a hacer nosotros en vez de qué vamos a obligar hacer a nuestros hijos o alumnos". Dada la frecuencia con que las consecuencias naturales y lógicas se utilizan erróneamente, voy a dar varios ejemplos de cómo hacer un uso respetuoso de ellas.

Otra madre descubrió la eficacia de decidir qué iba a hacer para ayudar a su hija Julie de once años a responsabilizarse de tener su ropa limpia. Esta madre estaba constantemente recordando a Julie que dejara su ropa sucia en la cesta. Su hija no reaccionaba, pero siempre se quejaba de que la ropa que quería ponerse no estaba limpia. Su madre a menudo cedía y se apresuraba a hacer una colada especial para rescatar a Julie de su sufrimiento.

Cuando esta madre supo que estaba perjudicando a Julie más que ayudándola, permitió que su hija experimentara la consecuencia natural *decidiendo qué iba a hacer*. Le dijo, amable pero firmemente, que confiaba en su capacidad para responsabilizarse de su ropa. Le explicó que, de ahora en adelante, solo lavaría la ropa que estuviera en la cesta los días que tocaba hacerlo. Decidiendo qué iba a hacer ella en vez de intentar obligar a Julie a hacer algo, permitió que su hija experimentara las consecuencias naturales de no haber echado su ropa a lavar antes de que llegara el día de la colada.

Julie la puso a prueba. Al cabo de unos días, quiso llevar unos pantalones que había olvidado echar a lavar. Cuando se quejó, ella le dijo, con empatía: "Me imagino cuánto te debe contrariar que no estén limpios. –Cuando su hija le suplicó que hiciera una colada especial, ella dijo–: No estoy dispuesta a hacer eso. Estoy segura de que se te ocurrirá otra solución". Luego se metió en la ducha para evitar seguir discutiendo durante aquel momento conflictivo. Julie se disgustó por tener que llevar otra cosa ese día, pero tardó mucho en olvidarse de echar su ropa a lavar.

Algunas personas pueden calificar esto de consecuencia lógica porque la madre interviene. No obstante, advierta que su participación consiste en "mantenerse al margen" salvo para mostrar empatía por su hija, motivarla y permitirle experimentar las "consecuencias naturales" de lo que ocurre cuando su ropa sucia no está en la cesta.

Aunque las consecuencias naturales son a menudo un modo de ayudar a un niño a hacerse más responsable, hay veces en que no son prácticas:

1. *Cuando un niño corre peligro.* Los adultos no podemos permitir que un niño experimente las consecuencias naturales de jugar en la calle, por ejemplo.

   Cuando se arguye esto, alguien lo utiliza inevitablemente para justificar los azotes, esgrimiendo el argumento de que "tengo que pegar a mi hijo pequeño para enseñarle que no salga corriendo a la calle". Yo pregunto a ese padre o madre si estaría dispuesto a permitir que su hijo pequeño jugara cerca de una calle transitada sin que lo vigilaran después de haberle pegado para "enseñarle" que se mantenga alejado de la calzada. La respuesta siempre es: "Por supuesto que no". Yo le pregunto entonces cuántas veces necesitaría pegar a su hijo para tener la certeza de que no corre peligro si lo deja jugando sin supervisión cerca de una calle transitada. Casi todos los padres admiten que no dejarían jugar a sus hijos cerca de una calle transitada sin supervisión hasta que tengan entre seis y ocho años, por muchas veces que les hayan pegado para "enseñarles" que no deben acercarse a la calzada. Esto ilustra el hecho de que madurar, o estar listo para aprender determinadas responsabilidades, es la clave, no los azotes.

2. *Invertir tiempo en enseñar.* Los adultos seguimos necesitando invertir tiempo en enseñar a los niños mientras ellos maduran, pero es más eficaz y menos humillante utilizar las consecuencias lógicas en vez del castigo como un modo de ayudarlos a hacerse responsables. En este caso, la consecuencia lógica sería dejar al niño, amable pero firmemente, en casa o en el patio cada vez que salga corriendo a la calle (decidiendo, una vez más, qué vamos a hacer nosotros). Algunas personas pueden poner a esto el nombre de *distracción.* La supervisión, la distracción y la reorientación son tres de las mejores herramientas que podemos utilizar con los niños pequeños. Entretanto, podemos invertir tiempo en enseñarles hasta que su cerebro madure lo suficiente como para comprender la relación entre causa y efecto. Invertir tiempo en enseñar a un niño entrañaría informarle de cuáles son los peligros cada vez que crucemos juntos una calle. Antes de hacerlo, pida a su hijo que mire a izquierda y derecha para ver si vienen coches. Pregúntele qué puede pasar si intentaran atravesar cuando se aproxima un

coche. Pídale que le indique cuándo es seguro cruzar. De hecho, su hijo aprenderá más con esto que si le pega, pero, mientras no sea mayor, seguirá sin estar listo para jugar sin que usted lo vigile.

3. *Cuando las consecuencias naturales interfieren con los derechos de los demás.* Los adultos no podemos permitir que un niño experimente las consecuencias naturales de arrojar piedras a otra persona, por ejemplo. Esta es una razón por la que la supervisión es especialmente importante con niños menores de cuatro años. La única forma de prevenir situaciones potencialmente peligrosas con niños de estas edades reside en vigilarlos para poder intervenir y evitarlo.
4. *Cuando los resultados de su conducta no parecen un problema para el niño, las consecuencias naturales son ineficaces.* Por ejemplo, a algunos niños no les parece un problema no darse un baño, no cepillarse los dientes, no hacer los deberes o atiborrarse de comida basura.

CONSECUENCIAS LÓGICAS

Las consecuencias lógicas difieren de las naturales en que requieren la intervención de un adulto o de otros niños en una reunión de familia o clase. Es importante decidir qué tipo de consecuencia favorecerá una *experiencia de aprendizaje útil* que pueda motivar a un niño para que opte por colaborar de un modo responsable.

Por ejemplo, a Linda le gustaba dar golpecitos con el lápiz en el pupitre mientras hacía los ejercicios. Aquello molestaba a sus compañeros de clase. Su profesora le dio a elegir entre no dar más golpecitos o dejar el lápiz y terminar los ejercicios más tarde. (Suele ser buena idea dar a un niño a elegir entre interrumpir su mala conducta o experimentar la consecuencia lógica.) Naturalmente, hay otras soluciones. A menudo, los niños no son conscientes de que su conducta es molesta para los demás. La profesora podría haberse limitado a pedir a Linda que dejara de dar golpecitos con el lápiz. O las dos podrían haber pensado en una solución o decidir plantear el problema en una reunión de clase. Si una consecuencia se percibe próxima a un castigo, es mejor escoger otra herramienta de la disciplina positiva.

Dan llevó a la escuela un coche de juguete. Su profesor lo llamó y le preguntó si quería dejárselo a él o al director hasta que terminaran las clases. Dan decidió dejárselo a él. (Siempre que sea posible, es aconsejable plantear la consecuencia en privado para no desprestigiar al niño delante de sus compañeros.)

Dar una opción limitada y plantear la consecuencia en privado no son los únicos criterios para aplicar las consecuencias lógicas de un modo eficaz. De ser así, sería razonable dar a un niño a elegir entre dejar de portarse mal o recibir una zurra. Las cuatro "R" de las consecuencias lógicas es una fórmula que identifica los criterios que contribuyen a asegurar que las soluciones son consecuencias lógicas y no castigos.

Las cuatro "R" de las consecuencias lógicas

1. Relacionada
2. Respetuosa
3. Razonable
4. Revelada de antemano

Relacionada significa que la consecuencia debe estar relacionada con la conducta. *Respetuosa,* que la consecuencia no debe culpar, avergonzar ni causar dolor a un niño y debe imponerse con amabilidad y firmeza. *Razonable,* que la consecuencia no debe incluir "coletillas" y es razonable tanto para el niño como para el adulto. *Revelada de antemano* significa eso exactamente: permitir que el niño sepa qué va a suceder (o qué vamos a hacer nosotros) si no opta por una determinada conducta. Si falta alguna de estas cuatro "R", la consecuencia, evidentemente, ya no se puede calificar de lógica.

Cuando un niño escribe en el pupitre, es fácil concluir que la consecuencia *relacionada* sería pedirle que lo limpie. Pero ¿qué ocurre si falta alguna de las otras tres "R"?

Si un profesor no es *respetuoso* y pide a su alumno que limpie el pupitre humillándolo, ya no es una consecuencia lógica. El señor Martin pensaba que estaba utilizando una consecuencia lógica cuando dijo a Mary delante de toda la clase: "Mary, me sorprende que hayas hecho algo tan absurdo. Venga, limpia el pupitre o tendré que decir a tus padres cuánto me has defraudado". En este ejemplo, el respeto se ha eliminado y el profesor ha introducido un tono humillante.

Si un profesor no es *razonable* y pide a un alumno que limpie todos los pupitres del aula para asegurarse de que aprende la lección, ya no es una consecuencia lógica. La racionalidad ha sido sustituida por el propósito de infligir sufrimiento. Esto se debe habitualmente a la falsa creencia de que los niños solo aprenden si sufren.

Si la consecuencia no se *revela de antemano,* es más fácil que se perciba como un castigo. Revelarla de antemano, cuando sea posible, crea un ambiente de respeto donde el niño percibe que puede elegir.

Cuando un niño derrama leche, la consecuencia *relacionada* es pedirle que la limpie. No es respetuoso decir: "¿Cómo puedes ser tan torpe? Esta es la última vez que te dejo servirte la leche". Un comentario más *respetuoso* sería: "¡Uy! ¿Qué tienes que hacer ahora?". (Es asombroso con qué frecuencia sabe un niño cuál sería una consecuencia lógica [solución] y cuántas ganas tiene de ejecutarla cuando se lo piden con respeto.) Si el niño no sabe qué hacer, podría ser porque nosotros no hemos invertido tiempo en enseñárselo, con lo cual lo que esperamos de él o le pedimos es irrazonable. Abordar la situación *respetuosamente* también demuestra que los errores son oportunidades maravillosas para aprender. No sería *razonable* asegurarnos de que un niño sufra por sus errores diciendo: "Para estar seguro de que aprendes, quiero que friegues todo el suelo". La cuarta "R", *revelada de antemano,* no es pertinente para este ejemplo.

De hecho, si los adultos eliminamos una de las cuatro "R" de tal forma que las consecuencias no están relacionadas, no son respetuosas ni razonables y no se revelan de antemano (cuando sea pertinente), los niños pueden experimentar las cuatro "R" del castigo, explicadas en el capítulo 1. Vuelvo a incluirlas aquí para que usted pueda ver cómo se relacionan con un mal uso de las consecuencias.

Las cuatro "R" del castigo:

1. Resentimiento: "Esto es injusto. No puedo confiar en los adultos".
2. Revancha: "Ahora están ganando, pero me las pagarán".
3. Rebelión: "Voy a hacer justo lo contrario para demostrarles que no necesito hacerlo a su manera".
4. Retraimiento, en forma de disimulo ("La próxima vez no me cogerán"), o baja autoestima ("Soy mala persona").

A los padres y profesores no les gusta admitirlo, pero la razón de que les guste utilizar el castigo reside a menudo en demostrar su poder para imponerse al niño o para vengarse de él haciéndolo sufrir. El pensamiento subconsciente que sustenta esta idea es: "Yo soy el adulto y tú eres el niño. Tú harás lo que yo diga o, si no, me las pagarás". Este concepto se representó en una viñeta donde aparece una madre que ve cómo su marido persigue a su hijo con un palo. Ella grita: "Espera, dale otra oportunidad". Y su marido responde: "Pero entonces puede que no vuelva a hacerlo nunca más". Obviamente, para este padre (y para muchos adultos) es más importante hacer sufrir a su hijo por haberse portado mal que ayudarlo a cambiar.

Sufrir no es un requisito de las consecuencias lógicas. Por ejemplo, un niño puede disfrutar limpiando su pupitre. (Esto es correcto, dado que la finalidad de una consecuencia lógica es poner fin a la mala conducta y hallar una solución, no vengarse causando sufrimiento.) Otro nombre para una consecuencia lógica es reorientación.

REORIENTACIÓN

Una consecuencia lógica es eficaz cuando reorienta al niño hacia una conducta útil.

Mark estaba comportándose de un modo muy irrespetuoso y molesto hablando mientras su profesor intentaba dar clase. El señor Smith, su profesor, lo castigó a escribir treinta veces "Tendré buenos modales y no seré irrespetuoso mientras estoy en clase". Mark no reaccionó favorablemente pensando: "¡Oh, genial! Me lo merezco, y esto me enseñará a no hablar más en clase". En vez de eso, se rebeló y se ofendió, por lo que no escribió las frases. El señor Smith es uno de los muchos adultos que piensan que, si el castigo no da resultado, eso se debe únicamente a que no ha sido lo bastante severo, por lo que dobló el castigo a sesenta frases.

Mark se ofendió y se rebeló aún más, y se negó a hacerlo. Su madre le dijo que, si no cumplía el castigo, era probable que el profesor se lo volviera a doblar (fuera o no justo) y lo expulsara. Mark dijo: "Me da igual. No voy a hacerlo". El profesor volvió a doblarle el castigo a 120 frases y convocó a su madre para una reunión. Muchos profesores también creen que, si el castigo no da resultado, se debe a que los padres no lo respaldan. En este caso, el profesor estaba en lo cierto. La madre de Mark no creía en la eficacia del castigo.

En la reunión, ella dijo que, evidentemente, estaba de acuerdo en que Mark se había comportado de un modo irrespetuoso y molesto para la clase y en que aquello debía corregirse. Creía que una consecuencia lógica sería más eficaz e hizo una sugerencia:

–Como Mark ha hecho algo que le ha dificultado su trabajo, ¿qué le parecería pedirle que haga algo que se lo facilite?

El señor Smith preguntó:

–¿Como qué?

Ella sugirió borrar las pizarras, vaciar las papeleras o enseñar parte de la lección.

Mark mostró mucho interés por aquella sugerencia y dijo:

–Sí, podría enseñar los verbos transitivos e intransitivos.

–Sí, tú lo entiendes, y muchos de tus compañeros aún tienen dificultades –dijo el señor Smith. Entonces, miró a la madre de Mark y afirmó–: Pero con eso disfrutaría.

El señor Smith no estaba dispuesto a secundar la sugerencia de reorientar la mala conducta de su alumno hacia una conducta útil porque temía que aquello fuera un modo de premiar la mala conducta e inducir a Mark a seguir portándose mal.

Este es un ejemplo excelente de la noción errónea de que, para conseguir que los niños lo hagan mejor, antes debemos conseguir que se sientan peor. Es posible que el señor Smith también represente a quienes creen que no es tan importante que los niños aprendan de sus errores como que paguen por ellos. Voy a repetirlo. Lo contrario es cierto. Los niños lo hacen mejor cuando se sienten mejor. Muchos profesores, como veremos en ejemplos posteriores, han observado que reorientar las malas conductas hacia conductas útiles ha servido como motivación para que sus alumnos dejen de portarse mal o lo hagan en mucho menor grado.

Otra razón por la que las consecuencias lógicas pueden ser difíciles de aplicar reside en que entrañan reflexionar, ser pacientes y tener autocontrol. Conllevan actuar en vez de reaccionar. A muchos adultos les resulta más fácil exigir autocontrol a un niño que a sí mismos.

LAS CONSECUENCIAS LÓGICAS Y LOS OBJETIVOS ERRÓNEOS DE LA CONDUCTA

Otro importante criterio para hacer un uso correcto de las consecuencias lógicas radica en considerar el objetivo erróneo de la conducta. Las consecuencias lógicas pueden ser eficaces en el momento del conflicto únicamente si el objetivo es la búsqueda de atención. Cuando el objetivo es la búsqueda de poder o venganza, las consecuencias lógicas solo pueden ser eficaces cuando pasamos a resolver el problema con el niño *después de habernos tranquilizado* y *después de haber obtenido su colaboración.* Una vez más, este era uno de los criterios que enseñaba Dreikurs (quien fue el primero en introducir y popularizar el concepto de consecuencias lógicas como estímulo para mejorar la conducta). Él decía: "Las consecuencias lógicas no se pueden aplicar en una lucha de poder salvo con extrema cautela, porque habitualmente degeneran en actos punitivos de revancha. Por ese motivo, las consecuencias naturales siempre son beneficiosas, pero las lógicas pueden ser contraproducentes".[2]

Por ejemplo, supongamos que un niño no está haciendo el trabajo de clase. Su profesor podría decirle: "Necesitas tenerlo terminado antes del recreo o puedes quedarte a hacerlo durante el recreo". (Fíjese en cuán respetuoso es poder elegir como parte de la consecuencia lógica.)

Si su objetivo es buscar atención, es probable que el niño sonría y se ponga a trabajar. Por otra parte, si su objetivo es la búsqueda de poder, es posible que se niegue a hacer el trabajo para demostrar que "Tú no puedes obligarme" a menos que hayamos obtenido antes su colaboración hablando de su conducta y preguntándole qué podría dar resultado para él. Si su objetivo es vengarse, el niño puede negarse a hacer el trabajo para herir nuestros sentimientos mientras no abordemos los suyos. Si su objetivo es demostrar su incapacidad, necesita que le enseñemos, no una consecuencia lógica.

En otras palabras, para utilizar eficazmente las consecuencias lógicas, es necesario comprender la conducta del niño y los resultados a largo plazo.

Recuerde que las consecuencias lógicas pueden ser totalmente inapropiadas sea cual sea el objetivo erróneo. Es posible que el trabajo no sea importante para el alumno. Puede que el profesor no haya invitado a sus alumnos a participar en su planificación y a encontrar un modo de hacerlo importante para ellos. Es posible que el profesor necesite iniciar una discusión con ellos sobre qué trabajo es necesario hacer, por qué y cómo. No hay nada como incluir a los alumnos en la resolución de los problemas para captar su interés y obtener su colaboración. Las consecuencias lógicas son solo una herramienta y a menudo no la mejor.

ES POSIBLE QUE HAGA FALTA UN CAMBIO DE ACTITUD

La primera vez que entré en contacto con estos conceptos estaba estudiando psicología y creía que era importante ser abierta, honesta y espontánea. Mi problema era que mi reacción abierta, honesta y espontánea a la mala conducta de mis hijos era amenazarlos, gritarles y pegarles. Creía que no sería honesto ni espontáneo fingir amabilidad cuando sentía la necesidad de ser firme, puesto que su mala conducta solía enojarme. Afortunadamente, pronto me di cuenta de que no era mucho pedir que yo dominara mi conducta, puesto que esperaba que mis hijos dominaran la suya. Me llevó práctica, pero los resultados bien valieron el esfuerzo.

Mi primera experiencia con las consecuencias lógicas fracasó por una sencilla razón: se me había pasado por alto la importancia de ser tanto amable como firme y no conocía las cuatro "R" de las consecuencias lógicas. Fui firme, pero no amable, y utilicé la humillación.

Dije a mis hijos con antelación que, si llegaban tarde, podían quedarse sin cenar, tener que prepararse algo ellos y limpiar luego lo que ensuciaran. Añadí que no quería responsabilizarme de irlos a buscar ni de cocinar ni lavar los platos dos veces (decidiendo qué iba a hacer y qué no). La primera vez que llegaron tarde, en vez de ser amable y firme, los reprendí por no acordarse y empleé el "Ya os lo había dicho" de rigor. Convertí lo que podría haber sido una consecuencia lógica en un castigo y luego me extrañé de que no diera resultado.

Si hubiera sabido ser amable y firme, habría dicho: "Siento que no hayas llegado a tiempo para cenar. ¿Cuál es nuestra regla sobre lo que hay que hacer si te preparas algo tú?". (Esto solo podría haberlo dicho si antes hubiéramos acordado reglas tales como limpiar lo que se ensucia.) Con el tiempo, logré utilizar las consecuencias lógicas de un modo más eficaz porque aprendí todos los requisitos que debían cumplir, entre ellos incluir a mis hijos en el proceso.

INCLUIR A LOS NIÑOS EN EL PROCESO

Llevaba años regañando a mis hijos para que se vistieran por las mañanas. Cuando conocí el concepto de consecuencia natural y lógica, celebramos una reunión de familia y juntos decidimos que el desayuno se serviría entre las ocho y las ocho y media. Quien para entonces no estuviera vestido y listo para desayunar, tendría que esperar al almuerzo para comer. Como mis hijos habían participado en la decisión, se mostraron muy colaboradores durante las primeras semanas. Kenny, mi hijo de siete años, decidió incluso dejarse la ropa preparada al estilo de los bomberos para vestirse rápidamente por las mañanas.

Kenny también fue el primero en cuestionar el plan. Una mañana se quedó sentado en el sofá en pijama sin quitar ojo al reloj. A las 8.31, entró en la cocina y exigió su desayuno. Yo dije:

"Lo siento, Kenny, pero el desayuno ha terminado. Estoy segura de que podrás aguantar hasta el almuerzo". Kenny adujo que no iba a esperar y se subió al mármol de la cocina para coger los cereales. Yo tuve que apretar los dientes para seguir siendo amable cuando lo bajé firmemente al suelo. Él se puso a llorar y tuvo una rabieta impresionante durante unos cuarenta y cinco minutos, interrumpiéndola únicamente el tiempo suficiente para intentar encaramarse al mármol de tanto en cuando. Cada vez, yo lo bajé con amabilidad y firmeza. Por fin, salió afuera. Yo no estaba en absoluto segura de que aquello hubiera surtido efecto y recordé cuánto más fácil era castigar a mis hijos que tener que aguantar aquellos cuarenta y cinco minutos, aunque me pasara la vida castigándolos por lo mismo.

Atenerme a mi decisión con amabilidad y firmeza pareció dar resultado. Durante las dos semanas siguientes, todo el mundo estuvo puntualmente vestido y listo para desayunar. Entonces, Kenny decidió volver a cuestionar la regla. Cuando vino a la mesa en pijama a las 8.31, yo repetí lo que le había dicho la última vez: "Siento que te hayas quedado sin desayunar. Estoy segura de que aguantarás hasta el almuerzo". Para mis adentros, pensaba: "Oh, no. No creo que pueda soportar otros cuarenta y cinco minutos de amabilidad y firmeza mientras él tiene una rabieta".

Para deleite mío, solo tuve que bajarlo del mármol una vez antes de que él musitara entre dientes "De todas formas no quería desayunar" y saliera a jugar.

Aquella fue la última vez que tuve un problema con el hecho de que mis hijos se vistieran por las mañanas antes del desayuno. ¡Había dado resultado! Este ejemplo ilustra otros dos conceptos ya tratados:

1. Las cosas a menudo empeoran antes de mejorar mientras los niños cuestionan el plan. Es difícil, pero eficaz, seguir actuando con amabilidad y firmeza durante este período.

2. Con el castigo se pueden obtener resultados más rápidos, pero, bien utilizadas, las consecuencias lógicas son uno de los muchos métodos no punitivos que ayudan a los niños a tener más autodisciplina y ser más colaboradores.

Aunque las consecuencias lógicas dieron resultado en este caso, es posible que otros métodos pudieran haber sido incluso más eficaces. En cuanto disminuyó el entusiasmo inicial por el plan, podíamos haber vuelto a plantearlo en otra reunión de familia. Como explico en el capítulo 9 sobre las reuniones de familia, esto dio muy buen resultado cuando el interés de mis hijos por las tareas domésticas disminuyó. Podría haberme sentado con Kenny y haberle hecho "preguntas de curiosidad" para saber cuál era su percepción de lo que estaba ocurriendo, cómo se sentía y qué ideas tenía para resolver el problema. Le podría haber dado un buen abrazo y dicho que necesitaba su ayuda para atenernos a nuestro plan y poder tener una mañana tranquila.

Con frecuencia, se utilizan consecuencias lógicas cuando otro método podría haber sido más efectivo. Una clave reside en considerar los efectos a largo plazo. Si resolver el problema enseña a un niño más que una consecuencia lógica, es mejor utilizar ese método. Por otra parte, permitir simplemente que el niño experimente las consecuencias de sus decisiones puede enseñarle valiosas lecciones para la vida. A continuación, incluyo un ejemplo donde habría sido eficaz tanto una consecuencia natural como una lógica, pero no se usó ninguna de las dos.

Gina perdió su guante de béisbol. La consecuencia natural habría sido dejar que pasara sin él. No obstante, su madre es tan supermamá que no soporta dejar que su hija aprenda de sus experiencias. Las supermamás quieren tenerlo todo controlado. La madre de Gina era de las que gritaba mucho pero no hacía nada. Después de dar a Gina un sermón moralizante (uno que Gina ya había oído un montón de veces) sobre cómo debería cuidar de sus cosas y pasarse sin ellas dado lo irresponsable que era (despotricar), su madre cedió llevándola a la tienda (prometiendo, como de costumbre, que no volvería a hacerlo nunca más) para comprarle otro guante. No permitir que Gina experimentara la consecuencia natural no habría sido tan grave si su madre la hubiera sustituido por la consecuencia lógica de pedirle que ahorrara el dinero para comprar otro guante. Pero la madre de Gina es como tantas otras. Su intervención no es lógica. Gina ha sido bien instruida para saber que no tiene que responsabilizarse de nada, aunque su madre ponga el grito en el cielo cada vez que es irresponsable.

Muchos padres y profesores utilizan la frase "Te lo he dicho mil veces". Necesitan darse cuenta de que no son los niños quienes son duros de mollera. Los niños saben qué surte efecto con ellos. Los adultos tienen que aceptar que decir una cosa mil veces no es eficaz. Los niños no aprenderán nunca a responsabilizarse de su conducta mientras sigan haciéndolo los adultos, recordándoles reiteradamente las cosas o resolviéndolas por ellos, en lugar de con ellos.

La señora Silvester había dicho mil veces a sus hijos que recogieran los juguetes. Cuando entró en contacto con estos conceptos, les dijo amablemente que, de ahora en adelante, si no recogían los juguetes, lo haría ella, decidiendo, una vez más, lo que iba a hacer. Añadió, no obstante, que si los recogía ella los guardaría hasta que ellos le demostraran que eran capaces de hacerse cargo de ellos recogiendo los demás juguetes.

Hay que tener presente que, a menudo, el problema de que los juguetes no se recojan reside en que los padres han comprado demasiados. En ese caso, a los niños no les importa que se los requisen de forma permanente. Estos padres deberían responsabilizarse del problema y hacer algo al respecto (dejar de comprar tantos juguetes) en lugar de esperar que sus hijos colaboren.

La señora Silvester descubrió qué juguetes importaban realmente a sus hijos y cuáles eran resultado de su problema de comprar demasiados juguetes. Cuando sus hijos se dejaban juguetes sin recoger, ella decía una vez: "¿Queréis recoger los juguetes o queréis que lo haga yo?". Sus hijos recogían los que les importaban. Los que ella recogía se quedaban en el estante superior y se olvidaban.

Cuando todos los juguetes que sus hijos no querían estuvieron en el estante superior, la señora Silvester les dijo que ya no los avisaría, sino que se limitaría a recoger cualquier juguete que no hubieran guardado ellos. No tuvo que recoger muchos juguetes, porque sus hijos se esmeraban por hacerlo antes que ella. Cuando le pedían juguetes que había recogido ella, la señora Silvester se los daba únicamente después de que ellos llevaran una semana recogiendo sus otros juguetes.

Este ejemplo ilustra otra característica de las consecuencias lógicas. Los niños necesitan aprender que tener privilegios comporta tener responsabilidad. Partiendo de esta premisa, la fórmula es muy sencilla:

Privilegio = Responsabilidad

Falta de responsabilidad = Pérdida del privilegio

Tener juguetes es un privilegio. La responsabilidad que conlleva este privilegio reside en hacerse cargo de los juguetes. La consecuencia lógica obvia de no asumir la responsabilidad de hacerse cargo de los juguetes es perder el privilegio de tener juguetes. La señora Silvester también demostró la eficacia de decidir qué iba a hacer, explicándoselo respetuosamente a sus hijos y ateniéndose luego a lo que había dicho que haría.

La historia de la señora Silvester tiene una segunda parte. Los únicos juguetes que ahora se compran en su casa son los que sus hijos desean tanto que están dispuestos a no gastarse su asignación hasta tener dinero suficiente como para costear al menos la mitad. La señora Silvester ya no tiene un problema grave. A sus hijos parecen importarles más las cosas en las que han hecho una inversión.

Incluso cuando padres y profesores están convencidos del valor de las consecuencias naturales y lógicas, estas pueden continuar siendo métodos muy difíciles de aplicar. En momentos racionales, los adultos saben muy bien que el objetivo fundamental reside en motivar a los niños para que sean personas felices y responsables.

No obstante, es muy fácil reaccionar, entablar luchas de poder y ceder a la tentación de ganarlos en lugar de ganárselos. Ni a padres ni a profesores les gusta admitir que el castigo puede hacerles bien porque con él recobran el poder que sienten que sus hijos les están arrebatando cuando se portan mal. Además, creen que es su deber obligar a los niños a portarse como es debido. Olvidan que la fuerza no es un factor motivador eficaz para enseñar valiosas capacidades para la vida. También olvidan que el principal propósito de la disciplina es motivar a los niños para que lo hagan mejor.

Esto nos lleva a otro concepto que debemos recordar. Lo he dicho o insinuado muchas veces en este capítulo y a lo largo de todo el libro: *las consecuencias lógicas no son la mejor manera de abordar la mayoría de problemas.* Muchos padres y profesores se entusiasman tanto con las consecuencias lógicas que intentan encontrar una consecuencia para cada mala conducta. No sé cuántas veces he oído a personas preguntar: "¿Cuál sería una consecuencia lógica para esta situación?". Yo les digo: "Si no hay una consecuencia lógica (relacionada) obvia, probablemente no es apropiado utilizar una consecuencia lógica en esta situación". Hay otros métodos que pueden ser más eficaces, tales como convocar una reunión de familia, centrarse en las soluciones en lugar de hacerlo en las consecuencias, crear rutinas, ofrecer opciones limitadas, pedir ayuda, abordar la creencia que motiva la conducta, decidir qué vamos a hacer en lugar de qué vamos a obligar a hacer a los niños, atenernos a nuestra decisión con dignidad y respeto, dar abrazos, ayudar a los niños a explorar las consecuencias de sus decisiones en lugar de imponérselas y utilizar muchos otros conceptos tratados en este libro.

REVISIÓN

Herramientas de la disciplina positiva

1. Pensarlo bien. ¿Son en realidad las "consecuencias lógicas" castigos mal disimulados?
2. Tener cuidado con lo que da resultado. Considerar los efectos a largo plazo de sus métodos disciplinarios.
3. Evitar las "coletillas". Expresar empatía y comprensión por lo que el niño está experimentando.
4. No imponer las consecuencias naturales, sino permitir que el niño experimente las consecuencias naturales de sus decisiones sin infligirle culpa, vergüenza o dolor, y sin rescatarlo.
5. Decidir qué va a hacer usted en lugar de lo que va a obligar a hacer al niño.
6. Dar opciones siempre que sea posible.
7. Tener presentes las cuatro "R" de las consecuencias lógicas.
8. Tener presentes la cuatro "R" del castigo para comprender los resultados a largo plazo de sus métodos disciplinarios.
9. Recordar que es una idea loca creer que los niños tienen que sentirse peor antes de hacerlo mejor.
10. Los niños lo hacen mejor cuando se sienten mejor.
11. Reorientar la mala conducta hacia una conducta útil.
12. Si espera que los niños controlen su conducta, deles ejemplo de autocontrol.
13. Las consecuencias lógicas son inapropiadas para casi todos los objetivos erróneos.
14. Atenerse a su decisión con amabilidad y firmeza.
15. Ayudar a los niños a explorar las consecuencias de sus decisiones haciéndoles "preguntas de curiosidad".
16. Las consecuencias lógicas no son el mejor método para abordar la mayoría de problemas.

17. Utilizar la fórmula: Privilegio = Responsabilidad. Falta de responsabilidad = Pérdida del privilegio.
18. Centrarse en las soluciones para mejorar el ambiente familiar y académico.

Preguntas

1. ¿Cómo intentan a veces disimular el castigo padres y profesores?
2. ¿En qué están pensando muchos niños mientras los castigan?
3. ¿Cuáles son los resultados inmediatos del castigo?
4. ¿Cuáles son los resultados a largo plazo del castigo?
5. ¿Por qué debemos a veces tener cuidado con lo que da resultado?
6. Si los adultos insistimos en ganar, ¿en qué posición deja eso a los niños?
7. ¿Cuál es la definición de consecuencia natural? Dar algunos ejemplos.
8. ¿Qué papel desempeñan los adultos en las consecuencias naturales?
9. ¿Cuál es la definición de consecuencia lógica?
10. ¿Cuáles son las cuatro "R" de las consecuencias lógicas?
11. ¿Cómo puede convertirse en un castigo una consecuencia lógica si falta una de las cuatro "R"? Dar un ejemplo.
12. Cuando los niños no experimentan las cuatro "R" de las consecuencias lógicas, ¿cuáles son las otras tres "R" que pueden experimentar?
13. ¿Cuál es la creencia errónea de los adultos cuando utilizan su poder para infligir sufrimiento?
14. ¿Por qué es importante ser amables y firmes al mismo tiempo?
15. ¿Por qué es difícil ser amables y firmes al mismo tiempo?

16. ¿Por qué es a veces no hacer nada lo que mejor resultado nos puede dar?
17. ¿Por qué no son las consecuencias lógicas la mejor solución para todos los problemas de conducta?
18. ¿Para qué objetivo erróneo son habitualmente eficaces las consecuencias lógicas, incluso en el momento del conflicto?
19. ¿Cuáles son las dos cosas que deben ocurrir antes de poder utilizar una consecuencia lógica durante la resolución del problema cuando el objetivo erróneo es la búsqueda de poder o venganza?
20. ¿Para qué objetivo erróneo no deberían utilizarse las consecuencias naturales y lógicas?
21. ¿Cómo ayudamos a los niños a explorar las consecuencias de sus decisiones en lugar de imponérselas?
22. ¿En qué nos podríamos centrar en lugar de hacerlo en las consecuencias en nueve de cada diez casos?

Capítulo 6

CENTRARSE EN LAS SOLUCIONES

El cambio que entraña centrarse en las soluciones requiere pequeños reajustes en la actitud y las técnicas, pero la diferencia es inmensa. Cuando estamos habituados a pensar de una determinada manera, incluso estos pequeños reajustes pueden resultarnos difíciles, pero, una vez que los hacemos, es posible que nos preguntemos: "¿Por qué no se me había ocurrido antes?". En ese momento, nos parecen sencillísimos.

La disciplina tradicional se centra en enseñar a los niños a hacer lo que les dicen. La disciplina positiva se centra en enseñar a los niños a hacer lo que ellos deciden después de reflexionar sobre la situación y utilizar algunos criterios básicos, tales como el respeto y la utilidad, para hallar soluciones. Son participantes activos en el proceso, no receptores pasivos (y a menudo reacios). Los niños comienzan a portarse mejor porque les parece razonable y se sienten bien en un ambiente donde reina el respeto mutuo.

Cuando nos centramos en las soluciones, los niños aprenden a llevarse bien con los demás y adquieren herramientas para afrontar el próximo desafío. No, no siempre lo harán bien la próxima vez (los adultos tampoco lo hacemos siempre bien a la primera), pero aprenden. El desafío para los adultos reside en desechar la idea loca de que aprendemos mejor cuando antes sufrimos. Incido reiteradamente en este punto porque el concepto de que tenemos que hacer daño a los niños para enseñarles a diferenciar entre el bien y el mal está, por desgracia, muy arraigado en nuestra cultura.

Centrarse en las soluciones en lugar de hacerlo en los castigos, e incluso en las consecuencias lógicas, crea un ambiente muy distinto en casa y en clase. Usted modificará su forma de pensar y actuar, y también lo harán sus hijos o alumnos. Muchos padres y profesores han referido que las luchas de poder se reducen drásticamente cuando se centran en las soluciones.

Para centrarse en las soluciones, la pregunta clave es: *¿Cuál es el problema y cuál la solución?* Los niños son excelentes resolviendo problemas y se les ocurren muchas soluciones creativas cuando los adultos invierten tiempo en enseñarles y les brindan muchas oportunidades para que practiquen sus habilidades para resolver problemas.

Las tres "R" y una "U" de centrarse en las soluciones son muy similares a las cuatro "R" de las consecuencias lógicas descritas en el capítulo 5. De hecho, las tres primeras son idénticas. Solo la "U" es diferente. No obstante, su finalidad es muy distinta, porque se centran en ayudar a las personas a resolver el problema y no en tener que *pagar* (a través de un castigo) por él.

Las tres "R" y una "U" de centrarse en las soluciones

1. Relacionada
2. Respetuosa
3. Razonable
4. Útil

El siguiente es un extracto de *Positive Discipline in the Classroom*[1] que ilustra la increíble diferencia en las sugerencias que hacen los alumnos cuando primero se centran en las consecuencias lógicas y luego lo hacen en las soluciones:

Durante una reunión de clase, se pidió a los alumnos de una clase de quinto que sugirieran consecuencias lógicas para dos compañeros que no habían oído el timbre del recreo y habían llegado tarde a clase. La lista de consecuencias fue la siguiente:

1. *Hacerles escribir su nombre en la pizarra.*
2. *Hacerles quedar después de clase el mismo número de minutos que se han retrasado.*
3. *Restar del recreo de mañana el mismo número de minutos que se han retrasado hoy.*
4. *Dejarlos sin patio mañana.*
5. *Gritarles.*

Se pidió a los alumnos que dejaran de pensar en consecuencias y sugirieran soluciones para ayudar a los mencionados alumnos a llegar puntualmente a clase. La lista de soluciones fue la siguiente:

1. *Todo el mundo podría gritar a la vez "¡Timbre!".*
2. *Los alumnos podrían jugar más cerca del timbre.*
3. *Los alumnos podrían estar pendientes de los demás para ver cuándo entran.*
4. *Regular el timbre para que suene más fuerte.*
5. *Los alumnos podrían escoger a un compañero para que les recuerde que es hora de entrar.*
6. *Alguien podría darles un golpecito en el hombro cuando suene el timbre.*

La diferencia entre estas dos listas es inmensa. Las sugerencias de la primera parecen y suenan a castigos. Se centran en el pasado y en hacer que los alumnos paguen por su error. Las sugerencias de la segunda lista parecen y suenan a soluciones que inciden en ayudar a los alumnos a portarse mejor en el futuro. Se centran en concebir los problemas como oportunidades para aprender. En otras palabras, la primera lista está concebida para hacer daño y la segunda para ayudar.

Jody McVittie, diplomada en disciplina positiva, compartió el siguiente relato sobre una reunión de clase donde los alumnos pasaron de proponer soluciones "hirientes" a proponer soluciones "útiles" con muy poca insistencia por parte de Jody:

Asistí como observadora a una reunión de clase y llegué cuando los alumnos habían comenzado a resolver los problemas planteados. El problema del que estaban hablando atañía a una alumna anónima que había cogido el lápiz de Álex sin pedírselo. El alumno que dirigía la reunión empezó a pasar un objeto por la clase para que los alumnos pudieran aportar ideas a fin de resolver el problema. Al principio, las sugerencias fueron consecuencias: "Podría quedarse sin patio". "La profesora podría apartar su pupitre del resto."

Enseguida vi claramente que todo el mundo sabía quién era la infractora, aunque no se la hubiera nombrado. También parecía evidente que era una "delincuente reincidente" y que algunos alumnos estaban "hartos" de su actitud. La alumna se estaba empequeñeciendo cada vez más en su silla.

Pregunté a la clase si estaría dispuesta a considerar otro enfoque para aquel problema que yo quería proponerles. Ellos se mostraron deseosos de oír mis ideas. No creo que a nadie le gustara el proceso de hacer sufrir a otra persona. Les apunté que, aunque no habían utilizado nombres, todos sabían, y hasta yo lo sabía, de quién estaban hablando. Ellos asintieron. Les pregunté si podían probar a adivinar si Johana se sentía mejor o peor después de sus sugerencias. La clase reconoció que Johana se sentía probablemente peor. Recordé a los alumnos que habían acordado colaborar en las reuniones para ayudar, no para hacer daño, y les sugerí que, en lugar de centrarse en las consecuencias, lo hicieran en las soluciones. Las soluciones son un modo de resolver el problema de una forma útil y, mientras las sugiere, la clase entera puede obtener ideas sobre cómo prevenir problemas similares en el futuro. Pregunté a Johana y a la clase si estarían dispuestos a intentarlo. Ellos accedieron y volvieron a hacer sugerencias.

Esta vez, las sugerencias incluyeron: "Podría pedirle que le preste el lápiz". "Podríamos tener un bote con lápices en clase." "Podría intercambiar algo con Álex por el lápiz y volver luego a intercambiarlo cuando haya terminado para que a él no le preocupe no recuperar su lápiz." Fue asombroso ver cómo Johana volvía a "crecer" en su silla. Cuando el pequeño pingüino que estaban utilizando para tener el turno de palabra terminó de recorrer el círculo y hubieron hablado todos los alumnos que querían hacerlo, el alumno que dirigía el grupo preguntó a Johana y a Álex qué solución elegían. El escriba leyó la lista de sugerencias y Álex y Johana acordaron que ella pediría el lápiz a Álex y que informarían a la clase sobre cómo les había ido al cabo de una semana.

La solución era obvia, respetuosa y motivadora. El problema estaba resuelto. Para mí, lo fundamental de aquella experiencia fue ver cómo menguaba y crecía Johana. Después, pensé para mis adentros: "¿Qué ha aprendido la clase de esto?". Mi sensación fue que aquella "delincuente reincidente" se sintió apoyada y acogida por el grupo, quizá por vez primera. Pareció fortalecida por la sencilla sugerencia de pedir prestado el lápiz antes de cogerlo.

¿Volverá a tener problemas? Probablemente. Pero ahora ella y la clase tienen herramientas para resolver los problemas que le transmiten el mensaje de que "tú eres una de las nuestras" en lugar de "tú no eres una de las nuestras y hay que excluirte".

Cuando niños y adultos empiezan a sugerir soluciones para un problema, observará que, al principio, muchas de ellas son punitivas. A veces, es útil intervenir y sugerirles que se centren en las soluciones. Otra opción es aguardar hasta que hayan terminado, revisar la lista de sugerencias y pedir a los miembros de la familia o a los alumnos que eliminen todas las que no cumplan las tres "R" y una "U" de centrarse en las soluciones. A veces, los padres y profesores también piden a sus hijos y alumnos que eliminen todo lo que sea hiriente o poco práctico. Por ejemplo, un viaje a Hawai puede ser de ayuda, pero no es práctico. Una vez eliminadas las sugerencias hirientes y poco prácticas, los niños con los problemas pueden elegir la solución que consideran más útil. Cuando los niños pueden elegir la solución que prefieren en lugar de tener que acatar la que otra persona les dice o impone, o la que vota toda la clase, se sienten mucho más respetados y responsables.

A menudo se ha dicho que, cuando les brindan la oportunidad, los niños son mejores resolviendo problemas que los adultos. El ejemplo siguiente sirve para ilustrarlo:

En una escuela de educación primaria, tenían algunos problemas en el patio que compartían los alumnos de primer y segundo curso. Los niños hacían trampas y tenían conductas agresivas cuando jugaban con una pelota que pendía de un poste. Los profesores no tenían ninguna buena idea sobre cómo resolver el problema y los vigilantes del patio se estaban frustrando cada vez más por no conseguir que los niños se responsabilizaran de sus actos. Parecía una tarea imposible.

Durante una reunión de clase donde se trató el problema, un grupo de segundo propuso una idea insólita. Una de las razones para hacer trampas y comportarse agresivamente era la importancia que tenía ganar. Cuantas más veces lo hicieras, más tiempo jugabas. Eso inducía a los niños a querer ganar y obligaba a los que estaban esperando su turno a pasarse mucho tiempo sin jugar.

Katie propuso una solución magnífica para el problema: en lugar de permitir que el ganador continuara jugando, sugirió que los dos jugadores se pusieran al final de la cola. De esa forma, habría menos incentivo para ganar (o hacer trampas) y podrían jugar más niños durante el recreo. Los alumnos estuvieron de acuerdo y propusieron la regla a las otras clases de primero y segundo. Todas accedieron a probar la solución durante unas semanas. Los profesores eran escépticos. Imaginaban que los alumnos hallarían una forma de burlar la regla y que cualquier éxito sería pasajero.

Se quedaron muy sorprendidos. A los niños les gustó la nueva regla. De hecho, se sintieron más capacitados por el hecho de que a uno de ellos, una alumna de segundo, se le hubiera ocurrido una idea que daba resultado. El ambiente del patio cambió espectacularmente y el éxito de la solución que habían propuesto fortaleció la autoestima de los jóvenes alumnos. En las subsiguientes reuniones de clase, varias clases distintas hallaron soluciones creativas a otros problemas, tales como jugar con el mismo niño durante todo el tiempo cuando eran pares. Por otra parte, los profesores se convencieron del valor de las reuniones de clase, no solo para resolver problemas, sino para enseñar valiosas competencias para la vida.

Cuando los niños deciden (porque nosotros les preguntamos cómo pueden resolver ese problema) ir a buscar una bayeta y un trapo cuando derraman la leche, es una solución "RRR" y "U" (relacionada, respetuosa, razonable y útil). Les estamos enseñando una competencia para la vida y brindando la oportunidad de desarrollar la percepción de que son capaces.

Cuando su hijo adolescente llega después de la hora acordada y, después de que los dos se hayan calmado (normalmente al día siguiente), usted lo invita a sugerir soluciones que sean respetuosas para todas las partes implicadas, eso es "RRR" y "U" y usted le está enseñando a ser responsable y a resolver sus problemas además de demostrarle que también respeta sus propias necesidades.

Cuando su hijo rompe la ventana del garaje con su bate de béisbol y juntos deciden que la solución es reparar la ventana (comprando los materiales con su asignación), eso es "RRR" y "U". Mientras se abstenga de culparlo y conciba su error como una oportunidad para aprender, los dos habrán adquirido práctica en resolver problemas y ser respetuosos, y habrán pasado juntos un rato inapreciable.

Cuando nos centramos en las soluciones, es importante que aprendamos el valor de darnos tiempo para tranquilizarnos antes de empezar a buscarlas. Es importante comprender y enseñar a los niños que, en la mayoría de casos, todo el mundo debe tranquilizarse antes de intentar encontrar una solución. Puesto que es difícil centrarnos en las soluciones cuando estamos disgustados y conectados con nuestro cerebro primitivo, donde la única opción es luchar o huir, es útil esperar a que estemos calmados y podamos acceder a nuestro cerebro racional. La pausa obligada positiva puede ayudarnos.

IMP

PAUSA OBLIGADA POSITIVA

¿Cómo se sentiría, qué pensaría y qué haría usted si su cónyuge o compañero de trabajo le arrinconara y dijera: "No me gusta lo que has hecho. Vete a tu habitación y piensa en lo que has hecho".? ¿Le agradecería su ayuda o se indignaría? ¿Pensaría: "¡Caramba! Esto me ayuda y me motiva muchísimo".? O pensaría: "Esto es insultante, ¿quién te crees que eres".? ¿Decidiría acudir a esa persona siempre que tuviera problemas por lo mucho que le ayuda, o decidiría retraerse emocionalmente o buscar a otra persona?

Dado que este trato no sería respetuoso ni eficaz con los adultos, ¿por qué creen los adultos que da resultado con los niños? Los adultos hacen muchas cosas ineficaces porque no las piensan realmente. No piensan en los resultados a largo plazo. No piensan en cómo se siente el niño, qué está pensando ni qué está decidiendo sobre sí mismo, sobre los demás y sobre qué hacer en el futuro. No piensan en lo que dicen.

Yo pregunto a los padres y profesores por qué es absurdo decir: "Y piensa en lo que has hecho". Es absurdo porque parte del supuesto de que los adultos podemos controlar lo que piensa un niño. No podemos. Cuando los enviamos a su habitación, es improbable que los niños estén pensando en lo que han hecho. Es más probable que estén pensando en lo que hemos hecho nosotros y en lo irrespetuosos e injustos que somos. Algunos pueden estar enojados o resentidos y estar pensando en vengarse o en cómo evitar que los pillen la próxima vez. Los que dan más lástima de todos son los que están pensando que son "una mala persona" o "no valen para nada".

La pausa obligada positiva es muy distinta. Está concebida para ayudar a los niños a sentirse mejor (de tal forma que puedan acceder a su cerebro racional), no para conseguir que se sientan peor (como falso motivador) ni para hacer que "paguen" por lo que han hecho. Centrarse en las soluciones no es eficaz hasta que todo el mundo se ha tranquilizado lo bastante como para tener acceso a su cerebro racional. Cuando incluya a los niños en la creación de una zona para hacer pausas obligadas, debe seguir las cuatro pautas siguientes.

1. *Invierta tiempo en enseñarles.* Hábleles sobre lo útil que puede ser la pausa obligada positiva antes de utilizarla. Enséñeles el valor de darse tiempo para tranquilizarse y la importancia de esperar a que todo el mundo se sienta mejor antes de resolver los conflictos.

   Una forma magnífica de instruir a los niños en el uso de la pausa obligada positiva es utilizándola usted. Los padres pueden tener su libro de chistes favorito en el armario del baño y retirarse a esta habitación de la casa durante unos minutos hasta haberse tranquilizado. En un aula, la zona para hacer pausas obligadas positivas es un rincón decorado como una isla tropical. Los alumnos pueden irse unos minutos a "Hawai" para recomponerse. La profesora no suele irse a ese rincón, pero tiene una palmera hinchable en su cajón y, cuando necesita un respiro, "se va a Hawai" colocándola en su escritorio. Los alumnos saben que, cuando la profesora está en Hawai, tienen que dejarla tranquila durante el breve espacio de tiempo que ella tarda en recomponerse y volver a calmarse.

2. *Permita que los niños creen su propia zona para la pausa obligada: una zona que los ayudará a sentirse mejor para poder hacerlo mejor.* Es importante que los niños creen (o al menos ayuden a crear) su propia zona para la pausa obligada. Si no tienen edad suficiente para ayudar a diseñarla, no tienen edad suficiente para utilizarla. Explíqueles que el propósito de la pausa obligada positiva no es castigar ni infligir sufrimiento. Pídales que sugieran cosas que podrían hacer para sentirse mejor mientras están en esta zona, por ejemplo, leer, jugar con juguetes, descansar o escuchar música.

La idea de que los niños puedan hacer algo agradable durante la pausa obligada es cuestionable para muchos padres y profesores. Estas personas creen que permitir a los niños jugar con juguetes, leer, descansar o escuchar música es premiarlos por su mala conducta. Estos adultos están cegados por la creencia de que los niños lo harán mejor si son castigados (se sienten peor) y no han comprendido el hecho de que los niños lo hacen mejor cuando se sienten mejor.

Dada la fama de castigo que tiene la pausa obligada, es aconsejable dejar que nuestros hijos o alumnos le pongan otro nombre. Una profesora de preescolar explicó que ella y sus alumnos habían creado un lugar llamado Espacio. Habían colgado unas redes oscuras en un rincón de la clase con planetas que pendían del techo. El rincón tenía dos cojines porque, a veces, los alumnos se llevaban a un "compañero espacial", libros, muñecos de peluche y auriculares para escuchar música. Otra profesora de preescolar creó una "abuela" rellenando algunas prendas de ropa vieja con trapos. Ella preguntaba a sus alumnos: "¿Te ayudaría irte a sentar un rato en el regazo de la abuela?".

Fíjese en la frase "¿Te ayudaría?". Es muy respetuoso dar una alternativa al niño. "¿Qué te ayudaría más ahora, ir a nuestro sitio para tranquilizarnos o incluir este problema en la agenda de la próxima reunión de clase o familia?"

3. *Desarrolle con antelación un plan con sus hijos o alumnos.* Explique que o a uno de los dos o a ambos puede irle bien tomarse un tiempo para tranquilizarse antes de intentar resolver el problema. Los padres y profesores a menudo admiten que son ellos quienes necesitan darse tiempo, aunque eso signifique únicamente respirar hondo unas cuantas veces. Diga a los niños que pueden "elegir" irse a la zona para la pausa obligada positiva si creen que eso va a ayudarles.

   Cuando un niño se porta mal, algunos padres le preguntan: "¿Te ayudaría irte a tu 'sitio feliz'?". Si el niño está demasiado disgustado y dice que no, ellos pueden sugerirle: "¿Quieres que vaya contigo?". ¿Y por qué no? Es posible que ellos lo necesiten tanto como su hijo. Si ese no es su caso, recuerde que la finalidad es ayudar a su hijo a sentirse mejor para que pueda hacerlo mejor. Si su hijo sigue negándose, puede decir "Está bien, creo que voy a ir yo" para dar ejemplo de que la pausa obligada no es nada malo.

4. *Por último, enseñe a los niños que, cuando se sientan mejor, pueden ponerse a pensar en una solución o en cómo compensar lo que han hecho si todavía hay un problema.* Habitualmente, los adultos que rechazan la idea de permitir que los niños hagan algo agradable durante la pausa obligada ni siquiera oyen esta última pauta.

   Algunas escuelas que aplican la disciplina positiva tienen un banco en el patio para las pausas obligadas positivas. Los alumnos aprenden que lo pueden utilizar cada vez que necesiten tiempo para tranquilizarse (sentirse mejor) antes de estar listos para ser respetuosos con los demás o con el equipamiento del patio. Es importante que el profesor o vigilante del patio tenga una actitud respetuosa, amable y firme cuando pregunte a un alumno: "¿Crees que te ayudaría quedarte sentado en el banco hasta que te sientas mejor? ¿O te ayudaría más pensar ahora en una solución o plantear el problema en la próxima reunión?".

No siempre es necesario buscar luego una solución. A veces, la pausa obligada positiva es suficiente para poner fin a la conducta conflictiva. Sentirse mejor es todo lo que necesita el niño para poder comportarse de un modo socialmente más aceptable. Cuando parezca apropiado buscar una solución, las "preguntas de curiosidad" (tratadas en las páginas 21 y 142) pueden ser muy útiles para ayudar a un niño a explorar las consecuencias de sus decisiones y a utilizar lo que ha aprendido para resolver el problema. A veces, un niño puede querer más ayuda para encontrar una solución incluyendo el problema en la agenda de la próxima reunión de familia o clase.

Martha, una alumna de una de mis clases de desarrollo infantil, explicó que había enviado a su hijo a su habitación por portarse mal. Cuando el niño salió al cabo de unos minutos, ella lo envió de vuelta. Cuando le pregunté si su hijo seguía portándose mal al salir de la habitación, ella admitió que no. Se rió al darse cuenta de que no le habría hecho falta enviarlo de regreso a su habitación si hubiera tenido presente que el objetivo era ayudarlo a cambiar su conducta, no demostrarle que ella tenía poder para hacerlo sufrir. La pausa obligada habría sido aún más efectiva si hubiera sido su hijo quien hubiera decidido ir a su "sitio especial", un lugar que él habría ayudado a crear, hasta que se hubiera sentido mejor.

La mayoría de padres y profesores no han aprendido alternativas eficaces al castigo. Resulta más fácil cuando saben que esperar a que su hijo o alumno se tranquilice no es "dejar que salga impune" y no es "permisividad".

> Los métodos positivos que son a la vez amables y firmes cobran sentido cuando los adultos comprenden la conducta humana y los efectos a largo plazo de los métodos disciplinarios. También resulta más fácil cuando padres y profesores saben que, después de la pausa obligada positiva, puede que haga falta buscar una solución. Una de las mejores formas de hacerlo es ayudar a los niños a explorar las consecuencias de sus decisiones haciéndoles "preguntas de curiosidad".

PREGUNTAS DE CURIOSIDAD

Ayudar a los niños a *explorar* las consecuencias de sus decisiones es muy distinto de *imponerles* las consecuencias. Explorar los impulsa a participar, a pensar por sí mismos, a resolver las cosas solos y a decidir qué es importante para ellos y qué quieren. El resultado final es centrarse en las soluciones del problema en lugar de hacerlo en las consecuencias. Imponer consecuencias a menudo incita a la rebelión y a pensar de una forma defensiva y no exploratoria. La clave para ayudar a un niño a explorar es dejar de "decir" y comenzar a hacer preguntas de curiosidad.

Demasiado a menudo, los adultos *decimos* a los niños qué ha sucedido o qué está mal, qué lo ha causado, cómo deberían sentirse al respecto, qué deberían aprender y qué deberían hacer al respecto. Es mucho más respetuoso, motivador y estimulante que les preguntemos qué ha sucedido o qué está mal, qué creen ellos que lo ha causado, cómo se sienten al respecto, qué han aprendido, qué ideas tienen para resolver el problema o cómo pueden utilizar lo que han aprendido en el futuro. Este es el auténtico significado de *educación,* que proviene del término latino *educare,* que significa "hacer salir". Demasiado a menudo, los adultos intentamos inculcar cosas a los niños en lugar de hacerlas salir y luego nos preguntamos por qué no aprenden.

Preguntas de curiosidad típicas

¿Qué estabas intentando conseguir?
¿Cómo te sientes con lo que ha ocurrido?
¿Qué crees que lo ha provocado?
¿Qué has aprendido de esto?
¿Cómo puedes utilizar lo que has aprendido en el futuro?
¿Qué soluciones se te ocurren ahora?

Yo las llamo preguntas de curiosidad típicas porque es importante no tener un guión. La finalidad es ponerse en la piel del niño. Advierta que "¿Por qué?" no se halla entre las preguntas sugeridas. La razón reside en que "¿Por qué?" suele parecer acusador e induce a ponerse a la defensiva. En realidad, todas las preguntas se pueden hacer con un tono de voz acusador. De hecho, "¿Por qué?" da resultado cuando los niños perciben que estamos realmente interesados en su punto de vista. Cuando haga preguntas de curiosidad, las siguientes pautas le resultarán de ayuda:

1. No tenga un guión. No se pondrá en la piel del niño si tiene un guión sobre cómo debería responder él a estas preguntas. Por eso se llaman preguntas de *curiosidad*.
2. No haga preguntas si usted o el niño están disgustados. Espere a que todo el mundo se haya calmado.
3. Haga las preguntas de curiosidad de corazón. Recurra a su sabiduría para hallar una forma de ponerse en la piel del niño y demostrarle empatía y aceptación.

Uno de mis ejemplos favoritos es la vez en que mi hija compartió conmigo su intención de emborracharse en una fiesta. Yo tragué saliva y dije:

–Cuéntame más. ¿Por qué estás pensando en hacer eso?

–Muchos compañeros lo hacen y la impresión es que se lo pasan bien –dijo ella.

Yo me resistí a la tentación de darle un sermón y le pregunté a continuación:

–¿Qué dicen tus amigas sobre ti ahora que no bebes?

Mi hija reflexionó sobre ello y dijo:

–Siempre me están diciendo cuánto me admiran y lo orgullosas que están de mí.

–¿Qué crees que pensarán o dirán después de que te emborraches? –le pregunté. Una vez más, la vi reflexionar antes de decir:

–Seguro que las defraudaría.

–¿Cómo crees que te sentirías tú contigo misma? –añadí. Me di cuenta de que aquella pregunta la hacía pensar un poco más. Se quedó callada y dijo:

–Seguramente me sentiría fatal. –Aquello enseguida fue seguido de–: Creo que no lo haré.

Si yo no hubiera conocido la existencia de las preguntas de curiosidad y el valor de ayudar a mi hija a explorar las consecuencias de sus decisiones, habría estado tentada de imponerle una consecuencia punitiva, tal como castigarla a quedarse en casa. Lo más probable es que eso la hubiera inducido a actuar a mis espaldas en lugar de confiar en que podía hablar las cosas conmigo. La mayor pérdida habría sido que ella no habría tenido la oportunidad de explorar por su cuenta las consecuencias de sus decisiones y lo que realmente quería en la vida.

REVISIÓN

En resumen, centrarse en las soluciones enseña a los niños:

> ***Qué hacer para aprender de un error.*** ¿Cómo podemos arreglar esto? ¿Qué hace falta? Algunas cosas no se pueden arreglar del todo, pero ¿qué es lo mejor que se puede hacer?

Cómo pueden desarrollar sus cualidades. Cuando son los niños quienes aportan las soluciones, o si las sugieren conjuntamente adultos y niños y estos deciden luego cuál será más útil, los niños se sienten motivados para utilizar sus facultades personales de formas constructivas y útiles.

Cómo los errores son oportunidades para aprender. Los niños aprenden que los errores no son terribles si no nos torturamos por haberlos cometido y los concebimos como una oportunidad para aprender.

Cómo desarrollar sus habilidades para resolver problemas. ¿Puede imaginarse cómo sería el mundo si todo el mundo tuviera estas habilidades?

Cómo pararse, tranquilizarse y resolver el problema en lugar de reaccionar. ¡Una magnífica capacidad para la vida!

Cómo ser creativos ante un problema imprevisto *en lugar de sentirse mal y darse por vencidos.*

Cómo tener reacciones apropiadas (socialmente útiles). Los niños aprenden qué hacer en vez de qué no hacer. Las consecuencias lógicas más eficaces también son las soluciones. (Son útiles.)

Los padres y profesores que están comenzando a utilizar los métodos de la disciplina positiva deberían aplicarlos de uno en uno y acordarse de tener valor para ser imperfectos. Para poner fin a la guerra de la disciplina (la paz en el mundo puede empezar con paz en los hogares y en las escuelas), es imprescindible no entablar luchas de poder y crear un ambiente donde los efectos a largo plazo para niños y adultos sean el respeto mutuo, la responsabilidad, la sensación de capacidad personal, la iniciativa y unas buenas habilidades para resolver los problemas. Es importante concebir los errores como oportunidades para aprender. Centrarse en las soluciones es una de las mejores formas de alcanzar estos objetivos.

Herramientas de la disciplina positiva

1. Centrarse en las soluciones.
2. Las tres "R" y una "U" de centrarse en las soluciones.
3. Identificar el problema y sugerir posibles soluciones.
4. Eliminar las soluciones que son irrespetuosas antes de pedir a los niños que elijan la solución que consideran más útil.
5. Tranquilizarse antes de resolver un problema.
6. Pausa obligada positiva.
7. Preguntar a los niños qué les ayudaría y, cuando sea posible, darles al menos una alternativa.
8. Utilizar las reuniones de familia o clase para resolver los problemas.
9. Hacer preguntas de curiosidad a los niños para ayudarlos a explorar las consecuencias de sus decisiones.

Preguntas

1. ¿Cuáles son las tres "R" y una "U" de centrarse en las soluciones?
2. ¿Cuál es la pregunta clave para centrarse en las soluciones?
3. ¿Cuál es la diferencia entre las listas de sugerencias que se centran en las consecuencias y las listas de sugerencias que lo hacen en las soluciones?
4. ¿Qué preguntas podemos hacer para ayudar a los niños a eliminar las sugerencias punitivas?

5. ¿Por qué es importante darnos tiempo para tranquilizarnos antes de ponernos a buscar soluciones?
6. ¿En qué se diferencia la pausa obligada positiva de la pausa obligada convencional?
7. Como persona adulta, ¿qué sentiría, pensaría y decidiría usted si un compañero le enviara a su habitación?
8. ¿Qué sentiría, pensaría y decidiría usted si supiera que, siempre que necesite sentirse mejor, podrá ir a tranquilizarse a una zona especial que usted ha creado?
9. ¿Por qué es absurdo advertir a un niño de que "piense en lo que ha hecho"?
10. ¿Cuáles son las pautas importantes para instruir a los niños en la pausa obligada positiva?
11. ¿Qué es aconsejable hacer con los niños después de la pausa obligada positiva, o para ayudarlos a explorar las consecuencias de sus decisiones?
12. ¿Cuál es la diferencia entre imponer una consecuencia a un niño y ayudarlo a explorar las consecuencias de sus decisiones?
13. ¿Por qué es importante ser amables y firmes al mismo tiempo?
14. ¿Por qué es difícil para los adultos ser amables y firmes al mismo tiempo?
15. ¿Por qué es aconsejable evitar abordar un conflicto cuando estamos disgustados?
16. ¿Qué temen los adultos que ocurra si no abordan el conflicto de inmediato?
17. ¿Por qué es más eficaz pedir a los niños que participen en el establecimiento de los límites?

Capítulo 7

CÓMO UTILIZAR LA MOTIVACIÓN DE UN MODO EFICAZ

¿Se te iluminan los ojos cuando entran en la habitación?
–Toni Morrison

Si un niño se acercara a usted y le dijera inocentemente "Soy un niño y solo quiero que me tengan en cuenta", ¿se enojaría usted y lo daría de lado? ¡Por supuesto que no! Lo que la mayoría de adultos no advierten es que todo niño que se porta mal está inconscientemente diciendo: "Solo quiero que me tengan en cuenta y tengo algunas ideas equivocadas sobre cómo lograrlo". Naturalmente, este mensaje está expresado en clave. Los adultos pueden motivar más a los niños cuando aprenden a comprender el "código de la mala conducta".

Como se ha dicho en el capítulo 4, los niños que se portan mal son niños desanimados. Su mala conducta nos está transmitiendo que no se sienten tenidos en cuenta ni importantes y tienen una creencia errónea sobre cómo conseguirlo. Podremos reorientar mejor las malas conductas hacia conductas positivas cuando recordemos que la mala conducta se sustenta en una creencia oculta desalentadora.

Dreikurs incidió en la motivación y la consideró una de las aptitudes más importantes que los adultos pueden aprender para ayudar a los niños. Dijo en muchas ocasiones: "Los niños necesitan motivación, de igual forma que las plantas necesitan agua.

No pueden sobrevivir sin ella". Aceptando esta premisa, es obvio que la mejor manera de ayudar a un niño que se porta mal es motivándolo. Cuando deja de estar desanimado, también cesa su necesidad de portarse mal. Aunque esto es cierto, no es fácil actuar de un modo motivador con un niño que se está portando mal y muchos adultos no saben cómo hacerlo.

A veces, motivar no es fácil porque para los adultos es normal reaccionar negativamente a las malas conductas en vez de actuar de modos que aborden el mensaje en clave que estas transmiten y motivar a los niños para que se porten mejor. Otro motivo por el que no es fácil motivar reside en que muchos adultos están convencidos de que el castigo motiva a los niños para que se porten mejor. La mayoría de padres y profesores que creen que el castigo da resultado no han explorado sus efectos negativos a largo plazo. Incluso quienes los han explorado y han aceptado que castigar no es bueno, siguen recayendo en este viejo hábito.

Puede animarnos saber que es normal recaer en nuestros viejos hábitos. Todos tenemos "cosquillas" y los niños saben cómo buscárnoslas. Cuando nos buscan las cosquillas, parecemos revertir a nuestro cerebro reptil primitivo. Puede que no nos "comamos" a nuestros hijos, pero, desde luego, cuando nos disgustamos y reaccionamos, "carcomemos" su sensación de que se los tiene en cuenta y son importantes. En un momento conflictivo, es probable que tanto adultos como niños reaccionen irracionalmente. No es extraño que nadie se escuche. Este no es un buen momento para enseñar nada constructivo y, no obstante, es el momento en que los adultos creen que deben abordar el conflicto. Si no lo hacen, están "dejando que el niño salga impune". Esta es solo una de las razones para hacer una pausa obligada positiva, a fin de que adultos y niños se tranquilicen y se sientan mejor (y accedan a su cerebro racional) antes de intentar resolver el problema.

Incluso cuando los adultos están calmados, motivar puede parecerles una noción muy bonita, pero vaga en su aplicación cuando no saben cómo hacerlo. Este libro se centra en la motivación. Todos los métodos tratados están concebidos para ayudar a niños y adultos a sentirse motivados. Motivar es brindar a los niños oportunidades para desarrollar las percepciones de "Soy capaz, puedo ser útil y puedo influir en lo que me pasa o en cómo reacciono". Motivar es enseñar a los niños las competencias para la vida y la responsabilidad social que necesitan para tener una vida y unas relaciones satisfactorias. Motivar puede ser tan sencillo como dar un abrazo a un niño para ayudarlo a sentirse mejor y, con ello, a hacerlo mejor.

Hace muchos años, decidí comprobar la validez de esta teoría. Mi hijo de dos años había estado gimoteando y yo estaba tan enfadada que tenía ganas de pegarle. En vez de eso, recordando el concepto de motivación, me arrodillé, le di un abrazo y le dije cuánto le quería. No solo dejó él de gimotear y llorar, sino que mi enfado se esfumó como por arte de magia cuando recordé el mensaje en clave que transmitía su conducta y dediqué unos minutos a hacer algo motivador en vez de punitivo.

Por desgracia, la motivación no siempre es tan sencilla como podría sugerir este ejemplo. Hay tres razones principales para ello:

1. A los adultos les cuesta recordar que, cuando un niño se porta mal, en realidad está diciendo: "Solo quiero que me tengan en cuenta".
2. Aunque los adultos suelen ser muy hábiles castigando, no lo son motivando.
3. Los niños no siempre están listos para que los motiven en el momento del conflicto.

EL MOMENTO JUSTO

En el ejemplo anterior, mi hijo reaccionó favorablemente a la motivación mientras estaba gimoteando. A veces, la motivación solo es bien recibida cuando ambas partes se han calmado. En el momento del conflicto, sobre todo si el objetivo erróneo es la búsqueda de poder o venganza, adultos y niños pueden estar demasiado enfadados para poder dar y recibir motivación. Por esta razón, retirarse amistosamente (pausa obligada positiva para el adulto o el niño, o para ambos) suele ser la mejor forma de actuar en el momento del conflicto. Si no podemos ignorar la conducta conflictiva hasta que nosotros y el niño hayamos tenido ocasión de tranquilizarnos, debemos utilizar al menos mensajes en primera persona para expresar nuestros sentimientos e intenciones, no comentarios hirientes o culpabilizadores.

Los adultos podemos retirarnos del conflicto diciendo: "Creo que los dos estamos demasiado disgustados para hablar de esto ahora, pero me gustaría reunirme contigo cuando los dos hayamos tenido tiempo para calmarnos". Esto es especialmente eficaz si usted ya ha comentado durante una reunión de clase el concepto de hacer una pausa obligada positiva para calmarse y si sus alumnos han ayudado a crear una zona en el aula destinada a ello. Si celebra reuniones de clase o familia, también puede plantear la alternativa: "¿Querrías incluir tú este problema en la agenda de la reunión o prefieres que lo haga yo?". Otra alternativa podría ser: "¿Qué te ayudaría más ahora, hacer una pausa obligada positiva o incluir este problema en la agenda de la próxima reunión para obtener ayuda más adelante?".

Si no consigue motivar a sus hijos o alumnos, es posible que no lo esté haciendo en el momento indicado. Reconocer la importancia de darse tiempo para tranquilizarse le ayudará a tener un mayor éxito.

RESPETO MUTUO

El respeto mutuo incorpora las actitudes de tener (a) fe en las capacidades propias y ajenas; (b) interés en el punto de vista ajeno aparte del propio, y (c) una buena disposición para responsabilizarse de la propia contribución al problema. La mejor forma de enseñar estas actitudes a los niños es dando ejemplo de ellas. Veamos cómo pueden combinarse los conceptos de motivar en el momento justo y obtener colaboración con la noción de respeto mutuo.

Jason, un alumno de la clase de quinto del señor Bradshaw, a menudo perdía los nervios y se mostraba hostil con los demás, incluyendo al señor Bradshaw, durante la clase. El señor Bradshaw había probado diversas formas de castigo, que solo parecían intensificar los arrebatos de Jason. Lo había enviado al despacho del director. Lo había dejado castigado después de clase para escribir quinientas frases sobre cómo dominar su genio. Finalmente, le había exigido que saliera de clase y se sentara en un banco hasta haberse calmado. A veces, Jason se ponía a dar saltos delante de la ventana, haciendo muecas. Cuando regresaba a clase, su actitud era beligerante y enseguida tenía otro arrebato.

El señor Bradshaw decidió probar con la motivación, teniendo presentes los conceptos de darla en el momento indicado, obtener colaboración y partir de un respeto mutuo. Comenzó pidiendo a Jason que se quedara después de clase para poder estar a solas con él. Cuando Jason fue a verlo después de clase, se encontró con un profesor mucho más afable. En primer lugar, el señor Bradshaw le dio las gracias por dedicar su valioso tiempo a quedarse después de clase. Luego le dijo que le gustaría mucho que pensaran juntos en una solución que les pareciera bien a los dos. Se responsabilizó de su contribución al problema diciendo a Jason que, por mucho que él se disgustara cuando sus arrebatos alteraban la clase, había sido irrespetuoso por su parte utilizar erróneamente el castigo como un modo de motivarlo para que se portara mejor. A continuación, añadió que no quería recurrir más a los castigos y necesitaba la ayuda de Jason. Le preguntó si estaba dispuesto a pensar con él en un modo de resolver el problema.

Jason aún no estaba dispuesto a colaborar y mostró su hostilidad declarando que él no podía evitar que sus compañeros lo pusieran tan furioso. (Recuerde que los niños pueden tardar un tiempo en confiar en nosotros cuando cambiamos de actitud.) El señor Bradshaw le dijo que comprendía cómo se sentía, porque a veces a él también lo ponían muy furioso otras personas. Aquello captó la atención de Jason. Miró al señor Bradshaw con evidente sorpresa y alivio. Este le explicó entonces que, cuando se enfadaba, notaba que a su cuerpo le pasaban algunas cosas, como hacérsele un nudo en el estómago o tensar los hombros. Preguntó a Jason si él notaba que le pasara alguna cosa a su cuerpo cuando se enfadaba. A él no se le ocurrió ninguna. El señor Bradshaw le preguntó entonces si estaría dispuesto a probar un experimento y prestar atención a su cuerpo la próxima vez que se pusiera furioso. Jason accedió. Acordaron verse después de clase la próxima vez que eso ocurriera para que Jason le pudiera contar qué había descubierto.

Pasaron cinco días antes de que Jason tuviera otro arrebato en clase: mucho tiempo para él. Es posible que se sintiera tenido en cuenta e importante por el mero hecho de que el señor Bradshaw hubiera invertido su tiempo en colaborar con él de un modo afable y respetuoso. Durante un tiempo, no tuvo necesidad de demostrarse que lo tenían en cuenta portándose mal. No obstante, aquello no duró eternamente.

La próxima vez que Jason tuvo una rabieta, el señor Bradshaw le puso una mano en el hombro con suavidad y dijo: "Jason, ¿te has fijado en lo que le acaba de pasar a tu cuerpo? –Aquella pregunta interrumpió la rabieta de Jason impulsándolo a pensar. El señor Bradshaw añadió, con interés y entusiasmo–: Ven a verme después de clase y me lo cuentas".

Cuando Jason fue a verlo, le explicó que, cuando se estaba enfadando, había notado que había empezado a apretar los puños y los dientes. El señor Bradshaw le preguntó si estaría dispuesto a "pillarse" la próxima vez que empezara a enfadarse y a responsabilizarse de su enfado saliendo de clase hasta haberse tranquilizado. Añadió que no hacía falta que le pidiera permiso, porque él sabría qué es lo que estaba haciendo y tendría fe en su capacidad para resolver solo la situación. A continuación, le preguntó qué podía hacer para sentirse mejor mientras estuviera fuera de clase.

–No sé –dijo Jason.

–¿Qué me dices de contar hasta diez o hasta cien, de pensar en cosas felices o de apreciar la belleza del día? –sugirió el señor Bradshaw.

–Vale –dijo Jason.

Una vez más, Jason tardó otros cinco o seis días en volver a tener una rabieta. Una vez más, su profesor lo motivó hablando respetuosamente sobre su problema. Una vez más, la motivación no duró para siempre. A la semana siguiente Jason salió de clase tres veces, quedándose afuera de tres a cuatro minutos antes de volver a entrar, visiblemente más calmado. Cada vez, el señor Bradshaw le hacía una señal con el dedo y le guiñaba un ojo en reconocimiento de su conducta responsable. El señor Bradshaw no estaba seguro de qué hacía Jason para calmarse, pero agradecía que no hiciera muecas por la ventana. Jason continuó responsabilizándose de su ira y saliendo de clase entre cuatro y cinco veces a la semana. Pasaron tres semanas antes de que perdiera el control y gritara a un compañero, olvidándose de salir afuera.

El señor Bradshaw habló con él durante la hora del almuerzo y lo elogió por lo bien que lo había estado haciendo. Añadió que todo el mundo comete errores mientras aprende y le preguntó si estaría dispuesto a seguir esforzándose por mejorar. Jason estuvo de acuerdo. El señor Bradshaw refirió que, durante el resto del curso, Jason salió de vez en cuando de clase, pero tuvo muy pocos arrebatos. Cuando volvía a entrar después de tranquilizarse, él continuaba guiñándole el ojo y sonriéndole. Jason no se volvió perfecto, pero mejoró mucho. El señor Bradshaw dijo lo siguiente durante una reunión de profesores: "Jason solía perder los estribos varias veces al día. Ahora lo hace una o dos veces al mes. Lo soportaré". El señor Bradshaw estaba especialmente complacido porque la relación entre ellos había mejorado tanto que ahora le resultaba mucho más grata.

MEJORAR, NO ALCANZAR LA PERFECCIÓN

El ejemplo anterior también ilustra el concepto de esforzarse por mejorar, en lugar de aspirar a la perfección. La perfección es una expectativa muy poco realista y muy desalentadora para quienes sienten que deben alcanzarla. Los niños prefieren no intentarlo en absoluto a sentirse constantemente desanimados por no estar a la altura de la perfección que un adulto espera de ellos o ellos mismos se exigen. Reconocer que un niño mejora es motivador y lo induce a continuar esforzándose.

La señora Bradley estaba desanimada porque su hijo, Alberto, tenía problemas en la escuela. Su profesora lo estaba castigando a escribir cincuenta frases cada vez que se portaba mal. Alberto se negaba, por lo que su profesora le doblaba el castigo. A la señora Bradley le preocupaba que Alberto se estuviera convirtiendo en un delincuente, por lo que comenzó a darle sermones y regañarlo. Ahora, Alberto estaba siendo castigado en casa y en la escuela. Él se rebeló todavía más actuando como si todo le diera igual y detestó ir a la escuela. La señora Bradley concertó por fin una reunión con la profesora. En ella, le preguntó qué porcentaje de las conductas de Alberto eran "malas". La profesora dijo que un 15 % más o menos. La señora Bradley se quedó asombrada al darse cuenta de la mala reputación que Alberto estaba adquiriendo (y perpetuando), porque se estaba prestando más atención al 15 % correspondiente a sus malas conductas que al 85 % correspondiente a las buenas.

La señora Bradley estaba asistiendo a un grupo de estudio para padres y explicó a la profesora alguna de las cosas que estaba aprendiendo allí. Ella estuvo muy interesada en conocer soluciones no punitivas. Decidieron desarrollar un plan positivo para trabajar con Alberto. Durante otra reunión, con Alberto presente, todos acordaron que, cada vez que él alterara la clase o fuera irrespetuoso, lo compensaría haciendo algo útil, por ejemplo, ayudando a la profesora o a otro alumno que necesitara ayuda o enseñando una parte de la lección. Las malas conductas de Alberto se reorientaron hacia conductas útiles. Después de aquello, el niño tuvo pocos problemas de conducta. Su profesora también comenzó a celebrar reuniones de clase, con lo que los pocos problemas que planteaba eran resueltos por la totalidad de la clase.

El castigo negativo incita a la rebelión y es muy desalentador para el niño, los padres y el profesor. Cuando los adultos los tratan con respeto, procuran resolver juntos el problema, los motivan y se centran en las soluciones, los niños se sienten tenidos en cuenta y se portan de un modo responsable.

CENTRARSE EN LAS CONDUCTAS POSITIVAS, NO EN LAS NEGATIVAS

Como ilustra la gráfica siguiente, la conducta de nuestro hijo o alumno puede ser positiva en un 85 % y negativa en un 15 % y, no obstante, ¿en qué se fijan la mayoría de padres y profesores?

LO QUE VEMOS ES LO QUE OBTENEMOS

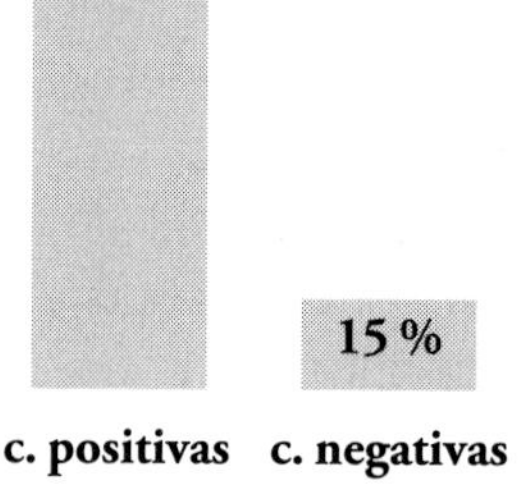

Cuando invertimos el 85 % de nuestro tiempo y energía en centrarnos en el 15 % de conductas negativas, estas aumentarán y las positivas pronto desaparecerán. Lo que vemos es lo que obtenemos. Por otra parte, si invertimos el 85 % de nuestro tiempo y energía reconociendo y motivando las conductas positivas, las negativas no tardarán mucho en desaparecer y las positivas aumentarán hasta el 100 % porque eso es todo lo que vemos. Centrarnos en las conductas positivas es motivador para nosotros y para los demás.

REORIENTAR LAS MALAS CONDUCTAS

Busque los aspectos positivos de la conducta de cada niño. Los niños que alteran la clase suelen tener dotes de mando. Cuando usted ve esto, no es demasiado difícil colaborar con ellos y ayudarlos a reorientar su conducta hacia otra que sea útil. El programa para formar a alumnos como tutores de sus compañeros descrito en el Apéndice II se basó en este concepto. Los profesores recomendaron a alumnos que tenían dotes de mando, pero las estaban utilizando de un modo perjudicial para la clase. Estos alumnos fueron formados para orientar a sus compañeros y utilizaron sus dotes para ayudar a otros alumnos.

Un profesor de preescolar que estaba muy familiarizado con el concepto de reorientar las malas conductas lo hacía muy a menudo. Debbie no quiso limpiar lo que había ensuciado después de la clase de manualidades. El profesor la nombró supervisora de la limpieza y le enseñó cómo enseñar a sus compañeros a limpiar lo que ensuciaban. Sean siempre derribaba las construcciones de otros niños. El profesor lo nombró jefe de patrulla de los bloques de construcción. Su trabajo consistía en enseñar a otros niños a jugar juntos con los bloques de construcción y en ayudarles cuando era hora de recogerlos.

REPARAR EL DAÑO

Esto es muy parecido a reorientar la mala conducta, pero implica más a los niños en el proceso de resolución del problema. Cuando un niño hace algo irresponsable o irrespetuoso, es importante brindarle la oportunidad de repararlo haciendo algo para compensar a la parte ofendida. Cuando Alberto alteraba la clase, le hacía más difícil el trabajo a la profesora. Esta le brindaba la oportunidad de compensarla haciendo algo para facilitarle el trabajo. Esto no da resultado si la actitud del adulto es punitiva. Es muy eficaz cuando su actitud es afable y respetuosa y cuando el niño participa en la decisión de cómo reparar el daño que ha hecho.

Judy y Linda arrojaron naranjas contra el coche de un vecino. Su madre se sentó con las dos y les hizo afablemente preguntas de curiosidad. Primero reconoció:

–Debe de haberos parecido muy arriesgado y divertido arrojar naranjas contra el coche del señor Siebert, pero me gustaría comentaros una cosa. Seguro que no habéis pensado en cómo se sentiría él cuando viera cómo le habéis dejado el coche.

Las dos niñas parecieron sentirse un poco culpables.

–¿Cómo creéis que se habrá sentido? ¿Cómo os sentiríais vosotras si alguien le hiciera eso a vuestro coche? –prosiguió su madre.

Las niñas admitieron que no les gustaría.

Su madre les preguntó entonces:

–¿Qué podríais hacer para compensar al señor Siebert?

Las niñas se encogieron de hombros y dijeron que no lo sabían.

Su madre perseveró:

–Niñas, no se trata de que os metáis en ningún lío. Todos cometemos errores. Se trata de aprender de los errores y de hacer lo que podáis para repararlos. Vosotras sois buenas resolviendo problemas. ¿Qué os haría sentir mejor si tuvierais un coche y alguien arrojara naranjas contra él?

–Supongo que querría que se disculpara –dijo Linda.

–¿Algo más? –preguntó su madre.

–Yo querría que me lavara el coche –dijo Judy.

–Me parecen unas ideas excelentes. ¿Estaríais dispuestas a hacer eso por el señor Siebert? –preguntó su madre.

Las dos niñas tenían reticencias, pero admitieron que era lo correcto.

Su madre dijo:

–Sé que esto es duro y también sé que las dos os sentiréis mejor cuando lo hayáis hecho. ¿Queréis que vaya con vosotras, o queréis ir solas a hablar con el señor Siebert?

Las niñas acordaron que irían solas.

Judy y Linda tuvieron suerte de que el señor Siebert fuera capaz de apreciar lo que estaban haciendo. Reconoció que hacía falta valor para admitir su error y hacer algo al respecto. Si hubiera sido un cascarrabias, su madre habría seguido apoyándolas para que intentaran reparar su error. Aun cuando la gente no acepte amablemente sus disculpas, es fácil imaginar que Linda y Judy pensarán más en las consecuencias de sus decisiones en el futuro.

Cinco alumnos varones de una escuela de educación primaria fueron sorprendidos mientras hacían pintadas en las puertas de las clases. El conserje les permitió reparar el daño ayudándole a pintar las puertas. La actitud del conserje fue tan respetuosa que indujo a estos niños a enorgullecerse de su trabajo y a disuadir a otros niños de hacer destrozos.

Reparar el daño es motivador porque enseña responsabilidad social. Los niños se sienten mejor consigo mismos cuando están ayudando a otras personas. Reparar el daño es motivador cuando se realiza de una forma no punitiva porque los niños tienen ocasión de aprender de sus errores y corregir cualquier problema que hayan causado. Reparar el daño es motivador porque los niños aprenden que pueden responsabilizarse de su conducta sin temor a que les culpen, avergüencen o inflijan daño.

Es triste que algunos adultos incidan más en que los niños sientan culpa, vergüenza o dolor por lo que han hecho que en que reparen el daño y experimenten la clase de motivación que los impulsará a dejar de portarse mal. De hecho, la mayoría de estos adultos creen erróneamente que ayudar a un niño a sentirse mejor premia su mala conducta y lo motiva para seguir portándose mal. Es importante señalar que los niños no "salen impunes" cuando los motivamos para que reparen el daño que han hecho. Aprenden a responsabilizarse de sus errores con su dignidad y su respeto intactos.

EVITAR LA PRESIÓN SOCIAL

Cuando los adultos nos sentimos presionados socialmente, puede costarnos ser eficaces. Cuando sus amigos, vecinos, familiares u otros profesores estén observando su interacción con niños que se portan mal, usted puede tener la sensación de que su eficacia como progenitor o profesor se está juzgando en virtud de cómo abordar la situación. Es fácil, en estas circunstancias, creer que estos observadores esperan la perfección inmediata: de ahí la presión. Usted puede verse tentado de recurrir al castigo para satisfacer a los observadores, ya que parece ser lo que da resultado con más rapidez.

Hace falta mucho valor para pensar con claridad y hacer lo más eficaz en un momento donde hay presión social. Un verano nos fuimos de excursión con varios amigos. Nuestro hijo mayor, Mark, era muy deportista y cargó con su mochila durante los casi diez kilómetros de descenso por el cañón. Cuando nos estábamos preparando para el largo y abrupto trayecto de regreso, Mark se quejó de cuánto le molestaba la mochila. Su padre dijo en tono jocoso: "Podrás soportarlo. Eres hijo de un marine".

Mark sentía demasiado dolor para que aquello le hiciera gracia, pero inició el ascenso de todas formas. No se había alejado mucho cuando vimos su mochila rodando hacia nosotros. Yo creí que se había caído y le pregunté, preocupada, qué había sucedido. Enojado, Mark gritó: "¡Nada! ¡Me hace daño!", y continuó subiendo sin su mochila. El resto del grupo observó aquello con interés. Un adulto se ofreció a llevar la mochila. Yo estaba muerta de vergüenza y sentía, además, la presión social de haber escrito un libro sobre disciplina positiva.

Enseguida superé mi ego y recordé que lo más importante era resolver el problema de un modo que ayudara a Mark a sentirse motivado y responsable. Primero pedí al resto del grupo que por favor se adelantara para que pudiéramos abordar el problema en privado. Luego utilizamos los cuatro pasos para obtener colaboración, descritos en el capítulo 2. Dije a Mark:

–Seguro que te ha enfurecido que no te hayamos tomado en serio cuando tú has intentado decirnos que la mochila te hacía daño incluso antes de empezar a andar.

–Sí, y no voy a llevarla –respondió Mark.

Le dije que era lógico y que yo me habría sentido exactamente igual que él en esas circunstancias.

Su padre se disculpó con él y le pidió otra oportunidad para resolver el problema. A Mark se le pasó visiblemente el enfado. Ahora estaba listo para colaborar. Él y su padre encontraron un modo de colocar su abrigo en la parte de la espalda que le dolía para acolchar la mochila. Mark la llevó durante el resto del trayecto sin apenas quejarse.

Cuando se sienta socialmente presionado, aléjese del público. Márchese usted o pida de forma respetuosa a los demás que se vayan ellos para poder resolver el problema en privado.

IMP

PROGRAMAR RATOS ESPECIALES

Una de las cosas más motivadoras que los padres pueden hacer por sus hijos es pasar regularmente con ellos ratos especiales. Es

IMP

posible que usted pase ya mucho tiempo con su hijo. No obstante, hay una diferencia entre los ratos que pasa con él por obligación, los que pasan juntos porque sí y los ratos especiales.

Antes de los dos años, los niños exigen mucho tiempo y no tienen edad suficiente para comprender el concepto de "rato especial". Mientras perciban que disfrutamos en su compañía, no es necesario pasar ratos especiales con ellos. Entre los dos y los seis años, los niños necesitan saber que todos los días vamos a pasar con ellos un rato especial de al menos diez minutos. Más tiempo es incluso mejor, pero se sorprenderá de lo mágicos que pueden ser diez minutos si ese es todo el tiempo que usted puede dedicar.

Entre los seis y los doce años, los niños pueden no necesitar pasar un rato especial con nosotros todos los días (júzguelo usted), pero les gusta saber que les dedicaremos al menos media hora semanal. Cada familia decidirá la hora concreta y la duración. Para un niño, un rato especial puede consistir en tomarse un vaso de leche con galletas después de clase mientras nos cuenta cómo le ha ido el día, o en pasar una hora con nosotros todos los sábados. Lo importante es que él sepa exactamente cuándo puede contar con estos ratos que nosotros hemos reservado exclusivamente para él.

Hay varias razones por las que los ratos especiales son tan motivadores:

1. Los niños se sienten tenidos en cuenta e importantes cuando saben que van a pasar un rato especial con nosotros. Sienten que son importantes para nosotros.
2. Estos ratos especiales programados nos recuerdan por qué hemos tenido hijos en primer lugar: para disfrutar de ellos.
3. Cuando estamos ocupados y nuestros hijos quieren que les prestemos atención, para ellos es más fácil aceptar que no tenemos tiempo cuando decimos: "Cielo, ahora

mismo no puedo, pero tengo muchas ganas de que lleguen las cuatro y media para poder pasar juntos nuestro rato especial".

Planee con sus hijos qué van a hacer en los ratos especiales. Hagan sugerencias para elaborar una lista de las cosas que les apetecería hacer. Mientras estén haciendo las sugerencias, no las valore ni las elimine. Más adelante, pueden repasarla juntos y clasificarlas. Si algunas cosas cuestan demasiado dinero, póngalas en una lista de cosas para las que hay que ahorrar dinero. Si la lista contiene cosas que ocupan más de los diez a treinta minutos que dura el rato especial, póngalas en una lista de cosas que se pueden programar para momentos de diversión familiar más largos.

Yo a menudo sugiero que los padres descuelguen el teléfono para hacer hincapié en que se trata de un rato especial ininterrumpido. No obstante, una madre dejaba colgado el teléfono mientras pasaba su rato especial con su hija de tres años. Si el teléfono sonaba, ella contestaba y decía: "Lo siento. Ahora no puedo hablar contigo. Estoy pasando mi rato especial con Lori". La niña sonreía cuando oía a su madre decir a otras personas lo importante que era pasar aquel rato con ella.

Los profesores quizá se sorprendan de cuán eficaz puede ser pasarse dos o tres minutos con un alumno después de clase sin hablar de sus problemas. En vez de eso, pueden hacerle preguntas tales como: "¿Qué es lo que más te gusta hacer para divertirte?". Luego, pueden explicarle qué les gusta hacer a ellos para divertirse.

Los alumnos se sienten muy especiales cuando un profesor les cuenta cosas personales. Muchos profesores han referido que pasar unos pocos minutos especiales con un alumno después de clase le ha ayudado a sentirse lo bastante motivado como para dejar de portarse mal, aunque su mala conducta no se mencionara durante ese rato.

La señora Petersen estaba preocupada por una alumna de su clase cuyo objetivo erróneo era la búsqueda de poder. Debbie a menudo se negaba a trabajar en clase y era abiertamente hostil con comentarios desdeñosos y expresiones de malhumor. Un día, la señora Petersen le pidió que se quedara después de clase. Debbie lo hizo, con aspecto de estar preparada para una batalla. La señora Petersen no aludió a ninguna conducta problemática; en vez de eso, le preguntó si quería contarle la cosa más divertida que había hecho el día anterior. Debbie no respondió. La señora Petersen pensó: "Esto no está dando resultado", pero perseveró. "Bueno, a mí sí me gustaría contarte qué hice ayer para divertirme". Luego le contó algo que había hecho con su familia la noche anterior. Debbie siguió negándose a responder. La señora Petersen le dijo que podía irse, pero que le encantaría escuchar lo que a ella le apeteciera contarle sobre cómo se divertía.

La señora Petersen se quedó desanimada, pensando que su intento no había sido muy fructífero. No obstante, al día siguiente, observó que Debbie ya no tenía una actitud beligerante ni se mostraba hostil. Después de clase, le enseñó un dibujo que había hecho de ella y una amiga yendo en bicicleta. Le explicó que esa era la cosa más divertida que había hecho el día anterior. La señora Petersen le explicó entonces otra cosa divertida que había hecho ella.

Si lo analiza, comprenderá por qué puede producir una conversación tan corta resultados tan espectaculares. En primer lugar, el niño se siente especial por la atención que le prestan. Es posible que al principio rechace esta atención especial porque sospecha que probablemente va a ser otra sesión de reprimendas y sermones. En segundo lugar, el niño se sorprende gratamente cuando el profesor ignora sus problemas de conducta. En tercer lugar, los adultos a menudo mostramos interés por que los niños nos cuenten cosas, pero no manifestamos un respeto mutuo contándoselas a ellos. Un niño puede sentirse más tenido en cuenta e importante cuando le contamos algo personal.

Sugiero que los profesores pasen un rato especial de unos minutos de duración con cada alumno de su clase a lo largo del curso. Es mejor empezar por el alumno que parezca más desanimado, pero hay que llevar la cuenta para no dejarse a ninguno. Muchos profesores se quejan de que no tienen tiempo para pasar ratos especiales con sus alumnos. Es cierto que los profesores sufren mucha presión para ayudar a sus alumnos a aprobar los exámenes académicos. No obstante, los que comprenden que la motivación es igual de importante que los estudios, si no más, encuentran unos minutos para pasar un rato especial con sus alumnos mientras ellos hacen ejercicios, durante el patio o cuando terminan las clases.

Los padres pueden incorporar el concepto de rato especial a las rutinas previas a acostar a sus hijos (aunque estas rutinas no deberían sustituir al rato especial que pasan con ellos durante el día). Cuando la señora Bruner acostaba a sus hijos por la noche, les pedía que le contaran primero la cosa más triste que les había sucedido ese día y luego la más alegre. A continuación, ella les contaba lo más triste y lo más alegre de su día. Al principio, sus hijos aprovechaban esta oportunidad para quejarse de cosas tristes y a veces terminaban llorando. Ella aguardaba pacientemente a que se tranquilizaran y luego decía: "Me alegro de que puedas contarme lo que te pasa. Mañana, cuando no estés tan disgustado, hablaremos un poco más para ver si podemos encontrar alguna solución. Ahora cuéntame la cosa más alegre". Si el niño no podía pensar en nada alegre, la señora Bruner le contaba algo alegre que le había sucedido a ella. Cuando sus hijos se habituaron a aquella rutina, le contaban las cosas tristes con naturalidad, seguidas de ideas sobre cómo resolver o evitar un problema similar en el futuro. Sus hijos pronto disfrutaron más contándole las cosas alegres que las tristes.

MOTIVACIÓN FRENTE A ELOGIOS

Desde hace muchos años, hay una gran campaña a favor de las virtudes de los elogios para ayudar a los niños a desarrollar un concepto positivo de sí mismos y mejorar su conducta. Esta es otra ocasión en la que debemos "tener cuidado con lo que da resultado". Los elogios pueden inducir a algunos niños a mejorar su conducta. El problema reside en que pueden convertirlos en adictos a la aprobación externa. Estos niños (y, más adelante, estos adultos) pueden desarrollar un concepto de sí mismos que depende por completo de las opiniones ajenas. Otros niños se rebelan contra los elogios, sea porque no quieren estar a la altura de lo que los demás esperan de ellos, sea porque temen no poder competir con los niños que parecen obtener elogios más fácilmente que ellos. Aunque pueda dar la impresión de que los elogios dan resultado, debemos considerar sus efectos a largo plazo. El efecto a largo plazo de la motivación es favorecer la confianza en uno mismo. El efecto a largo plazo de los elogios es favorecer la dependencia de los demás.

Como ya hemos dicho, otro error que los adultos han cometido en lo relativo a los elogios es creer que es posible "dar" autoestima a un niño. La autoestima no puede darse ni recibirse, sino que se basa en la sensación de capacidad personal y la confianza en uno mismo que se adquieren afrontando las decepciones, resolviendo los problemas y teniendo muchas oportunidades para aprender de los errores. Para motivar de un modo eficaz, los adultos deben tener una actitud respetuosa, interés en el punto de vista del niño y ganas de brindarle oportunidades para que desarrolle competencias para la vida que lo ayuden a no depender de las opiniones negativas de los demás. A continuación, se describen algunas de las características de los elogios y la motivación.

Las diferencias entre motivar y elogiar pueden ser difíciles de captar para quienes creen en los elogios y han presenciado sus resultados inmediatos. Han visto a los niños reaccionar a ellos poniendo cara de felicidad. No obstante, no piensan en los efectos a largo plazo de crear una dependencia de las opiniones ajenas. Por otra parte, a las personas que quieren sustituir los elogios por la motivación les cuesta pararse a pensar antes de hacer afirmaciones que para ellas se han convertido en una costumbre.

Cuando se pregunte si las afirmaciones que hace a sus hijos o alumnos son elogios o motivación, puede serle útil hacerse las siguientes preguntas:

- ¿Lo estoy induciendo a evaluarse a sí mismo o a depender de la evaluación de los demás?
- ¿Estoy actuando con respeto o con condescendencia?
- ¿Estoy viendo su punto de vista o únicamente el mío?
- ¿Le haría este comentario a un amigo?

He descubierto que la última pregunta es especialmente útil. Los comentarios que hacemos a nuestros amigos cumplen habitualmente los criterios de la motivación.

DIFERENCIAS ENTRE ELOGIAR Y MOTIVAR[1]

	ELOGIAR	MOTIVAR
Definición del diccionario	Alabar las cualidades y méritos de una persona o cosa	Animar o estimular suscitando interés
Dirigido a	La persona: "Buena chica"	El hecho: "Muy bien"
Reconoce	Únicamente el producto completo y perfecto: "Lo has hecho bien"	El esfuerzo y la mejora: "Has hecho cuanto has podido". O "¿Cómo te sientes con lo que has conseguido?"

(Cont.)

IMP

	ELOGIAR	**MOTIVAR**
Actitud	Condescendiente, manipuladora: "Me gusta cómo está sentada Suzie"	Respetuosa, apreciativa: "¿Quién me puede enseñar cómo deberíamos estar sentados ahora?"
Mensaje en primera persona	Crítico: "Me gusta cómo lo has hecho".	Para uno mismo: "Valoro tu colaboración"
Se usa más a menudo con	Niños: "Qué niña tan buena eres"	Adultos: "Gracias por ayudar"
Ejemplos	Atribuye a otro el propio logro: "Estoy orgulloso de ti por sacar un sobresaliente"	Atribuye el esfuerzo a quien lo ha hecho: "El sobresaliente refleja lo mucho que has estudiado"
Impulsa a	Los niños a cambiar por los demás: adictos a la aprobación externa	Los niños a cambiar por sí mismos: "Dirección interna"
Locus de control	Externo: "¿Qué piensan los demás?"	Interno: "¿Qué pienso yo?"
Enseña	Qué pensar. Dependencia de la evaluación ajena	Cómo pensar. Evaluarse a uno mismo
Objetivo	Conformidad: "Lo has hecho bien"	Comprensión: "¿Qué piensas/aprendes/sientes?"
Efecto en la autoestima	Sentir que valemos cuando otros nos valoran	Sentir que valemos sin la aprobación ajena
Efecto a largo plazo	Dependencia de los demás	Confianza en uno mismo, independencia

MOTIVACIÓN FRENTE A CRÍTICA

Es un error pensar que la mejor forma de ayudar a un niño a portarse mejor consiste en criticar lo que hace mal. Muchos arguyen que la crítica constructiva es útil. Sid Simon tenía una definición magnífica de crítica constructiva: crudeza constrictiva. Cuando reflexionamos sobre ello, los términos "crítica" y "constructiva" se contradicen. "Constructivo" entraña construir. "Crítica", derribar. Esto no significa que no debamos decir a los niños cuándo pueden mejorar. Significa que no necesitamos conseguir que se sientan peor para que lo hagan. Una forma eficaz de hablar sobre los aspectos que un niño necesita mejorar es preguntarle: "¿En qué áreas crees que te está yendo bien? ¿En qué áreas crees que necesitas mejorar?". Habitualmente, los niños lo saben sin que se lo digamos y es mejor cuando son ellos quienes reconocen su necesidad de mejorar. Pregúntele: "¿Cómo querrías mejorar? ¿Qué necesitas hacer para alcanzar tus metas?". A continuación, puede unirse a él cuando sugiera qué lo ayudaría a mejorar. Esto enseña a los niños el valor de fijarse metas y evaluarse a sí mismos.

MOTIVAR A LOS NIÑOS PARA QUE SE EVALÚEN ELLOS

Cory llevó su ejercicio sobre la *g* a su profesora de tercero, la señora Tuttle, quien miró la hoja y le pidió que señalara su *g* favorita. Cuando Cory se la hubo señalado, la señora Tuttle dijo: "¿Puedo señalarte mi favorita?". Cory estuvo encantada. La señora Tuttle señaló otra *g* hermosamente ejecutada. Luego, señaló una *g* con un rabo doble y le pidió que le hablara de ella.

Cory demostró su sorpresa tapándose la boca con la mano mientras decía: "Oh". La señora Tuttle le preguntó si la podía arreglar sola o necesitaba ayuda. Cory dijo que podía hacerlo sola y regresó a su pupitre para arreglarla.

La señora Tuttle no señaló únicamente el error. Se centró primero en los aspectos positivos y luego pidió a Cory que evaluara el error por sí misma. Si preguntamos a los niños en qué áreas necesitan mejorar, ellos suelen saberlo sin que nosotros se lo digamos. Este ejemplo incorpora el concepto de centrarse en los aspectos positivos, no en los negativos. Cuando les señalamos lo que han hecho bien, normalmente los niños quieren seguir haciéndolo igual de bien o mejor.

Como padres y profesores, es responsabilidad nuestra ayudar a nuestros hijos y alumnos a aprender competencias académicas y sociales y a mejorarlas. No obstante, la motivación es habitualmente la mejor forma de impulsar a un niño a querer mejorar. Si empleamos otros métodos, tales como los que se describen a continuación, darán mejor resultado si antes nos hemos ganado al niño motivándolo para que esté receptivo.

INVERTIR TIEMPO EN ENSEÑAR

Esto no es tan obvio como podría parecer. Los adultos a menudo esperan que los niños realicen tareas para las que no han recibido una instrucción adecuada. Esto es más típico en casa que en la escuela. Los padres pueden exigir a sus hijos que ordenen su habitación, pero no enseñarles jamás la manera de hacerlo. Los niños entran en el caos de su habitación y no saben por dónde empezar. Les resultaría más fácil si sus padres les dijeran: "Pon la ropa limpia en los cajones y la sucia en la cesta y luego te diré qué tienes que hacer a continuación". Luego, podrían dejar sus juguetes en los estantes o en cajas. Para hacerlo más divertido, los padres pueden sugerirles que primero guarden todos los juguetes con ruedas, a continuación todos los muñecos articulados y por último todos los animales.

H. Stephen Glenn señalaba en sus conferencias que los padres a menudo dicen a sus hijos qué esperan que hagan sin molestarse nunca en especificar exactamente cómo esperan que lo hagan. A menudo, hay una profunda falta de comunicación. Invertir tiempo en enseñarles las cosas específicamente puede eliminar los malentendidos.

Glenn ilustraba esta falta de comunicación con la siguiente conversación:

Madre: ¡Jill, ordena tu habitación!
Jill: Ya lo he hecho. (Significado: puedo andar por ella sin tropezar con nada.)
Madre: No, no lo has hecho. (Significado: no puedo comer en el suelo.)

Invertir tiempo en enseñar significa explicar con mucho detalle nuestras condiciones y expectativas. Una madre se pasó varios años enseñando a sus hijos a hacer las camas. Les daba pistas tales como: "¿Qué pasaría si tiraras de aquí?". (Alisaría una arruga.) Compró colchas de rayas y cuadros para que sus hijos pudieran aprender a no ponerlas torcidas. Cuando tenían seis años, sus hijos habían recibido suficiente instrucción como para saber hacer sus camas casi tan bien como para pasar una inspección militar.

Cuando pida a un niño que limpie la cocina, debe asegurarse de que sabe lo que eso significa para usted. Para él, puede significar simplemente dejar los platos en el fregadero. Muchos padres se disgustan cuando sus hijos hacen mal sus tareas, aunque ellos nunca hayan invertido tiempo en enseñarles a hacerlas. Invertir tiempo en enseñarles no significa que los niños vayan a hacer las cosas tan bien como usted querría. Siempre se puede mejorar. Y recuerde que las cosas que usted quiere que hagan pueden no ser prioritarias para ellos hasta que sean adultos y tengan hijos propios. Todos hacemos mejor las cosas que son prioritarias en nuestra vida. Aunque el orden y los buenos modales puedan no ser una prioridad para ellos, los niños siguen necesitando aprender estas cualidades. Los adultos, no obstante, necesitamos recordar que los niños son niños.

Cuando usted crea que ya ha instruido suficientemente a un niño, compruébelo preguntándole: "¿Qué hay que hacer, a tu entender, para que la cocina esté ordenada?". Si el niño dice: "Meter los platos en el lavavajillas", pregúntele: "¿Qué me dices de los suelos y los mármoles? ¿Qué tienes que hacer para asegurarte de que están limpios?". Es posible que el niño ponga los ojos en blanco mientras responde con sarcasmo: "Barrer el suelo, pasar la bayeta por los mármoles". Finja que no ha captado su tono y diga: "Genial. Me alegro de que tengamos la misma idea".

El tiempo que invierte en enseñar a sus hijos puede ser divertido. Escoja una noche a la semana para practicar modales en la mesa. Anime a todo el mundo a exagerar diciendo: "Poooor faaavooor, pásame la mantequilla", etc. Proponga un juego que consista en ganar puntos por pillar a alguien con el codo en la mesa, hablando con la boca llena, interrumpiendo a los demás, quejándose o pasando el brazo por encima del plato de otro. Quien tenga más puntos escoge el juego para después de la cena.[2]

Invertir tiempo en enseñar a sus hijos también incluye informarles de cuándo va usted a cambiar sus métodos. La señora Roberts me oyó hablar sobre la importancia de dejar que los niños se vistan solos. Su hija, Connie, iba a tercero. La señora Roberts había dejado de vestirla, pero le preparaba la ropa todas las noches. Decidió que iba a dejar de hacerlo y confiar en que lo hiciera Connie. No obstante, no informó a su hija de su decisión. A la mañana siguiente, la oyó gritar con irritación:

–Mamá, ¿dónde está mi ropa?

La señora Roberts respondió con mucho respeto:

–Está en el armario, cielo. Estoy segura de que sabrás encontrarla sola.

–Mamá, cuando decidas hacer estas cosas, ¿querrás hacer el favor de decírmelo? –replicó Connie.

Connie tenía razón. Antes de introducir un cambio, es aconsejable informar respetuosamente a las personas afectadas de que vamos a hacerlo.

TABLAS DE RUTINAS

Cuanto más hacen por sí solos los niños, más capaces y motivados se sienten. Una de las mejores formas de evitar problemas por las noches y por las mañanas es animarlos a participar en la creación de tablas de rutinas y dejar luego que sigan sus tablas en lugar de decirles qué deben hacer. Comience pidiendo a su hijo que haga una lista de todas las cosas que necesita hacer antes de acostarse. La lista puede incluir: recoger los juguetes, beberse un vaso de leche, bañarse, ponerse el pijama, cepillarse los dientes, escoger la ropa para el día siguiente, cuento, abrazos. Copie (o, cuando sus hijos tengan edad, deje que lo hagan ellos) todos los puntos en una tabla. A los niños les encanta que les hagan fotografías mientras hacen cada tarea para luego pegarlas junto a cada punto de la tabla. A continuación, cuelgue la tabla donde su hijo pueda verla. Deje que sea ella quien mande. En lugar de decir a su hijo qué debe hacer, pregúntele: "¿Qué es lo próximo en tu tabla de rutinas?". A menudo, no hará falta que se lo pregunte. Su hijo se lo dirá.

Dejarse la ropa preparada la noche anterior es una tarea que elimina parte de los problemas que pueden surgir por las mañanas cuando los niños siguen su rutina matutina (para la cual usted puede tener otra tabla). Si se han dejado preparada la ropa que quieren ponerse la noche anterior, no se alteran intentando encontrar algo en el último minuto. Los niños también pueden prepararse el almuerzo la noche anterior para que las mañanas transcurran con menos percances.

Recuerde que la finalidad es ayudar a los niños a sentirse capaces y motivados. Una agradable ventaja añadida es que usted podrá dejar de perseguir a sus hijos para que hagan las cosas y tendrá unas noches y unas mañanas más tranquilas.

ENSEÑAR QUE LOS ERRORES SON OPORTUNIDADES MARAVILLOSAS PARA APRENDER

Incluso cuando los niños no sienten culpa, vergüenza ni dolor, parecen sacar su autocrítica de alguna parte. A menudo, deciden enteramente por su cuenta que "deberían" ser más perfectos de lo que son. Necesitamos enseñarles reiteradamente que los errores son oportunidades maravillosas para aprender. Kathy Schinski asistió a un taller sobre disciplina positiva y trajo la letra de una canción que había escrito. Quizá quiera ponerle música y enseñársela a sus hijos o alumnos.

No somos perfectos
de Kathy Schinski

No ser perfectos no está tan mal.
No ser perfectos es muy normal.
Porque en el mundo real
no hay nadie perfecto.
Ni tú ni tampoco yo.

No ser perfectos no es un martirio.
Serlo sería como un delirio.
Porque ser como somos
está genial.
Tanto tú como yo.

No ser perfectos es lo perfecto
para hacer este mundo más llevadero.

Porque más felices seríamos
Si nos aceptáramos tal como somos.

No ser perfectos no está tan mal.
No ser perfectos es muy normal.
Porque en el mundo real
No hay nadie perfecto.
Ni tú ni tampoco yo.

PREGUNTAS DE CURIOSIDAD

Las preguntas de curiosidad se han tratado en el último capítulo como un modo de ayudar a los niños a explorar las consecuencias de sus decisiones. También se pueden emplear mientras invertimos tiempo en enseñarles. Obtendremos una mayor participación y comprensión por su parte y crearemos un ambiente más motivador y respetuoso si les hacemos preguntas de curiosidad en lugar de hacer afirmaciones (normalmente en forma de exigencias o sermones). Las preguntas de curiosidad solo son eficaces cuando estamos realmente interesados en las respuestas, no cuando esperamos que susciten la respuesta que deseamos.

Cuando los niños responden a nuestras preguntas, están participando activamente. Cuando hacemos afirmaciones, lo hacen pasivamente. Cuando ellos responden, nosotros tenemos ocasión de saber si tienen o no el mismo concepto que nosotros. Por ejemplo, en lugar de decir a su hijo que limpie la cocina, pregúntele:

–¿Qué ves que haya que hacer para que la cocina esté limpia?

–Lavar los platos –quizá responda su hijo.

–¿Y las cosas que hay en la mesa? –puede preguntarle usted.

–Bueno. Supongo que hay que recogerlas –quizás admita él.

–Así es –puede responder usted–. ¿Y las cosas que hay en la cocina? ¿Y qué tienes que hacer con la mesa, los mármoles y los fogones después de haberlo recogido todo?

Utilizando este método, también está invirtiendo tiempo en enseñar a sus hijos, impulsándolos a pensar y a participar activamente en la resolución de los problemas, todo lo cual es muy motivador. A veces, la mejor forma de motivar es un simple abrazo.

LOS ABRAZOS

En muchos casos, los adultos podemos ayudar a los niños a cambiar su mala conducta cuando dejamos de centrarnos en ella y lo hacemos en la causa subyacente: el desánimo. Un joven padre estaba frustrado y perplejo por las continuas rabietas que tenía su hijo de cuatro años. Las reprimendas y los castigos solo conseguían aumentarlas. Este padre aprendió en su clase para padres que un niño que se porta mal es un niño desanimado y que la motivación es la mejor forma de abordar las malas conductas. La idea le pareció un paso atrás, algo así como premiar la mala conducta. Aun así, le intrigó la noción de que los niños se portan mejor cuando se sienten mejor. Decidió probar la validez de la teoría.

La siguiente vez que su hijo empezó a tener una rabieta, él se puso de rodillas y gritó:

–Necesito un abrazo.

Su hijo interrumpió la rabieta y, sollozando, le preguntó:

–¿Qué?

–Necesito un abrazo –volvió a gritar él.

Su hijo dejó de sollozar lo bastante como para preguntarle con incredulidad:

–¿Ahora?

–Sí, ahora –dijo él.

El niño pareció quedarse totalmente desconcertado, pero interrumpió su rabieta y dijo, un poco con desgana:

–Vale. –Luego, con cierta rigidez, dio un abrazo a su padre. Pronto, su rigidez desapareció y los dos se fundieron en los brazos del otro.

–Gracias, lo necesitaba –dijo el padre al cabo de unos instantes.

–También yo –dijo su hijo con un ligero temblor en los labios.

Recuerde que las cosas deben hacerse en el momento justo. A veces, los abrazos no dan resultado porque el niño está demasiado alterado para dar o recibir un abrazo o cualquier otra clase de motivación. Aun así, puede intentarlo. Si él no quiere, usted puede decir: "Me encantaría que me dieras un abrazo cuando estés preparado" y marcharse. Los padres refieren que, cuando hacen esto, su hijo suele salir inmediatamente detrás de ellos, queriendo abrazarlos.

Algunas personas preguntan: "Después del abrazo, ¿qué? ¿Qué hay de la mala conducta?". A menudo, la motivación basta para poner fin a la mala conducta y no hay que hacer nada más. Otras, los abrazos pueden instaurar un ambiente motivador donde los niños quieren y pueden aprender. Esta puede ser la ocasión ideal para invertir tiempo en enseñarles, hacerles preguntas de curiosidad, darles opciones limitadas, utilizar la distracción o resolver conjuntamente el problema.

Otra forma excelente de motivar a los niños consiste en ayudarlos a sentirse útiles contribuyendo. Qué forma tan maravillosa de que contribuyan pidiéndoles que nos den un abrazo para que nos sintamos mejor. Por supuesto, la ventaja añadida es que también ellos se sienten mejor.

Recuerde que un niño que se porta mal es un niño desanimado. Demasiadas personas creen que los niños deben pagar por lo que han hecho infligiéndoles culpa, vergüenza o dolor (en otras palabras, castigándolos). En vez de eso, pruebe con un abrazo.

Si ninguno de los métodos descritos da resultado, usted puede haber entablado una lucha de poder o iniciado un ciclo de venganza que acrecienta el desánimo de su hijo. Comparta sus errores con él y pídale ayuda para volver a empezar. Admitir sus errores es una de las cosas más motivadoras que puede hacer.

EL PUNTO DE VISTA DE UN NIÑO

Una forma excelente de ayudarnos a recordar el punto de vista de un niño es recordar nuestra propia infancia. Cierre los ojos y piense en su infancia. Recuerde un incidente entre usted y un adulto en casa o en la escuela donde se sintió desanimado, malinterpretado, humillado o tratado injustamente, o cualquier combinación de estos sentimientos. Reviva la experiencia. Recuerde exactamente qué ocurrió y cómo se sintió usted. Reviva esos sentimientos.

Sin abrir los ojos, recuerde otro incidente de su infancia con un adulto donde se sintió motivado, comprendido, valorado, especial o impulsado a hacerlo mejor, o cualquier combinación de estos sentimientos. Reviva la experiencia. Recuerde exactamente qué sucedió y cómo se sintió usted. Reviva esos sentimientos.

Cuando se sintió desanimado durante su infancia, es posible que se sintiera malinterpretado, humillado o tratado injustamente. Quizá sintió culpa, vergüenza o dolor. Es posible que tuviera la sensación de no valer nada o le entraran ganas de rebelarse. Probablemente, estas experiencias desalentadoras no le impulsaron a mejorar, aunque ese fuera normalmente el propósito del adulto. Quizá dejó usted de intentar mejorar en una aptitud tal como tocar el piano, leer, escribir o hacer deporte debido a las críticas desalentadoras que recibió de un adulto.

Cuando se sintió motivado durante su infancia, se sintió comprendido, valorado y especial. Estas experiencias quizá le impulsaron a hacerlo mejor y a cultivar aptitudes u objetivos que merecían la pena. Lo más probable es que la mayoría de experiencias motivadoras que usted tuvo durante su infancia requirieran muy poco tiempo por parte de un adulto, posiblemente unas cuantas palabras de reconocimiento y apreciación.

En los dos próximos capítulos trataremos la importancia de que los niños participen activamente en el proceso de motivación a través de reuniones de familia y de clase.

REVISIÓN

Herramientas de la disciplina positiva

1. Motivar al niño en el momento justo. Hágalo sin un momento no conflictivo (posiblemente, después de que los dos hayan hecho una pausa obligada positiva), en el que usted esté preparado para motivarlo y él esté receptivo a su motivación.
2. Utilizar mensajes en primera persona, donde se responsabiliza de lo que siente.
3. Retirarse del conflicto. (Haga una pausa obligada positiva si es posible.)
4. Acordar reunirse con el niño cuando los dos hayan tenido tiempo para calmarse y sentirse mejor.
5. Invitarlo a incluir su problema en la agenda de la próxima reunión de familia o clase (o hacerlo usted).
6. Escuchar. Recordar que los niños escuchan cuando se han sentido escuchados.
7. Utilizar los cuatro pasos para obtener colaboración.
8. Centrarse en las conductas positivas, no en las negativas. Si reconoce y motiva las conductas positivas, estas aumentarán.
9. Pensar juntos en cómo puede el niño mejorar en las áreas que necesita para hallar soluciones que sean respetuosas para los dos.
10. Centrarse en el reconocimiento y la mejora, no en la perfección.
11. Reorientar la mala conducta. Busque el talento o la aptitud en la mala conducta y reoriente al niño para que utilice ese talento o aptitud de formas útiles que ayuden a los demás.
12. Apoyar al niño en la reparación del daño que causa con sus errores. Hágale preguntas de curiosidad para ayudarle

a decidir por sí mismo qué puede hacer para reparar su error.

13. Eludir la presión social. En ocasiones, es apropiado esperar hasta tener un momento donde pueda resolver el problema con el niño "en privado" para evitar en la medida de lo posible la presión social de preocuparse por los juicios ajenos.
14. Pasar regularmente "ratos especiales" con cada uno de sus hijos o alumnos.
15. Cuando acueste a sus hijos, pídales que le cuenten lo más triste y lo más alegre que les ha sucedido ese día. Luego, cuénteselo usted.
16. Motivar en vez de elogiar.
17. Evitar las críticas. Pregunte al niño: "¿Cómo querrías mejorar? ¿Qué necesitas hacer para alcanzar tus metas?".
18. Motivar a los niños para que se evalúen a sí mismos.
19. Invertir tiempo en enseñarles para que ellos sepan claramente qué se espera de ellos.
20. Preguntar: "¿Qué es, a tu entender, lo que hemos decidido?".
21. Cuando decida qué va a hacer, informe al niño con antelación.
22. Implicar a los niños en la creación de tablas de rutinas.
23. Enseñarles que los errores son oportunidades maravillosas para aprender.
24. Dejar de decir, sermonear y exigir y hacer preguntas de curiosidad.
25. Probar con un abrazo.

Preguntas

1. ¿Qué es un niño que se porta mal?
2. ¿Cuál es el mensaje en clave que transmite su mala conducta?

3. ¿Cuál creía Dreikurs que era la aptitud más importante que los adultos podían aprender para ayudar a los niños?
4. ¿Cuál es la importancia de esperar al momento justo?
5. ¿Cuáles son los cuatro pasos para obtener colaboración?
6. ¿Cuáles son las actitudes adultas necesarias para que los cuatro pasos para obtener colaboración den resultado?
7. ¿Cuáles son las actitudes adultas necesarias para que haya respeto mutuo?
8. ¿Por qué son los "ratos especiales" tan eficaces para motivar a los niños e impulsarlos a mejorar su conducta?
9. ¿Cuáles son los peligros que encierran los elogios?
10. ¿Cuáles son los efectos a largo plazo de la motivación?
11. ¿Cuáles son algunas de las diferencias entre elogiar y motivar?
12. ¿Cuáles son las preguntas que deberíamos hacernos para determinar si nuestras afirmaciones motivan o elogian?
13. ¿Cuáles son las ventajas de que los niños participen en la creación de tablas de rutinas?
14. ¿Cuál es el propósito de los errores?
15. ¿Qué otras formas de motivar a los niños se le ocurren?

Capítulo 8

REUNIONES DE CLASE

Para que la disciplina positiva dé resultado, los adultos debemos mostrar una actitud de respeto mutuo y tener presentes los efectos a largo plazo en los niños. Hemos prometido que los niños que experimentan la interacción respetuosa descrita en este libro aprenderán a tener autodisciplina e iniciativa, colaborar, ser responsables y saber resolver sus problemas así como otras competencias sociales y para la vida.

La culminación de todas estas promesas y actitudes se alcanza y experimenta más plenamente en las reuniones de familia y clase. Estas reuniones, que se celebran regularmente, proveen las mejores circunstancias posibles para que adultos y niños aprendan y practiquen los procedimientos democráticos de colaborar, tenerse un respeto mutuo y centrarse en las soluciones. Las reuniones de clase y las de familia son dos de las mejores formas de brindar a los niños una oportunidad para que desarrollen óptimamente las siete percepciones y competencias importantes descritas en el primer capítulo. Estos son los objetivos más beneficiosos a largo plazo que padres, profesores y niños alcanzarán cuando comiencen a celebrar reuniones de familia y clase. No obstante, algunos padres y profesores están motivados por la ventaja añadida de eliminar los problemas disciplinarios. No hay nada malo en ello, siempre que comprendan que eliminar o reducir los problemas disciplinarios es una ventaja añadida y no el objetivo primordial de las reuniones de familia y clase, aunque, desde luego, es una ventaja inmensa. Como dijo un profesor: "Yo no entré en la enseñanza para ser policía, juez, jurado ni verdugo. Desde que hemos puesto en marcha las reuniones de clase, mis alumnos se han vuelto respetuosos y colaboradores. Resuelven sus propios problemas y yo tengo más tiempo para enseñar".

Aprender y adquirir práctica en ser "buenos descubridores" (un término utilizado por Thomas J. Peters en su libro *En busca de la excelencia*) a través de los cumplidos, así como aprender a resolver los problemas proponiendo soluciones respetuosas, son beneficios para los alumnos que les serán útiles en cualquier empresa que acometan en la vida. Estas competencias son tan importantes como los estudios y deben practicarse a diario. Yo a menudo pregunto a los profesores si se plantearían exponer a sus alumnos a las matemáticas o a la lectura únicamente una vez a la semana. Ellos siempre dicen que no. Cuando les pregunto por qué, responden que los alumnos necesitan una exposición diaria a las matemáticas y a la lectura para practicar y retener estas competencias. Yo les pregunto entonces si creen que sus alumnos pueden aprender y retener las competencias que necesitan para tener una vida satisfactoria si solo las practican una vez a la semana (y solo oyen sermones sobre ellas durante el resto del tiempo). Naturalmente, ellos captan la idea.

Siempre que un alumno tenga problemas, los profesores pueden sugerirle: "¿Estarías dispuesto a incluir ese problema en la agenda de nuestra reunión de clase?". Esto es una solución lo bastante inmediata como para satisfacerlo y le da tiempo para tranquilizarse antes de intentar resolver el problema. Una profesora objetó que sus alumnos de educación especial necesitaban una ayuda inmediata cuando se alteraban. Yo le sugerí que intentara conseguir que incluyeran sus problemas en la agenda de la reunión para ver qué sucedía. Ella refirió que sus alumnos se dirigían a la hoja de la agenda, obviamente disgustados, escribían su problema en ella y regresaban tranquilamente a su asiento. Les bastaba saber que su problema iba a abordarse en breve.

Se recomienda dejar un período de al menos un día para que los alumnos puedan tranquilizarse antes de abordar su problema. Es desalentador tener que esperar más de tres días. Esta es la razón por la que las reuniones semanales pueden ser ineficaces. (Los niños pequeños necesitan menos tiempo para tranquilizarse. En el jardín de infancia, una hora es a menudo suficiente.) El poco rato que se tarda en anotar un problema en la agenda de la reunión puede bastar para que el alumno se tranquilice.

Los alumnos a menudo son capaces de resolver los problemas mucho mejor que el profesor por la sencilla razón de que son más y de que el proceso de sugerir soluciones genera ideas únicas. Cuando les permiten expresarlas y los alientan a hacerlo, los niños tienen muchas ideas excelentes. Con el tiempo, muchos problemas de disciplina se eliminan porque los alumnos se sienten motivados cuando los escuchan y los toman en serio, y cuando reafirman sus pensamientos e ideas. También participan activamente en el proceso y eso los motiva para atenerse a reglas o soluciones que ellos han contribuido a establecer. Los profesores descubren que sus alumnos están mucho más dispuestos a colaborar cuando han participado en las decisiones, aun cuando la solución final sea una que el profesor haya sugerido en vano muchas otras veces.

Hay muchos más beneficios derivados de las reuniones que implican a los niños. Los profesores a menudo se asombran de las competencias académicas y sociales que sus alumnos aprenden en las reuniones de clase. Como se implican profundamente en resolver problemas que les atañen, aprenden a escuchar, mejoran su expresión oral, amplían su cognición, conocen las consecuencias lógicas de sus decisiones, mejoran su memoria y aprenden a pensar con objetividad. Resuelven problemas relacionados con la salud y la seguridad. Aprenden y adquieren práctica en resolver conflictos, tanto previniéndolos como atajándolos. El valor añadido de resolver los conflictos en las reuniones de clase reside en que participan todos los alumnos, no solo unos cuantos elegidos. Los alumnos también aprenden a apreciar el valor y la mecánica del aprendizaje. En una reunión de clase se trató el problema de copiar en los exámenes. Los alumnos mencionaron todas las razones por las que no deberían copiar (incluyendo "no aprendes"), que parecían entrarles por una oreja y salirles por la otra cuando los adultos les daban sermones sobre ellas.

ACTITUDES Y PAUTAS PARA CELEBRAR REUNIONES DE CLASE EFICACES

Algunas actitudes y actuaciones que se deben evitar en las reuniones de clase son:

1. No utilizar una reunión de clase como otra plataforma para dar sermones y moralizar. Es esencial que los profesores sean lo más objetivos y tolerantes posible. Esto no significa que no puedan participar en ellas. Pueden seguir incluyendo puntos en la agenda y dando su opinión.
2. No utilizar las reuniones de clase como un pretexto para seguir ejerciendo un control excesivo. Los niños lo perciben y no colaborarán.

Las reuniones de clase deberían celebrarse todos los días (o al menos tres veces a la semana) en las escuelas de enseñanza primaria. Si no se celebran con suficiente frecuencia, los alumnos dejarán de estar motivados para incluir puntos en la agenda porque pasará demasiado tiempo antes de que se traten. Por otra parte, no retendrán las competencias a través de la práctica diaria.

Los alumnos de secundaria y bachillerato pueden aprender con más rapidez el proceso de las reuniones de clase y retenerlo durante más tiempo, por lo que celebrarlas una vez a la semana puede ser suficiente. No obstante, estos alumnos siguen mostrándose más colaboradores cuando se los escucha y respeta regularmente por sus competencias. Por esta razón, algunos centros de enseñanza secundaria e institutos dedican la hora de estudio a reuniones de clase. Otros piden a los profesores de las diferentes materias que celebren reuniones de clase una vez a la semana. De esta forma, los profesores de lengua tienen reuniones de clase los lunes, los de matemáticas los martes, los de historia los miércoles, etc. Los profesores de asignaturas especiales como música pueden celebrar una rápida reunión de clase cuando surgen problemas, si los alumnos están familiarizados con el proceso.

En la primera edición, sugeríamos que las decisiones se tomaran por votación mayoritaria. Esta votación es apropiada cuando el tema que se trata atañe a toda la clase. En ese caso, el voto de la mayoría no crea divisiones entre los alumnos. Les brinda una magnífica oportunidad para aprender que no todo el mundo piensa y opina lo mismo. No obstante, algunos profesores prefieren no dar por resuelto un problema hasta que no se alcanza un consenso.

Cuando el punto que se está tratando atañe a uno o dos alumnos (aunque la clase entera esté interesada y quiera ayudar), estos alumnos deberían poder elegir la sugerencia que ellos creen que puede serles más útil. Esto motiva a los alumnos para que asuman gratamente la responsabilidad de sus errores y valoren las muchas sugerencias que sus compañeros pueden hacerles que están centradas en soluciones y no en infligir culpa, vergüenza o dolor. Los alumnos enseguida aprenden que sus sugerencias son más útiles cuando son respetuosas y prácticas, no punitivas.

Es importante señalar que las reuniones de clase no suelen dar resultado al principio. Los alumnos (y profesores) necesitan tiempo para aprender las competencias. Yo solía decir a los profesores que se prepararan para pasar un mes infernal cuando comenzaran a celebrar reuniones de clase, pero que merecía la pena si comprendían los beneficios a largo plazo. La razón para el mes infernal era que los alumnos no están habituados a ayudarse entre ellos; están más habituados a los castigos. No están acostumbrados a concebir los errores como oportunidades para aprender y resolver problemas; están acostumbrados a eludir la responsabilidad por temor a que les inflijan culpa, vergüenza o dolor.

Desde entonces, he descubierto que ese mes infernal se puede eliminar cuando los profesores dedican tiempo durante las cuatro primeras reuniones de clase (o durante más) a enseñar a sus alumnos las competencias de los "ocho componentes básicos para celebrar reuniones de clase eficaces", descritos en el libro *Positive Discipline in the Classroom* de Jane Nelsen, Lynn Lott y H. Stephen Glenn.[1]

Los ocho componentes básicos para celebrar reuniones de clase eficaces

IMP

1. Formar un círculo.
2. Adquirir práctica en hacerse cumplidos y valorarse.
3. Tener una agenda.
4. Desarrollar competencias comunicativas.
5. Aprender que hay realidades distintas.
6. Representar situaciones y sugerir ideas.
7. Reconocer las cuatro razones por las que las personas hacen lo que hacen.
8. Centrarse en soluciones no punitivas.

Hemos desarrollado la *Positive Discipline in the Classroom Teacher's Guide*[2] (Disciplina positiva en el aula: guía del profesor), la cual contiene actividades que ayudan a profesores y alumnos a aprender y practicar las competencias de cada uno de los ocho componentes básicos. Las reuniones de clase son más eficaces cuando los alumnos desarrollan estas competencias y una actitud positiva hacia las soluciones no punitivas antes de intentar ayudar a sus compañeros a resolver "problemas reales". El propósito de las reuniones de clase debe explicarse, comentarse y experimentarse a través de actividades experienciales antes de empezar a abordar problemas reales.

Propósitos de las reuniones de clase

1. Hacer cumplidos.
2. Ayudarse unos a otros.
3. Resolver problemas.
4. Planear acontecimientos.

Algunos profesores (sobre todo en los cursos de primaria) comienzan todas las reuniones de clase preguntando a sus alumnos: "¿Cuáles son los dos principales propósitos de las reuniones de clase?", después de haber establecido que son ayudarse unos a otros y resolver problemas.

ALGUNOS DE LOS OBJETIVOS DE LAS REUNIONES DE CLASE

Enseñar respeto mutuo

Una forma de enseñar qué significa respeto mutuo es comentar con los alumnos las preguntas siguientes:

1. ¿Por qué es una falta de respeto que dos o más personas hablen a la vez? (No podemos oír lo que dicen. La persona

que tiene el turno de palabra percibe que a los demás no les importa lo que está diciendo, etc.)

2. ¿Por qué es una falta de respeto molestar a los demás? (No se pueden concentrar en lo que está pasando ni aprender de ello.)
3. ¿Por qué es tan importante escuchar cuando hablan los demás? (Para poder aprender unos de otros, para mostrar respeto por el otro y porque nos gusta que los demás nos escuchen.)

Cumplidos, reconocimiento y aprecio

Los alumnos de secundaria y bachillerato prefieren habitualmente utilizar los términos *reconocimiento* y *aprecio.* A los alumnos de primaria suele resultarles más fácil utilizar el término *cumplido.* Pese a la diferencia en la terminología, el concepto es el mismo.

Invierta algún tiempo en explorar con sus alumnos el significado de *cumplido* o *reconocimiento* y *aprecio* utilizando un registro que sea apropiado para la edad de sus alumnos. Puede hacer esto durante la primera reunión de clase. Ayude a sus alumnos a comprender que los cumplidos, el reconocimiento y el aprecio deberían centrarse en lo que sus compañeros hacen en las áreas siguientes:

- Logros
- Actitud de ayuda hacia los demás
- Cualquier cosa sobre la que alguien se sienta bien

Pida a sus alumnos que piensen en ejemplos específicos en cada una de estas áreas. Luego, enséñeles a utilizar las palabras: "Querría felicitar o dar las gracias a (nombre de la persona) por (algo específico que haya hecho esa persona)". Utilizar estas palabras ayuda a los alumnos a centrarse en reconocer lo que otros hacen, no en lo que llevan puesto o el aspecto que tienen. He visitado centenares de clases para observar reuniones de clase en escuelas que han adoptado este programa. En todas las clases donde no utilizaron la frase que sugiero, los cumplidos o el reconocimiento fueron menos específicos y más superficiales, y la conversación pareció divagar hacia otros temas.

Al principio, muchos niños pueden decir: “Querría felicitar a Jill por ser mi amiga”. Páselo por alto durante el proceso de aprendizaje, pero, más adelante, el grupo podría volver a hacer sugerencias sobre cómo especificar qué hace un amigo que nosotros querríamos reconocer y apreciar.

El profesor puede empezar haciendo varios cumplidos (a partir de las notas que ha tomado durante el día sobre cosas que han hecho sus alumnos que merecen ser reconocidas). Muchos profesores hacen cumplidos a unos cuantos alumnos cada día, asegurándose de que terminan incluyéndolos a todos.

Durante la primera reunión, pida a todos sus alumnos que hagan al menos un cumplido para asegurarse de que saben hacerlo. Si alguno tiene dificultades, pida a sus compañeros que lo ayuden preguntándoles si se le ocurre algo que le haya sucedido durante ese día por lo que él podría felicitar a alguien, por ejemplo, jugar juntos durante el patio, ayudarlo con los deberes, prestarle un lápiz o escuchar un problema. En cuanto sepa que sus alumnos han adquirido esta competencia, pídales que se pasen un objeto. Cuando lo tienen en la mano, es su turno de palabra y pueden hacer cumplidos o pasarlo. Es importante enseñarles a dar las gracias cuando les hacen un cumplido.

Usted puede celebrar varias reuniones de clase donde sus alumnos se hagan únicamente cumplidos hasta que hayan aprendido el proceso. Muchos profesores han comentado que los cumplidos por sí solos han sido importantes para instaurar un ambiente más positivo en su clase. Tras su incomodidad inicial, a los niños les encanta buscar, dar y recibir reconocimiento.

Centrarse en las soluciones

Enseñe a sus alumnos a centrarse en las soluciones antes de intentar resolver algún problema. Comience pidiéndoles que sugieran consecuencias naturales preguntándoles qué sucede en las siguientes circunstancias si nadie interviene:

- ¿Si te quedas bajo la lluvia? (Te mojas.)
- ¿Si juegas en la calzada? (Te pueden atropellar.)
- ¿Si no duermes? (Te cansas.)
- ¿Si no comes? (Te entra hambre.)

La mejor forma de ayudar a los niños a aprender es dejar que experimenten las consecuencias. De intervenir, los adultos podrían hacerlo para mostrar empatía o hacer preguntas de curiosidad que ayuden a los niños a explorar las consecuencias de sus decisiones. Cuando llega la hora de sugerir soluciones, los alumnos parecen armarse tanto lío con las consecuencias lógicas como los adultos y a menudo intentan disimular un castigo calificándolo de consecuencia lógica. No obstante, enseguida captan la idea cuando les piden que se centren en soluciones que estén relacionadas y sean respetuosas, razonables y útiles. Explique que proponer soluciones significa hacer sugerencias que otros pueden utilizar para responsabilizarse de su conducta y aprender de sus errores. Explique las tres "R" y una "U" de centrarse en las soluciones (relacionada, respetuosa, razonable y útil) descritas en el capítulo 6. Es buena idea hacer un póster de las tres "R" y una "U" para que los alumnos puedan consultarlo. Luego, pídales que sugieran soluciones para los problemas siguientes:

- Alguien que escribe en el pupitre.
- Alguien que trata mal el equipamiento escolar.
- Alguien que no hace su trabajo durante la hora de clase.
- Alguien que llega tarde a clase.

Al principio, es mejor que los alumnos adquieran práctica resolviendo situaciones hipotéticas, para que no haya implicaciones emocionales ni culpabilidades. Después de recibir las máximas sugerencias posibles y ponerlas por escrito, léalas de una en una y pida a sus alumnos que decidan si cumplen los criterios de las tres "R" y una "U" para centrarse en las soluciones. Pídales que expongan las razones por las que creen que cada sugerencia está o no relacionada y es o no respetuosa, razonable o útil. Pídales que comenten si cada sugerencia será útil para la persona o si será hiriente. Pida a la clase que decida qué sugerencias deberían eliminarse porque no satisfacen los criterios de las tres "R" y una "U" para centrarse en las soluciones o porque son hirientes o poco prácticas en cualquier otro sentido.

Trascender las consecuencias lógicas

Aunque las consecuencias lógicas pueden servir para que los alumnos aprendan de sus errores y motivarlos para que mejoren, como se ha descrito en el capítulo 5, me preocupa la frecuencia con que las veo mal utilizadas. Cuando los profesores intentan disimular un castigo calificándolo de consecuencia lógica, los alumnos aprenden a hacer lo mismo. Muchas reuniones han comenzado a parecer un tribunal de castigo porque profesores y alumnos se centran en consecuencias lógicas que los alumnos a quienes atañen encuentran más hirientes que útiles. Hay que enseñar a los alumnos que con demasiada frecuencia las consecuencias lógicas se centran en el pasado en lugar de hacerlo en el futuro. Aprender del pasado para poder hacerlo mejor en el futuro es una buena idea. No obstante, es contraproducente centrarse en el pasado para infligir culpa, vergüenza o dolor.

Es un error pensar que encontrar una consecuencia lógica es la respuesta a cualquier problema de conducta. Aunque conocer las consecuencias lógicas puede ser útil para profesores y alumnos, es más eficaz centrarse en las soluciones. Cuando les brindan la oportunidad, los alumnos proponen una gran cantidad de soluciones que no guardan ninguna relación con las consecuencias. Permítales adquirir práctica sugiriendo soluciones para diversos problemas hipotéticos.

CÓMO FUNCIONAN LAS REUNIONES DE CLASE

Uso de la agenda

Introduzca la agenda al grupo. Algunos profesores reservan un espacio en la pizarra. Otros tienen un cuaderno en un lugar accesible. La ventaja del cuaderno es que todo el mundo puede consultarlo para ver cómo se han resuelto problemas anteriores. Explique a sus alumnos que va a enseñarles a resolver problemas en lugar de intentar resolverlos todos usted. De ahora en adelante, en vez de acudir a usted con sus problemas, pueden escribir su nombre en la agenda, seguido de unas pocas palabras que les ayuden a recordar a qué se refiere el problema. Al principio, pídales que no anoten los nombres de los otros alumnos implicados en el problema. Dígales que podrán hacerlo cuando hayan aprendido a ser respetuosos entre ellos y a quererse ayudar. Cuando sea así, los alumnos podrán acoger con entusiasmo el hecho de que los incluyan en la agenda, porque sabrán que pronto recibirán ayuda de sus compañeros de clase. Advierta a sus alumnos que, al principio, es posible que se olviden y sigan acudiendo a usted en busca de soluciones, pero que usted les recordará que anoten su problema en la agenda. Estos problemas se resolverán durante la reunión de clase.

Cuando fui orientadora pedagógica de enseñanza primaria, cada vez que los padres o profesores me pedían soluciones para todos aquellos problemas que tenían con sus hijos o alumnos, yo les respondía sistemáticamente que los anotaran en la agenda.

Siempre sugería resolver los problemas durante las reuniones de clase porque, cuando participaban en las decisiones, los niños proponían las mejores soluciones y estaban bastante más dispuestos a colaborar.

Cuando las soluciones no parezcan dar resultado, vuelva simplemente a incluir el problema en la agenda para buscar nuevas formas de resolverlo. Cuando usted incluya puntos en la agenda, asegúrese de que asume la responsabilidad del problema en vez de intentar buscar culpables. Sus alumnos se sentirán bien ayudándole con su problema. Los puntos de la agenda deben abordarse por orden cronológico en el tiempo destinado a las reuniones de clase. Cualquier problema que quede sin resolver cuando concluye la reunión se tratará al día siguiente. En realidad, no importa si todos los problemas no se solucionan inmediatamente. Lo importante es el proceso de su resolución. Muy a menudo, cuando toque tratar un punto de la agenda, la persona que lo ha incluido dirá que ya está resuelto. Algunos adultos dicen "Bien" y pasan al siguiente punto. Otros preguntan al niño si querría explicar cómo se ha resuelto.

Dejar tiempo para tranquilizarse

Explique por qué no se pueden resolver los problemas cuando las personas están alteradas. A los alumnos les encanta escuchar la analogía sobre el cerebro reptil utilizada en el capítulo 7 (cuando las personas están alteradas, no son razonables ni están dispuestas a escuchar un punto de vista que no sea el suyo). Con niños mayores, puede estimular la discusión preguntándoles por qué es difícil resolver problemas cuando estamos alterados. Con niños menores, explíqueles que la finalidad de esperar unas cuantas horas o días antes de resolver los problemas de la agenda reside en brindar a las personas la oportunidad de calmarse para que los problemas se puedan resolver de una forma respetuosa.

Reunirse en círculo

Es importante que los alumnos se sienten en círculo para las reuniones de clase. Quedarse en sus pupitres crea barreras físicas que interfieren con el proceso, además de que aún no he visto una reunión de clase donde los alumnos hayan estado sentados a sus pupitres sin toquetear los objetos que tienen en ellos.

Invierta tiempo en enseñar a sus alumnos a mover los pupitres haciendo el menor ruido y creando la menor confusión posible. Algunas clases se pasan varios días practicando. He visto colocar los pupitres en toda la clase de forma que los alumnos se puedan sentar en círculo mirándose unos a otros. Los más rápidos tardan unos quince segundos. La mayoría puede hacerlo en treinta o sesenta segundos.

Esto puede entrañar varios pasos. Primero, puede preguntar a sus alumnos qué creen que tienen que hacer para mover los pupitres con el menor ruido y confusión posibles. Habitualmente, se les ocurrirán todas las ideas necesarias para que la transición transcurra sin percances. Luego, pregúnteles cuántas veces creen que van a necesitar practicar antes de hacerlo correctamente.

A algunos profesores les gusta asignar un sitio a cada alumno. El primer día, piden a sus alumnos que vayan moviendo uno a uno su pupitre y silla al sitio asignado. Otros profesores piden a varios alumnos que muevan a la vez su pupitre y silla por filas o grupos. Si sus alumnos son ruidosos y caóticos, hágales practicar hasta que resuelvan el problema. Cuando hayan aprendido a hacerlo sin hacer ruido, pueden moverse todos a la vez.

Estructura de las reuniones de clase

Antes de conocer el formato para estructurar las reuniones de clase, algunas de las que yo celebrara fracasaban. Cuando los alumnos no se quedaban inmediatamente impresionados con lo que yo estaba intentando conseguir y se alteraban, me daba por vencida, diciéndoles: "Bueno, es evidente que ahora no queréis hacer una reunión de clase. Lo volveremos a intentar más tarde cuando estéis listos". En otras palabras, no solo no me responsabilizaba del hecho de que yo no estuviera preparada, sino que además cedía a la anarquía. Las posibilidades de éxito aumentan cuando los alumnos aprenden antes los "ocho componentes básicos para celebrar reuniones de clase eficaces" y luego se ciñen al formato siguiente:

1. Comiencen haciendo cumplidos. Pida a sus alumnos que se pasen un objeto (como un cojín o un palo). Los que quieren felicitar a un compañero pueden hacerlo cuando tienen el objeto en la mano. Haga una ronda completa para que todos sus alumnos tengan ocasión de hacer un cumplido o pasar el objeto a su compañero. Es importante empezar y terminar por el mismo sitio. De esta forma, el profesor evita que lo acusen de "injusto" cuando nombra a los alumnos al azar y decide arbitrariamente cuándo terminar. Siempre hay uno que afirma que a él no lo ha nombrado.
2. Lea atentamente el primer punto de la agenda. Pregunte a su autor si lo que ha escrito continúa siendo un problema. Si él dice que no, pase al siguiente punto. Si tienen tiempo, puede preguntarle si quiere explicar cómo se ha resuelto.
3. Si el problema no se ha resuelto, pida a sus alumnos que se pasen un objeto para poder aportar comentarios y sugerencias. Comience por el niño que ha escrito el punto en la agenda y termine por el compañero que está sentado justo antes que él. Sugiero hacer dos rondas completas porque los alumnos a menudo piensan en más cosas que decir o en más soluciones después de oír a los demás. La segunda ronda nunca dura tanto.

4. Escriban cada sugerencia tal como se hace. De esto puede encargarse un alumno si tiene edad suficiente. (Encontrará sugerencias sobre qué hacer si sus alumnos están siendo hirientes en lugar de colaborar en "Preguntas frecuentes" al final de este capítulo.)
5. Lea (o pida a un alumno que lo haga) todas las sugerencias antes de preguntar al alumno a quien atañen cuál cree él que le será más útil. Cuando el problema afecte a más de un alumno, cada uno puede escoger una solución. No ocurre nada si eligen soluciones distintas cuando todas son útiles. Si dos alumnos escogen soluciones que parecen entrar en conflicto, invítelos a tener una conversación privada para decidir cuál dará resultado para los dos sin que haya conflictos.
6. Pregunte al alumno cuándo querría hacer lo que ha decidido. Quizá quiera darle a elegir entre hoy o mañana, o entre el patio o después de clase. Permitir que los alumnos decidan cuándo les gustaría probar la sugerencia, les beneficia psicológicamente; les permite sentirse responsables y comprometidos.

Este formato se puede seguir paso a paso. No obstante, no es tan rígido como para no dejar margen al profesor para la individualidad y la creatividad.

Hacer señales con las manos es una forma magnífica de que todos los niños puedan expresar sus opiniones durante una reunión de clase sin ser irrespetuosos ni interrumpir. Un profesor enseñó a sus alumnos a cruzar y descruzar las manos en su regazo cuando querían expresar su desacuerdo. Cuando estaban de acuerdo con lo que se estaba diciendo, subían y bajaban un puño en el aire.

Yo invité a un grupo de personas a observar una reunión de clase donde un niño eligió la sugerencia de pedir disculpas delante de toda la clase por una mala conducta que había sido incluida en la agenda. Aquello preocupó a una de las observadoras. Durante el turno de preguntas, comentó que disculparse delante de todo el mundo le había parecido humillante para el niño. Yo le pedí que preguntara al niño y a sus compañeros si les molestaba disculparse delante de todo el mundo. Todos los alumnos dijeron unánimemente que no les molestaba. El caso es que este formato nos ayuda a entrar en el mundo de los niños, en lugar de proyectar el nuestro en ellos.

ACTITUDES Y COMPETENCIAS DEL PROFESOR

1. Dejar de controlar y favorecer la colaboración

La *Positive Discipline in the Classroom Teacher's Guide*[3] (Disciplina positiva en el aula: guía del profesor) incluye actividades que ayudan a los profesores a experimentar las razones fundamentales para utilizar la disciplina positiva. Durante una actividad llamada "Por favor, quédate sentado", los participantes forman tríos. En cada trío, una persona hace de alumno sentado en una silla. Las otras dos interpretan a adultos que están de pie detrás de la silla con las manos en los hombros del alumno. El objetivo es que el alumno intente levantarse de la silla, mientras los adultos lo obligan a seguir sentado en ella. Cuando se comenta esta actividad, preguntando a cada participante qué ha pensado, sentido o decidido hacer en el futuro, se tratan todos los puntos de los resultados a corto y largo plazo del control. Quienes interpretan al alumno explican que se han sentido enojados, resentidos o totalmente desanimados. También dicen haber decidido invertir todo su tiempo en averiguar cómo derrotar al adulto controlador, vengarse de él o (incluso peor) abandonar y someterse, en gran detrimento de su autoestima. Los que interpretan a los adultos explican que se sienten fuera de control aun cuando finjan que controlan la situación. Algunos comentan qué fácil es entablar una lucha de poder sin pensar en los resultados a largo plazo. Lo único en lo que todos pueden pensar es en ganar o en que no los derroten. Nadie piensa en que, aunque pudiera ganar, el precio sería convertir al alumno en un perdedor.

2. Dar ejemplo de lo que quiere enseñar

Hay varias competencias de los profesores que mejoran sustancialmente las reuniones de clase. Es importantísimo dar ejemplo de lo que usted espera que aprendan sus alumnos: las competencias necesarias para tener una vida satisfactoria. Resulta más fácil cuando los profesores utilizan fórmulas de cortesía, tales como por favor, gracias, no hay de qué, etc.

3. Hacer preguntas de curiosidad (el método socrático)

Las preguntas de curiosidad, descritas en el capítulo 6, son algo distintas cuando se utilizan en las reuniones de clase. Una de las técnicas más importantes que enseña respeto mutuo y permite a los niños percibirse como individuos capaces, es hacer preguntas sin una respuesta fija. Cualquier afirmación se puede formular como una pregunta. Si quiere transmitir a sus alumnos que están haciendo demasiado ruido, pregunte: "¿Cuántos creéis que estamos haciendo demasiado ruido?". Esto es especialmente eficaz si hace la pregunta en ambos sentidos. Si pregunta a cuántos les parece bien, pregunte también a cuántos no se lo parece. Cuanto menos deja traslucir su opinión, más impulsa a sus alumnos a pensar por sí mismos. Es asombrosa la frecuencia con que los niños hacen la misma clase de afirmaciones moralizantes y aleccionadoras que rechazan cuando las oyen en un adulto.

Las preguntas sin una respuesta fija pueden transformar un ambiente negativo en uno positivo, como ilustra el ejemplo siguiente: un profesor pidió a una orientadora pedagógica que le ayudara con Stephen, un alumno que estaba causando muchos problemas en el patio. La orientadora creyó que el mejor modo de abordar el problema era en una reunión de clase. Aquel profesor no había celebrado nunca reuniones de clase, por lo que la orientadora aprovechó aquella ocasión para enseñarle a hacerlo.

La orientadora pidió a Stephen que saliera de clase y fuera a la biblioteca. La regla general es no hablar de ningún niño que no esté presente, pero, en este caso, ella sabía que no se había creado un ambiente positivo y no quería arriesgarse a que surgieran comentarios ofensivos. La orientadora inició la reunión de clase preguntando quién era el alumno de la clase que más problemas causaba. Los alumnos corearon "Stephen". Luego, preguntó qué clase de cosas hacía Stephen para causar problemas. Mencionaron pelearse, robar pelotas, decir tacos, insultar, etc. Estas primeras preguntas permitieron a los niños expresar lo que habían estado pensando y sintiendo.

Las preguntas siguientes les brindaron una oportunidad para pensar positivamente. "¿Por qué creéis que hace Stephen esas cosas?" Las respuestas incluyeron cosas tales como "Porque es malo". "Es un abusón." Finalmente, un alumno dijo: "A lo mejor es porque no tiene amigos". Otro alumno explicó que Stephen vivía con una familia de acogida. Cuando la orientadora pidió a los niños que hablaran sobre qué significaba vivir con familias de acogida, ellos aportaron ideas tales como lo duro que debía de ser dejar a tu familia, cambiar tanto de casa, etc. Ahora, estaban expresando comprensión por Stephen en lugar de hostilidad.

Cuando la orientadora les preguntó "¿Cuántos de vosotros estaríais dispuestos a ayudar a Stephen?", todos los alumnos de la clase alzaron la mano. Se hizo una lista en la pizarra con todas las sugerencias sobre cómo podían ayudarlo. Estas incluyeron acompañarlo cuando iba y volvía de la escuela, jugar con él a la hora del patio, almorzar con él y alrededor de otras diez ideas más. A continuación, se hizo la lista de voluntarios para cada sugerencia.

Más tarde, la orientadora explicó a Stephen que la clase había hablado sobre los problemas que él había estado teniendo en el patio. Cuando le preguntó si tenía idea de cuántos alumnos querían ayudarlo, él bajó la mirada y respondió: "Probablemente, ninguno". Cuando ella le dijo que todos querían hacerlo, él alzó la vista sorprendido y preguntó, como si no pudiera creerlo: "¿Todos?". Era obvio que aquel giro de los acontecimientos era muy motivador para él.

Cuando toda la clase decidió ayudar a Stephen, y cumplió sus compromisos, él se sintió tan tenido en cuenta que su conducta mejoró de una forma espectacular.

4. Responsabilizarse de cómo contribuye a la relación (y al problema)

Otra competencia es estar dispuesto a asumir la responsabilidad de algunos problemas y pedir ayuda. Una profesora de primero de secundaria explicó su experiencia con la costumbre de sus alumnos de mordisquear palillos. La sacaba de quicio, no solo porque le parecía repugnante, sino porque encontraba palillos por todo el suelo del aula y el resto de la escuela. Suponía un problema para ella, pero no para sus alumnos. Les había dado sermones y suplicado muchas veces que por favor dejaran de mordisquear palillos. No había ocurrido nada.

Finalmente, lo incluyó en la agenda de la reunión y admitió que no podía entender que no fuera un problema para ellos, pero que les agradecería que la ayudaran a encontrar una solución a su problema. Como solo tenían cincuenta minutos de clase, no podían dedicar más de diez minutos diarios a la reunión, por lo que, muy a menudo, tardaban varios días en encontrar la solución definitiva. Al tercer día de hablar sobre los palillos, ella empezó diciendo:

–Aún no hemos resuelto el problema de los palillos.

Uno de sus alumnos le preguntó si últimamente había visto a alguien con un palillo en la boca. Ella admitió que no. Aquel alumno dijo:

–A lo mejor se ha resuelto el problema.

–A lo mejor –dijo ella sorprendida.

Este es un ejemplo excelente de cómo, en muchas ocasiones, hablar de un problema basta para que todo el mundo tome conciencia de él y siga pensando en cómo resolverlo fuera de la reunión de clase.

5. Ser objetivo y no crítico

Adopte una actitud lo menos crítica posible. Cuando los alumnos sientan que pueden hablar de cualquier cosa sin que los juzguen, expondrán muchas cosas abiertamente para hablar y aprender de ellas. Una profesora expresó preocupación por el hecho de que hablar sobre ciertas cosas, tales como escupir en el baño, pudiera dar a otros alumnos ideas que no se les habían ocurrido. A medida que avanzaba la conversación, esta profesora se dio cuenta de que sus alumnos ya sabían qué estaba pasando y que no hablar del problema abiertamente no iba a lograr que desapareciera.

No censure los puntos de la agenda. Algunos adultos quieren censurar los puntos que ellos consideran "chivatazos". Lo que a usted puede parecerle un chivatazo, puede ser una verdadera preocupación para un niño. Otros adultos quieren eliminar puntos si antes se ha tratado un problema similar. Una vez más, a usted puede parecerle un problema similar, pero para el niño es único.

Recuerde que el proceso es aún más importante que la solución. Aunque a usted el punto le parezca el mismo, sus alumnos pueden resolverlo de otra forma o más deprisa gracias a la experiencia que han adquirido en el proceso.

6. Buscar la intención positiva de todas las conductas

Finalmente, es importante ser capaz de encontrar la intención positiva de toda conducta. Esto permite que los niños se sientan reafirmados y valorados, dos requisitos previos esenciales para que modifiquen su conducta. Durante una reunión de clase, los alumnos estaban abordando el problema de copiar en los exámenes. La alumna a quien atañía el problema explicó que había mirado las palabras antes del examen de ortografía porque quería aprobar. El señor Meder preguntó:

–¿Cuántos pensáis que es genial que la gente quiera aprobar los exámenes?

La mayoría de la clase alzó la mano. Otro alumno admitió que lo habían pillado copiando y que había tenido que repetir el examen. El señor Meder preguntó:

–¿Te ayudó eso?

El alumno dijo que sí. Estos son dos ejemplos de hallar lo positivo en lo que podría concebirse únicamente como negativo. A continuación, la clase pasó a hacer sugerencias para mejorar la conducta de la alumna.

PREGUNTAS FRECUENTES

Durante un seminario sobre disciplina positiva, se grabaron y transcribieron las preguntas siguientes. Representan las preocupaciones de muchos profesores.

P: ¿No necesitan los niños soluciones inmediatas a sus problemas? No creo que mis alumnos pudieran esperar tres días hasta que sus problemas se trataran en la reunión.

R: Yo trabajé con otra profesora que opinaba lo mismo. Había estado celebrando reuniones de clase justo después del almuerzo para abordar todos los problemas que surgían durante la hora del almuerzo. Yo la animé a pedir a sus alumnos que anotaran sus problemas en un cuaderno y esperaran al menos un día para resolverlos en una reunión de clase. Más tarde, ella comentó que estaba sorprendida de lo satisfechos que se quedaban sus alumnos por el mero hecho de incluir su problema en la agenda. Aquella era su solución inmediata. Cuando se alejaban de la agenda, su lenguaje corporal indicaba alivio. También refirió que, de uno a tres días después, la discusión de los problemas era más racional y positiva porque los ánimos se habían calmado.

P: ¿Y si una solución que se ha decidido no da resultado?

R: La decisión debería seguir en vigor hasta que alguien vuelva a incluir el problema en la agenda. En una clase, tenían el problema de que los alumnos se echaban hacia atrás en las sillas. La clase decidió que los alumnos que lo hicieran tendrían que ponerse de pie detrás de su silla. Aquello no dio resultado, porque había alumnos que disfrutaban estando de pie y eso alteraba la clase. El profesor volvió a incluir el problema en la agenda. Los alumnos estuvieron de acuerdo en que la solución alteraba la clase y decidieron que los niños que se echaran hacia atrás en la silla tendrían que salir de clase como aviso, pero que podían volver a entrar cuando estuvieran listos para sentarse correctamente.

P: ¿Y si alguien piensa que una consecuencia es injusta?

R: Esto no suele ser un problema si el alumno elige la solución que cree que le será más útil. El problema también se evita cuando nos centramos en las soluciones en lugar de hacerlo en las consecuencias.

P: ¿Qué hay que hacer si todos los alumnos sugieren castigos en vez de soluciones?

R: Ponga por escrito todas las sugerencias. Cuando los alumnos están aprendiendo el proceso, es útil pedirles que revisen todas las sugerencias que han hecho y eliminen las que no les parezcan respetuosas o útiles. Esto les procura más tiempo para pensar en los resultados a largo plazo de lo que han sugerido. Otra opción es pedir a voluntarios que representen las sugerencias punitivas. Después de la representación, pregunte al voluntario que ha sufrido el castigo cómo se ha sentido, qué ha aprendido y qué ha decidido que hará en el futuro. Esta es otra magnífica forma de enseñar los resultados a largo plazo del castigo.

P: ¿Y si los alumnos empiezan a unirse en contra de un compañero?

R: Esto ocurre a veces, incluso después de que los alumnos hayan aprendido a ser positivos y ayudarse la mayor parte del tiempo. Durante una demostración de una reunión de clase dirigida por Frank Meder, estaban comentando el problema de una alumna nueva que había dicho palabrotas en el patio. Los alumnos parecían estar uniéndose en contra de ella. Frank los reorientó haciéndoles preguntas. Les preguntó: "¿Cuántos sabéis qué se siente al ser nuevo en una escuela?". Varios alumnos comentaron su experiencia en ese tema. Luego, Frank les preguntó cuántos de ellos habían invertido tiempo en hacerse amigos de la niña y en explicarle las normas de la escuela. Ninguno alzó la mano. Frank se dirigió a la alumna nueva y le preguntó si los alumnos de su antigua escuela decían palabrotas. Ella reconoció que así era. Frank preguntó entonces cuántos estarían dispuestos a hacerse amigos suyos y explicarle las normas. Muchos alzaron la mano. Luego, prosiguieron con la reunión, pero el ambiente era ahora muy positivo y amable. Los alumnos decidieron que esta vez bastaba con haber hablado del tema, porque la alumna no conocía sus normas.

En una reunión de clase de alumnos de segundo de secundaria parecía obvio que el alumno sobre el que se estaba hablando sentía que la clase se había unido en contra de él. Yo pregunté a los alumnos: "¿Cuántos de vosotros sentiríais que os están ayudando en la posición en la que ahora está Bill?". Nadie levantó la mano. A continuación, pregunté: "¿Cuántos de vosotros sentiríais que se están uniendo en contra de vosotros si estuvierais en la posición de Bill?". Casi todos levantaron la mano. Luego pregunté: "¿Cuántos de vosotros estaríais dispuestos a poneros en la piel de otra persona cuando hacéis comentarios o sugerencias?". Todos accedieron a hacerlo y admitieron que era curioso que no se les hubiera ocurrido antes.

P: ¿Y si el problema incluye a un alumno de otra clase?

R: Muchas escuelas celebran las reuniones de clase a la misma hora para que los alumnos puedan ser invitados a otra clase. Antes de invitar a un alumno a su clase, pida a sus alumnos que hablen sobre cómo debe de ser que te pidan que vayas a otra clase. Pídales que comenten qué pueden hacer para asegurarse de que el alumno invitado percibe que el propósito es ayudarlo y no hacerle daño. En algunas clases, los alumnos sugieren cosas positivas sobre el alumno invitado para poder empezar haciéndole cumplidos.

Stuart fue invitado a la clase de la señora Petersen porque algunos alumnos se quejaban de que había derribado su castillo de arena de una patada. Comenzaron felicitándolo por lo buen deportista que era y por sus dotes de mando. A continuación, la señora Petersen le preguntó si sabía por qué derribaba los castillos de arena. Él explicó que una vez había sido sin querer y que la otra había sido porque el timbre ya había sonado de todas formas. La señora Petersen le preguntó entonces si tenía alguna sugerencia para resolver el problema. Él no la tenía. Alguien sugirió que lo nombraran vigilante de los castillos de arena para asegurarse de que nadie los destruía. Stuart y la clase aceptaron unánimemente esta sugerencia.

Comenzar con cumplidos disminuye la actitud defensiva e induce a colaborar. Algunas clases comienzan a resolver cualquier problema halagando virtudes de las partes implicadas que los demás valoran.

P: ¿Cómo impido que incluyan "chivatazos" en la agenda?

R: No lo haga. Es más útil que modifique su percepción. Esta es a menudo la clase de problemas que son reales para los alumnos. Dé las gracias por todas las oportunidades que tienen los suyos para practicar sus competencias. Si el profesor censura puntos de la agenda, los alumnos pierden fe en el proceso. Asimismo, cuando los alumnos participan en reuniones de clase, estos problemas pierden su connotación de chivatazo porque los alumnos están intentando hallar soluciones que sean útiles y no hirientes.

P: ¿Qué hago cuando unos cuantos alumnos monopolizan la agenda?

R: Incluya el problema en la agenda y deje que sus alumnos lo resuelvan. Una profesora explicó que tenía ese problema. Tommy anotaba en la agenda hasta diez puntos diarios. Le sugerí que incluyera el problema en la agenda, pero ella descubrió que ya lo había hecho otro alumno. La clase decidió que cada alumno podía poner en la agenda una sola cosa al día. Esta profesora admitió que si ella hubiera intentado resolver sola el problema, habría permitido de tres a cinco puntos, pero le gustó mucho más la solución de sus alumnos.

P: ¿Pueden los alumnos incluir al profesor en la agenda si tienen una queja?

R: Si los profesores han captado el espíritu de las reuniones de clase, se sentirán cómodos hablando sobre sus errores como una oportunidad para aprender. Esta actitud es un excelente ejemplo para los alumnos.

Frank Meder trajo a sus alumnos a un taller sobre disciplina positiva en el aula para hacer una demostración de una reunión de clase. Un punto de la agenda era que Frank había quitado una bolsa de patatas fritas a un alumno durante el recreo porque la escuela prohibía comer en el patio. De regreso a la sala de profesores, Frank se había comido unas cuantas patatas. La solución sugerida (y la que él eligió) fue comprar al alumno otra bolsa de patatas, pero antes se podía comer la mitad, porque la bolsa solo estaba medio llena cuando él se la quitó al alumno.

En otra ocasión, un alumno incluyó al señor Meder en la agenda por obligar a un compañero que se había portado mal a dar una vuelta a la pista durante la clase de educación física. Los alumnos decidieron que aquello era un castigo más que una solución. Decidieron que el señor Meder debía dar cuatro vueltas a la pista. Frank aceptó su decisión, pero, después de hacerlo, lo incluyó en la agenda y dijo que era injusto que a él le exigieran dar cuatro vueltas cuando el alumno solo había dado una. Utilizó aquello como una oportunidad para comentar lo fácil que es querer vengarse cuando hay un castigo.

P: ¿Qué hago cuando los alumnos no admiten lo que les acusan de haber hecho?

R: Cuando se ha instaurado un ambiente de confianza y ayuda, es poco frecuente que los alumnos no se sientan libres de responsabilizarse de sus actos. Antes de que se haya instaurado ese ambiente, puede preguntar si algún otro alumno ha visto qué ha sucedido. Algunos profesores piden a sus alumnos que representen lo que ha ocurrido. La representación a menudo se vuelve tan graciosa que todo el mundo termina riéndose. Esto impulsa a veces al alumno reacio a explicar qué es lo que ha sucedido realmente.

Podría aprovechar esta oportunidad para hacer algunas preguntas sobre por qué pueden los alumnos mostrarse reacios a admitir que han hecho algo, por ejemplo: "¿Cuántos de vosotros querríais admitir que habéis hecho algo si creyerais que otras personas pueden querer haceros daño en vez de ayudaros?". "¿A cuántos de vosotros os han acusado de haber hecho algo cuando vosotros creíais que no habíais hecho nada?" Muchos profesores han obtenido buenos resultados preguntando a sus alumnos si estarían dispuestos a aceptar esta vez la palabra de su compañero de que no lo ha hecho e incluirlo en la agenda si vuelve a ocurrir.

P: ¿Qué hago si mis alumnos utilizan la agenda para vengarse? Mis alumnos van a consultar la agenda y, si ven escrito su nombre, anotan el del alumno que los ha puesto a ellos.

R: Esto sucede bastante a menudo antes de que los alumnos aprendan y crean que el propósito de la agenda es ayudarse entre ellos en lugar de "pillarse". Muchos profesores resuelven este problema utilizando como agenda una caja de zapatos. Piden a sus alumnos que escriban su problema en un papel de un color distinto para cada día de la semana, a fin de poder saber qué problema es más antiguo. Entretanto, el profesor los anima a hablar sobre qué pueden hacer para mejorar la confianza. Otra opción es pedir a los alumnos que incluyan el problema en la agenda sin poner nombres. Luego, se centran en soluciones para un "problema típico", sin que importe a quién atañe este problema. Este proceso ayuda a los alumnos a habituarse a la idea de centrarse en las soluciones. Casi todos los profesores que al principio utilizan la caja de zapatos introducen la agenda en cuanto perciben que sus alumnos están preparados para hacerlo. Algunos profesores también piden a sus alumnos que introduzcan cumplidos en la caja. Estos cumplidos se leen antes de que se hagan los cumplidos orales.

P: ¿Qué debería hacer cuando mis alumnos se amontonan alrededor de la agenda al volver del recreo?

R: Si los alumnos se amontonan alrededor de la agenda al volver del recreo, retrasando el inicio de la clase, establezca la norma de que solo pueden escribir en la agenda cuando salen de clase. A veces, esperar hasta el próximo descanso es suficiente para que un alumno se calme y decida que algo no es tan grave como para incluirlo en la agenda. Algunos profesores comienzan estableciendo esta norma y más adelante, cuando los alumnos aprenden a hacerlo sin alterar la clase, les permiten utilizar la agenda cuando ellos quieren.

P: ¿Es realmente necesario celebrar reuniones de clase todos los días? No tengo tantos problemas y detesto emplear tanto tiempo.

R: La razón principal de celebrar una reunión de clase todos los días es enseñar un proceso que permite a los alumnos practicar las competencias necesarias para tener una vida satisfactoria. Muchos alumnos no aprenden realmente el proceso si hay un lapso de una semana entre una reunión y la siguiente. Varios profesores han observado que celebrarlas todos los días puede ser el factor que determine su éxito o fracaso. Una profesora con una clase particularmente difícil estaba a punto de dejar de celebrar reuniones de clase hasta que empezó a hacerlo todos los días. Descubrió que sus alumnos aprendían el proceso y confiaban en él si lo realizaban a diario. El ambiente de su clase cambió porque sus alumnos aprendían competencias positivas, que continuaban utilizando a lo largo de todo el día.

Otra profesora dijo que no había estado celebrando reuniones de clase porque tenía una clase muy colaboradora y no estaba teniendo problemas. Intentó celebrar una reunión de clase cuando surgió un problema importante y descubrió que la clase no sabía resolverlo porque no había aprendido el proceso. Esta profesora no había entendido la importancia de las reuniones de clase como un proceso donde los niños aprenden competencias que les permiten resolver los problemas cuando surgen e, incluso más importante, aprenden competencias que pueden utilizar todos los días de su vida.

Otro profesor de enseñanza primaria descubrió que la razón por la que sus alumnos no estaban incluyendo puntos en la agenda era que tardaban demasiado en abordarse si celebraban únicamente una reunión de clase a la semana.

En la etapa primaria, es mejor celebrar reuniones de clase todos los días. Si no hay ningún problema en la agenda, emplee este tiempo en hacer cumplidos o planear o comentar otras cuestiones.

P: ¿Y si un punto de la agenda atañe a un alumno que no está?

R: Si el alumno ausente es el que ha incluido el punto en la agenda, táchelo y pase al siguiente. Si el alumno ausente está implicado en el problema, sálteselo, pero déjelo en la agenda como el primer punto que se tratará cuando él regrese. Esto reduce la posibilidad de que los alumnos se ausenten a causa de la agenda. No obstante, si sospecha que sus alumnos quieren no estar presentes porque su nombre aparece en la agenda, debería plantearlo en una reunión de clase para que sus alumnos decidan qué necesitan hacer para asegurarse de que todo el mundo sabe que quieren ayudarse, no hacerse daño.

P: ¿Y si los padres ponen objeciones?

R: Invítelos a observar una reunión de clase. Muy pocos padres ponen objeciones cuando han presenciado el proceso. Es posible que algunos alumnos crean que pueden recibir una atención especial de sus padres si se quejan de que en las reuniones de clase se ceban en ellos. Incluso cuando los alumnos intentan describir fielmente las reuniones de clase, a los padres puede parecerles un galimatías. Dígales que comprende su preocupación y que usted se sentiría probablemente igual que ellos si no hubiera visto personalmente el proceso y los resultados positivos. Es posible que algunos padres vayan a observar. A otros les bastará con su comprensión y su invitación. (He incluido una carta a los padres en el Apéndice III.)

Si los padres siguen poniendo objeciones después de observar una reunión, o si se niegan a hacerlo pero continúan insistiendo en que su hijo no participe, organícelo de tal forma que el niño visite otra clase o vaya a la biblioteca durante las reuniones de clase.

Un alumno se quejó a su madre, quien se apresuró a venir a la escuela para "sobreproteger" a su hijo. Insistió en que no quería que el niño participara. Su hijo se quejó más adelante de que se sentía excluido porque tenía que irse a la biblioteca durante las reuniones de clase.

P: ¿Y si los alumnos no quieren participar?

R: Los alumnos no deberían poder decidir este tipo de cuestiones, de igual forma que no pueden decidir si asisten o no a la clase de matemáticas. Usted puede plantear una discusión sobre qué motivos pueden tener las personas para no querer participar y sobre cómo mejorar las reuniones de clase para que todo el mundo quiera asistir.

P: ¿Cómo hago cumplir las decisiones?

R: No es necesario que el profesor haga cumplir las decisiones que toman los individuos o el grupo. Los alumnos serán muy conscientes de lo que sucede y, si un compañero se "olvida", ellos se lo recordarán o volverán a incluirlo en la agenda.

P: ¿Quién dirige las reuniones de clase, el profesor o los alumnos?

R: En cuanto los alumnos tengan edad suficiente, es aconsejable dejarles asumir la máxima responsabilidad. Muchos profesores organizan rotaciones en los cargos de presidente y secretario. Un alumno será presidente durante una semana, estará a cargo de la agenda y moderará las reuniones de clase. El secretario es la persona que debe poner por escrito todas las sugerencias y decisiones finales.

P: ¿Cómo funciona este proceso con niños menores de seis años?

R: ¡Magníficamente! He visitado muchos cursos de primaria donde los alumnos lo hacían tan bien que yo tenía que pellizcarme para recordar que en realidad no eran alumnos de secundaria en miniatura. Empleaban el mismo vocabulario y las mismas competencias para resolver los problemas.

Muchos centros de enseñanza infantil están ahora celebrando reuniones de clase con sus alumnos de dos, tres, cuatro y cinco años. En *Positive Discipline for Preschoolers*,[4] explicamos una anécdota sobre una clase que estaba intentando resolver el problema de arrojar astillas de madera al patio. Los niños mayores estaban haciendo algunas sugerencias excelentes. Cuando pasaron el cojín a Cristina, una niña de dos años y medio, ella dijo: "Esta mañana he tomado plátano con mis cereales". El profesor le dio las gracias y ella pasó el cojín al alumno que tenía sentado a su lado. Aunque Cristina aún no comprendía enteramente el propósito de las reuniones de clase, su participación fue tenida en cuenta y ella pudo sentirse importante. Entretanto, estaba asimilando el proceso y aprendiendo de los alumnos mayores.

Los niños pequeños pueden necesitar ayuda para incluir sus problemas en la agenda. Algunos profesores de enseñanza primaria piden a sus alumnos que acudan a ellos o a un ayudante y les dicten qué quieren incluir en la agenda. Otros les piden que escriban su nombre y hagan un dibujo que les recuerde el problema. En estos primeros cursos, la mitad de los problemas a menudo se resuelven porque el niño no se acuerda de qué ha pasado cuando su nombre sale en la agenda. Lo único que necesitaba era tiempo para tranquilizarse. Los niños pequeños olvidan y perdonan enseguida.

Asimismo, estos niños pueden necesitar que los dirijan y orienten un poco más, por lo que es posible que el profesor necesite implicarse más activamente que con niños más mayores. Al principio de cada reunión, la señora Ater pedía a sus alumnos de primero que recitaran los propósitos:

1. Ayudarnos unos a otros.
2. Resolver los problemas.

A continuación, recitaban las reglas:

1. No traer objetos al círculo.
2. Hablar de uno en uno.
3. Las seis "patitas" deben estar todas en el suelo (las cuatro de la silla y las dos suyas).

OTRAS SUGERENCIAS

Amigos invisibles

A algunos profesores les gusta utilizar la reunión de clase de los lunes para pedir a cada alumno que escriba el nombre del que será su amigo invisible durante esa semana. La reunión de clase de los viernes se emplea entonces para que cada alumno adivine quién ha sido su amigo invisible explicando qué detalles ha tenido con él.

Para que esto dé resultado, requiere cierta instrucción preliminar. En primer lugar, pida a sus alumnos que sugieran cosas que podrían hacer, como amigos invisibles, por ejemplo, dejar notas agradables al compañero que han elegido, compartir algo con él, ayudarlo, jugar juntos, sonreírle y saludarlo todos los días, o dejarle un caramelo en el pupitre. Después de anotar varias ideas en la pizarra, pida a cada alumno que escriba en una hoja de papel al menos cinco ideas que a él le apetecería hacer. Puede pegar esa lista en su pupitre con cinta adhesiva e ir tachando lo que va haciendo. Esto reduce la posibilidad de que algunos alumnos no reciban ninguna atención. Este ejercicio ha mejorado significativamente los lazos de amistad entre los alumnos de muchas clases.

Cada alumno podría también pensar en un cumplido sobre su amigo invisible para decírselo durante la reunión de clase. Esto puede asegurar que todos los alumnos reciban cumplidos.

Reglas de clase

Hay ciertas decisiones en las que los alumnos no pueden participar, por ejemplo, en el plan de estudios (a menos que quiera animarlos a hablar con los adultos que toman esas decisiones). No obstante, hay muchas áreas donde los alumnos sí podrían participar en las decisiones. Cuando los invitan a intervenir y ayudar en la toma de decisiones, ellos están más motivados para colaborar en el cumplimiento de esas decisiones.

Me encanta ver cómo llevan muchos profesores esta sugerencia a la práctica. Casi todas las clases tienen las reglas de clase colgadas en algún lugar del aula. En las clases donde los alumnos hacen sugerencias sobre cuáles deberían ser, las reglas llevan por título: “Hemos decidido”. Las reglas son casi idénticas a las que cuelgan los profesores sin la participación de sus alumnos. Los profesores que han probado ambas cosas han observado que la colaboración y el respeto mutuo mejoran cuando sus alumnos han participado en el establecimiento de las reglas.

Muchos profesores han observado que las excursiones escolares son más satisfactorias si antes se tratan en una reunión de clase. Pida a los alumnos que comenten todas las cosas que podrían convertir una excursión escolar en una mala experiencia y decidan soluciones a esos problemas potenciales. Luego pueden comentar qué necesitan hacer para que la excursión sea agradable.

Las reuniones de clase también han facilitado las cosas a los profesores sustitutos. Yo a menudo me refería a este tema la primera vez que celebraba una reunión de clase con los alumnos. Les preguntaba: "¿Qué clase de cosas hacen los alumnos para fastidiar a un sustituto?". Ellos me daban una larga lista de las cosas que hacían, por ejemplo, cambiarse de nombre y de asiento o dejar caer los libros al suelo todos a la vez. Luego les preguntaba cómo debía de sentirse un sustituto mientras lo fastidiaban. Es asombrosa la cantidad de alumnos que nunca se plantean cómo puede sentirse un profesor sustituto. La lista incluía sentirse ofendido, triste o enfadado. A continuación, les pedía que sugirieran ideas sobre cómo hacerle la vida agradable a un sustituto. Siempre era muy gratificante oír cuán considerados podían ser los alumnos cuando se les brindaba la oportunidad. Luego les preguntaba cuántos de ellos estarían dispuestos a ayudar en vez de a hacer daño. Se ofrecían todos. Muchos profesores sustitutos me comentaron lo agradable que era trabajar en una clase donde los alumnos participaban regularmente en reuniones de clase.

Cómo terminar las reuniones de clase

Cuando las reuniones de clase dan resultado, los alumnos a menudo se implican tanto que querrían prolongarlas durante más tiempo de lo que sería razonable. Este problema se elimina si las reuniones se celebran justo antes del almuerzo o del recreo.

Es infrecuente que los alumnos quieran continuarlas cuando es hora de comer o salir al patio.

Las cosas a menudo empeoran antes de mejorar

Muy a menudo, los alumnos no confían en que los adultos estén realmente dispuestos a escucharlos y tomarlos en serio. Pueden tardar un tiempo en habituarse a ello. Al principio, pueden intentar utilizar este nuevo poder para ser hirientes y punitivos porque ese es el modelo al que están habituados.

No olvide el objetivo a largo plazo y tenga valor para ser imperfecto. ¿Hay algún alumno, independientemente de sus circunstancias, que no responderá cuando lo escuchen y reafirmen por sus pensamientos e ideas? ¿Hay algún alumno que no se beneficiará de aprender a encontrar soluciones no punitivas a los problemas? ¿Hay algún alumno que no aprenderá a ser responsable ante sí mismo y ante la sociedad cuando sepa que es seguro asumir sus propios errores porque le brindan oportunidades para aprender en lugar de infligirle culpa, vergüenza y dolor a través del castigo? Yo creo que no.

Muchos profesores han estado tentados de darse por vencidos antes de haber atravesado todo tipo de dificultades. Algunos probablemente lo hacen. Los que no cejan en el empeño refieren que están encantados con lo mucho que ellos y sus alumnos se benefician cuando las cosas mejoran.

REVISIÓN

Pautas para celebrar reuniones de clase

1. Los alumnos se sientan en círculo y el profesor se sienta con ellos a su mismo nivel. (En otras palabras, si

los alumnos se sientan en el suelo, también lo hace el profesor, en contraposición a estar de pie y enseñando.)

2. Los alumnos empiezan a dirigir las reuniones lo antes posible.
3. El alumno encargado iniciará los cumplidos pasando un objeto (por ejemplo, un palo o un cojín) por el círculo para que todos los alumnos tengan ocasión de hacer un cumplido, no decir nada o pedir que les hagan un cumplido.
4. El receptor de un cumplido dará las gracias.
5. El profesor o alumno encargado cogerá la agenda y leerá en voz alta el próximo punto que hay que tratar.
6. Una vez leído, el alumno que lo ha escrito puede optar por (a) explicar cómo se siente mientras los otros escuchan, (b) comentar el problema sin solucionarlo o (c) pedir ayuda para resolverlo.
7. Si el alumno elige comentar el problema sin solucionarlo o pedir ayuda para resolverlo, los alumnos volverán a pasarse el objeto para poder comentarlo sin solucionarlo o hacer sugerencias para resolverlo. (Los comentarios breves también son bienvenidos.)
8. El profesor se contiene para no hacer comentarios sobre las sugerencias de sus alumnos (salvo para asegurarse de que están haciendo sugerencias. Quizá necesite preguntarles: "¿Cómo podrías convertir eso en una sugerencia?"). Cuando pasen el objeto al profesor, él puede hacer un comentario o una sugerencia, pero solo entonces.
9. El profesor o, cuando sea posible, los alumnos anotan cada sugerencia en un cuaderno.
10. En la mayoría de casos, los alumnos se pasarán dos veces el objeto para tener ocasión de hacer una sugerencia en la que no habían pensado antes de escuchar a sus compañeros. (Esto no lleva tanto tiempo como muchos temen.)

11. El alumno que ha incluido el punto en la agenda puede elegir la sugerencia que cree que le será más útil. Cuando hay otro alumno implicado, también él puede elegir una solución. Si las soluciones entran en conflicto, ambos tendrán que reunirse en privado para encontrar una solución que les sirva a los dos. Solo habrá una votación si el problema atañe a toda la clase.

Seis razones por las que fracasan las reuniones de clase

1. No formar un círculo.
2. No celebrar reuniones de clase con regularidad (de tres a cinco veces a la semana en las escuelas de enseñanza primaria).
3. Censura del profesor (juzgando las preocupaciones como meros "chivatazos").
4. No dejar tiempo para que los alumnos aprendan a resolver los problemas de una forma no punitiva.
5. Menospreciar a los alumnos (adoptar con ellos una actitud condescendiente) en lugar de tener fe en sus capacidades.
6. No pasar un objeto (un palo, por ejemplo) entre los alumnos y, por tanto, no permitir que todos tengan ocasión de hablar.

Capítulo 9

REUNIONES DE FAMILIA

Cuando Jim y Betty se casaron, cada uno tenía ya tres hijos de su anterior matrimonio. Los seis niños tenían edades que abarcaban desde los seis hasta los catorce años. Obviamente, hubo que hacer muchos reajustes. Betty trabajaba fuera de casa. Le encantaba pasar tiempo con su nueva familia y estaba impaciente por regresar a casa después del trabajo, salvo por un problema. Lo primero en que se fijaba cuando entraba era en el desorden. Los niños regresaban a casa después de las clases y dejaban sus libros, jerséis y zapatos diseminados por toda la casa. A eso se sumaban los restos de galletas, los vasos de leche vacíos y los juguetes. Betty empezaba a quejarse y a intentar engatusarlos. "¿Por qué no podéis recoger vuestras cosas? Sabéis cuánto me disgusta. Me encanta estar con vosotros, pero me enfado tanto cuando veo todo este desorden que se me pasa la alegría." Los niños recogían las cosas, pero, para entonces, Betty estaba disgustada con ellos y consigo misma.

Betty incluyó finalmente el problema en la agenda de la reunión de familia semanal que celebraban los lunes por la noche. Admitió que era su problema. Obviamente, a los niños no les molestaba tener la casa desordenada, pero les preguntó si estarían dispuestos a ayudarla con su problema. Los niños percibieron que no los culpaba ni acusaba y sugirieron crear una "caja de seguridad". Esta sería una gran caja de cartón que se dejaría en el garaje. La norma era que, cualquier cosa que se dejara en las habitaciones comunes, tales como el salón y la cocina, podía ser recogida por cualquiera que la viera y depositada en la caja de seguridad. También decidieron que el objeto tendría que permanecer allí una semana antes de que su dueño lo pudiera recuperar. El plan funcionó maravillosamente bien. El problema del desorden desapareció y la caja de seguridad estuvo repleta de cosas. No obstante, causó algunos otros problemas que cuestionaron la viabilidad del plan. Si la familia no se hubiera atenido a él, todo se habría ido al traste. Por ejemplo, David, de doce años, "perdió" los zapatos que llevaba a la escuela. Los buscó por todas partes y luego se acordó de la caja de seguridad. Como era de esperar, estaban allí.

David llevó a la escuela sus viejas y malolientes zapatillas de tenis, pero al día siguiente también se quedó sin ellas. No tenía otro calzado, pero sus hermanos insistieron en que no podía sacarlas de la caja hasta que hubiera transcurrido una semana. David acudió a su madre, quien dijo sabiamente: "Lo siento. No sé qué vas a hacer, pero yo también tengo que atenerme a las normas". A los hermanos de David se les ocurrió finalmente la solución de que fuera a la escuela en zapatillas. A David no se le ocurrió nada mejor, así que fue a clase en zapatillas durante tres días. Después de aquella semana, jamás volvió a dejar sus zapatos fuera de su sitio.

Luego, Susan, la hermana de ocho años de David, se quedó sin abrigo. Para sus padres, fue muy difícil mantenerse al margen de aquella situación. A fin de cuentas, ¿qué clase de padres permitía que sus hijos fueran a clase en zapatillas y salieran de casa sin abrigo cuando hacía frío? Decidieron olvidarse de lo que otras personas pudieran pensar y dejaron que Susan resolviera sola el problema, como había hecho David. Susan llevó dos jerséis a clase esa semana.

Jim también "perdió" algunas corbatas, una chaqueta deportiva y algunas revistas. Lo más revelador para Betty fue descubrir cuántas de sus cosas iban a parar a la caja de seguridad. Se dio cuenta de que era mucho más fácil ver el desorden ajeno que el propio.

Este plan dio resultado gracias a los conceptos siguientes:

- El problema se planteó en una reunión de familia. Los niños aportaron la solución.
- Los padres no asumieron la responsabilidad cuando surgieron problemas al llevar la decisión de la familia a la práctica.
- Los niños hicieron cumplir las reglas porque sus padres permanecieron al margen.
- Las normas afectaban a toda la familia, incluyendo a los padres.

Otra familia resolvió el mismo problema de una forma muy similar. En una reunión de familia, decidieron normas distintas para lo que ellos llamaron la "caja de las desapariciones". Cualquiera que perdiera un objeto podía recuperarlo siempre que quisiera, pero tenía que poner un céntimo en el "bote para las fiestas". Cuando el bote se llenaba de céntimos, lo cual sucedía a menudo, utilizaban el dinero para celebrar una fiesta familiar de helado o pizza. Otra familia llamó a la caja "agujero negro" y sus miembros podían recuperar sus cosas al final de la reunión de familia semanal.

Los padres pueden evitar muchos conflictos con sus hijos sugiriéndoles que incluyan sus problemas en la agenda de la reunión de familia para resolverlos cuando los ánimos se hayan calmado. Al igual que ocurre con las reuniones de clase, el hecho de que implicar a los niños en las reuniones de familia elimine tantos problemas de disciplina es una ventaja añadida. La principal ventaja reside en que los niños tienen la oportunidad de desarrollar las siete percepciones y competencias importantes (véase página 6). Tienen la oportunidad de aprender y practicar sus habilidades para resolver problemas en familia una vez a la semana y casi todas las familias observan que sus hijos siguen utilizándolas durante el resto de la semana.

Las reuniones de familia también pueden ser un buen método para favorecer la colaboración y el sentido de unión de una familia. Brindan la oportunidad de fortalecer los valores y tradiciones familiares. Su éxito, naturalmente, depende de las mismas actitudes y competencias adultas que hemos descrito en anteriores capítulos.

Los padres deberían leer con suma atención el capítulo 8 sobre las reuniones de clase: muchos de los conceptos importantes para que las reuniones de clase den resultado son también pertinentes para las reuniones de familia, y estas tienen una estructura que es esencialmente la misma, salvo por seis importantes diferencias.

DIFERENCIAS ENTRE LAS REUNIONES DE FAMILIA Y LAS DE CLASE

1. Las reuniones de familia deberían celebrarse una vez a la semana en lugar de convocarse todos los días. Cuando hayan decidido cuándo celebrarlas, nada debería interferir. Si llaman amigos, pídales que vuelvan a hacerlo más tarde. (Nosotros desenchufamos el teléfono.) No se salte una reunión de familia porque tiene trabajo o alguna otra cosa que hacer. Sus hijos seguirán su ejemplo cuando determinen la importancia de estas reuniones. Cuando esta tradición se haya instaurado, todo el mundo esperará con ilusión esta oportunidad de que la familia se reúna, hasta que sus hijos entren en la adolescencia. (Este tema se trata más adelante.)

2. Las decisiones deberían tomarse por consenso. Si la familia no puede tomar una decisión por consenso sobre un punto de la agenda, habrá que posponerlo para la próxima reunión, cuando es probable que se llegue a un consenso gracias al tiempo adicional que todo el mundo ha tenido para calmarse y pensar en ideas nuevas. Votar las decisiones por mayoría en una familia acentuaría la división familiar. Transmita la actitud de que confía en que su familia sabrá colaborar para hallar soluciones que sean respetuosas con todo el mundo.
3. Las reuniones de familia deberían incluir una revisión de las actividades de la semana próxima. Esto es especialmente importante a medida que los niños se hacen mayores y empiezan a hacer muchas cosas, por ejemplo, canguros, deportes, citas, clases, etc. Coordinar el calendario a conveniencia de todo el mundo puede ser esencial.
4. Las reuniones de familia no deberían darse por finalizadas sin haber planeado una actividad divertida en familia para la semana siguiente.
5. Terminen la reunión haciendo algo en familia. Pueden jugar una partida de algún juego, hacer palomitas de maíz, turnarse para hacer y servir los postres. No vean la televisión a menos que haya un programa que guste a toda la familia. Si ven un programa de televisión, asegúrense de terminar la reunión apagando el televisor y teniendo una conversación sobre qué valores (o falta de ellos) se han transmitido y sobre cómo pueden aplicarlos a su vida.
6. Sentarse a una mesa despejada crea un ambiente que favorece la resolución de los problemas. La mesa no parece ser para las familias la barrera que los pupitres son en una clase. Sentarse informalmente en el salón también puede dar resultado, pero parece difícil no despistarse si la reunión se hace a la hora de la cena.

COMPONENTES DE LAS REUNIONES DE FAMILIA

Presidente

Este cargo debe rotar. A los niños les encanta ser presidentes y pueden hacerlo muy bien a partir de los cuatro o cinco años. Es responsabilidad del presidente convocar la reunión, iniciar la ronda de cumplidos, comenzar las sesiones para resolver los problemas y empezar a pasar un objeto para que todo el mundo tenga ocasión de expresar su opinión o hacer una sugerencia.

Secretario

Este cargo también debería rotar entre los miembros de la familia que sepan escribir. El secretario toma nota de los problemas tratados y las decisiones tomadas. (Leer los diarios de reuniones de familia pasadas puede ser tan divertido como mirar álbumes de fotos.)

Cumplidos

Comience todas las reuniones de familia pidiendo a cada miembro de su familia que haga un cumplido al resto. Esto puede costar al principio si los niños tienen la costumbre de menospreciarse. En ese caso, invierta algún tiempo en hablar sobre qué tipo de cosas podrían buscar en el otro para hacerse cumplidos. Los padres pueden dar ejemplo haciendo un cumplido a cada miembro de la familia. Asimismo, si ve que sus hijos tienen algún detalle entre ellos, recuérdeles que pueden utilizarlo para hacer un cumplido en la reunión. Puede incluso sugerirles que lo escriban en la agenda para que no lo olviden.

La señora Stover explicó el siguiente incidente que ocurrió cuando su familia comenzó a hacerse cumplidos en las reuniones. Tammy, su hija de seis años, se ofreció a empezar. Felicitó feliz y fácilmente a su madre y a su padre. Cuando le tocó el turno a su hermano de nueve años, Marcus, hizo una pausa y dijo: "Esto es muy difícil. –Los señores Stover la animaron a hacerlo de todas formas. A ella se le ocurrió por fin algo por lo que poder felicitar a Marcus. Luego, añadió–: Pero también es malo conmigo".

Sus padres le recordaron: "Nada de peros". Cuando le tocó el turno a Marcus, él mostró el mismo poco entusiasmo por felicitar a Tammy, pero lo hizo. La señora Stover dijo que ahora los dos se hacen cumplidos con facilidad y añadió: "Es maravilloso oírles decirse cosas bonitas cuando antes solo se decían cosas despectivas".

Un verano, nuestra familia tuvo tanto trabajo que no seguimos mi consejo de no permitir que nada interfiriera con nuestras reuniones de familia semanales. Dejamos de celebrarlas. Fue una maravillosa lección para nosotros, porque percibimos la diferencia y volvimos a constatar la importancia de celebrar estas reuniones. Las riñas y los problemas de disciplina aumentaron tremendamente. Nuestros hijos comenzaron a insultarse más a menudo. Finalmente, "lo capté" y convoqué una reunión. Mis hijos se habían llevado tan mal que creí que tendrían dificultades para hacerse cumplidos. No obstante, sus años de experiencia no habían sido en vano y se hicieron cumplidos muy agradables. Cuando reanudamos nuestras reuniones de familia, los insultos disminuyeron significativamente, al igual que las riñas y los problemas de disciplina.

Gratitud

Nosotros alternamos entre los cumplidos y compartir las cosas por las que estamos agradecidos. Que cada miembro de la familia diga una cosa por la que está agradecido nos ayuda a recordar y valorar lo mucho que habitualmente damos por sentado.

La agenda

El frigorífico parece ser el lugar más popular para las agendas de las reuniones de familia; es sencillísimo utilizar un imán para colgar una hoja de papel en la puerta o en un costado. Ojalá hubiera guardado todas esas hojas de papel, así que ahora sugiero utilizar cuartillas con agujeros y guardarlas en un álbum de reuniones de familia.[1]

Traten los puntos de la agenda por orden cronológico para no tener que decidir cuál es el más importante.

Resolución de los problemas

Hable con sus hijos sobre la importancia de centrarse en las soluciones tal como se describe en el capítulo 6. Al igual que en las reuniones de clase, las tres "R" y una "U" de centrarse en las soluciones pueden utilizarse para resolver muchos problemas. En las reuniones de familia, no obstante, las soluciones tienen que acordarse por consenso. En estas reuniones también es importante trascender las consecuencias. Muchas familias han referido que las luchas de poder disminuyeron significativamente cuando dejaron de intentar pensar en una consecuencia para cada problema y, en lugar de eso, se centraron en las soluciones.

Planear actividades

Los miembros de una familia están más dispuestos a colaborar cuando han participado por igual en la planificación de eventos que todos disfrutarán. Las actividades semanales y las vacaciones son más satisfactorias cuando toda la familia comenta los potenciales conflictos y el modo de evitarlos. El siguiente artículo escrito por mi marido, Barry Nelsen, proporciona un excelente ejemplo:

–Llevémonos a los niños a Hawai –dijo mi mujer.

–¿Estás de broma? Van a amargarnos la vida a todos –respondí yo.

No tenía la menor idea de que, seis semanas después, regresaría de uno de los viajes en familia más agradables en muchos años. La razón para el éxito de aquel viaje fueron las reuniones de familia.

Nosotros celebramos una reunión de familia todos los domingos por la noche. Todos nos tratamos con respeto y escuchamos y comentamos todas las opiniones.

Durante una reunión que celebramos varias semanas antes de nuestro viaje a Hawai, dije a los niños que su madre y yo pronto nos iríamos a Hawai y les pregunté si querrían venir con nosotros. Se armó un jaleo tremendo. Cuando los hubimos convencido para que se tranquilizaran, su madre dijo:

–Si os llevamos a Hawai, vuestro padre y yo también nos lo tenemos que pasar bien. Si os peleáis o discutís por cualquier cosita que os pidamos que hagáis, nosotros no nos lo pasaremos bien.

¡Los niños prometieron ser unos angelitos! No era la primera vez que yo oía aquello y sabía que necesitaba más que promesas. Decidimos hacer una lista de las cosas que les amargan la vida a los padres cuando se van de vacaciones con sus hijos.

–¿Qué hay de las cosas que nos amargan la vida a los hijos? –me interrumpió Mark. Yo me tragué mi respuesta de "No te hagas el listillo" y todos estuvimos de acuerdo en que era una pregunta justa. Mi mujer anotó los potenciales problemas en dos listas: inconvenientes para los padres e inconvenientes para los hijos.

La lista de inconvenientes para los padres incluyó que nuestros hijos nos pidieran dinero, no comieran nada que no fuera comida basura, se pelearan entre ellos, discutieran con nosotros, no recogieran sus cosas, no llevaran su equipaje, salieran corriendo sin decirnos dónde iban, se acostaran demasiado tarde y no quisieran ir a algunos de los sitios a los que queríamos ir nosotros. La lista de inconvenientes para los hijos incluyó comer en restaurantes elegantes, llevar ropa de vestir, compartir cama, no tener dinero suficiente, que les dijéramos qué podían comprar y qué no y no sentarse junto a la ventana en el avión. Las soluciones acordadas fueron que nuestros hijos ahorrarían todo el dinero que pudieran; nosotros añadiríamos una cantidad específica (y no más); ellos dividirían la cantidad total por siete días y nos pedirían que les diéramos lo correspondiente a cada día; nosotros no les diríamos en qué gastarse el dinero ni les daríamos más cuando se les hubiera terminado; nuestros hijos aceptaron responsabilizarse de su equipaje y no llevarse más cosas de las que quisieran cargar; Mark se llevaría un saco de dormir y dormiría en el suelo si la única alternativa era compartir cama; los dos se irían a comer a un McDonalds cuando nosotros fuéramos a buenos restaurantes y se turnarían para ir sentados junto a la ventana durante el despegue y el aterrizaje. También accedieron a no pelearse y a decirnos siempre dónde iban.

–¿Qué pasa si se os olvida y empezáis a pelearos? –pregunté.

–¿Qué os parece hacernos una señal secreta? –sugirió Mark.

–Buena idea –dijo su madre–. Si oímos que os peleáis, nos tiraremos del lóbulo de la oreja para recordaros que habéis acordado no pelearos.

–Eso también va por ti –dijo Mark.

–¿Qué quieres decir? –le pregunté yo indignado.

–Cuando empieces a enfadarte conmigo o con Mary, ¿te parece bien que me tire de la oreja para hacerte una señal?

"Vaya con este listillo", pensé yo. Pero luego reflexioné y accedí.

–Buena idea, hijo.

Una semana antes de la partida, y tres reuniones después, nuestras listas habían aumentado. En casa se respiraba un ambiente de entusiasmo y colaboración. Nuestros hijos estaban adelantando mucho trabajo en la escuela y ahorrando dinero diligentemente.

Uno de los primeros conflictos surgió cuando Mark quiso llevarse su monopatín. Le expliqué todos los problemas que podría acarrearle en las concurridas calles de Waikiki y lo que le costaría llevarlo junto con el resto de su equipaje. Como se había instaurado un ambiente colaborador, Mark accedió a dejarlo en casa sin rechistar.

El trayecto de dos horas a San Francisco para coger el avión resultó ser de tres horas. Mary comenzó a quejarse de que tenía sed mientras estábamos en un atasco en el Bay Bridge. Cuando Mark le recordó que ya habíamos hablado sobre aquel tipo de problema, ella enseguida decidió que podía esperar hasta llegar al aeropuerto. ¡Otra victoria para las reuniones de familia!

La habitación de hotel de Honolulu tenía dos camas de matrimonio. Nos alegramos de haber traído el saco de dormir de Mark para evitar discusiones.

Gracias a las reuniones de familia, ¡nos lo pasamos en grande! Hubo unos cuantos roces, pero enseguida los resolvimos recordándonos lo que habíamos acordado. Nuestros hijos se perdieron una vez. Celebramos una reunión de familia para decidir cómo evitar esa posibilidad en el futuro. Decidimos que regresaríamos al último lugar en el que hubiéramos estado juntos y esperaríamos a que los otros volvieran. Nuestros hijos también memorizaron el nombre y la dirección de nuestro hotel para darle esa información a un policía si se volvían a perder.

La proximidad que sentimos como familia fue una experiencia incluso mejor que el viaje a Hawai. Dos semanas después de haber regresado a casa, nuestro hijo mayor llamó desde Florida para decirnos que se casaba dentro de dos semanas.

–Llevémonos a los niños –dije yo.

Planear la diversión de la familia

Planear actividades semanales en familia es una parte importante de las reuniones, pero es un aspecto que muchas familias pasan por alto. Es muy fácil pensar en lo agradable que sería tener una familia feliz que hace junta cosas divertidas y emocionantes. La trampa es que muchas familias esperan que esto "suceda" sin más, sin ningún esfuerzo por su parte. Esto no sucede a menos que hagamos algo para que así sea. Para ello, debemos hacer planes y llevarlos a la práctica.

Nuestra familia utilizó las hojas de "actividades divertidas" (descritas en la página 242) para planear una actividad en familia del modo siguiente: decidimos que las noches de los sábados serían noches de citas. El primer sábado, Mark y yo hicimos algo juntos, mientras mi marido estuvo con Mary. El primer sábado del mes siguiente cambiamos para que yo pasara un rato especial con Mary y mi marido lo hiciera con Mark. El segundo y cuarto sábado del mes eran noches de citas solo para nosotros dos. El tercer sábado hacíamos algo juntos en familia.

La cuestión de las tareas

Aborde la cuestión de las tareas en una reunión de familia para que sus hijos puedan ayudar a resolver los problemas que plantea su ejecución. Los niños colaboran más cuando pueden expresar su opinión y participar en su planificación y asignación.

En una reunión de familia, hicimos una lista de todas las tareas que desempeñábamos mi marido y yo (incluyendo nuestros empleos de jornada completa) en un intento de que nuestros hijos dejaran de preguntarnos "¿Cómo es que tengo que hacerlo todo yo?" siempre que les pedíamos que hicieran algo. A continuación, les pedimos que hicieran una lista de todas las tareas que podían hacer los niños. Nosotros añadimos todas las que se nos ocurrieron que ellos habían olvidado. Aun así, su lista no era ni por asomo tan larga como la nuestra. Cuando vieron la diferencia entre lo que les pedíamos que hicieran y lo que hacíamos nosotros, nuestros hijos se quedaron impresionados. Luego, escribimos las tareas que ellos podían hacer en trozos de papel y los metimos en un bote. Todas las semanas, cada uno sacaba cuatro trozos de papel con cuatro tareas. Lo repetían todas las semanas para que ninguno tuviera que hacer siempre la misma tarea, por ejemplo, sacar la basura.

Esta no es una solución mágica. En nuestro caso, el problema de la ejecución de las tareas se incluye en la agenda de nuestras reuniones al menos una vez al mes. Yo lo llamo el "síndrome de las tres semanas". La primera semana, nuestros hijos suelen ceñirse con entusiasmo al plan de tareas que ellos han contribuido a crear. La segunda semana, hacen las tareas, pero con menos entusiasmo. La tercera semana, empiezan a quejarse. Esa es nuestra pista para volver a incluir las tareas en la agenda de la reunión de familia.

Después de una de mis conferencias, una mujer vino a decirme:

–Hicimos una reunión de familia una vez, y mis hijos estuvieron haciendo sus tareas durante una semana más o menos. Pero luego dejaron de hacerlas, por lo que pensé que no había dado muy buen resultado.

Yo le pregunté:

–¿Ha encontrado usted alguna otra cosa que motive a sus hijos para que hagan las tareas durante una semana entera?

Ella dijo:

–Bueno, no.

–A mí me parece un éxito –dije yo–. Le sugiero que siga celebrándolas. –Luego le hablé del síndrome de las tres semanas. Aunque necesitamos seguir trabajando en ello, nosotros hemos comprobado que obtenemos mucha más colaboración por parte de nuestros hijos tratando el problema en las reuniones de familia que de ninguna otra forma en que lo hayamos intentado. Conseguimos que se responsabilicen durante un tiempo. Cuando comienzan a relajarse, volvemos a incluirlo en la siguiente reunión.

Nuestros hijos a menudo proponen un nuevo plan. Durante un tiempo, disfrutaron utilizando una rueda giratoria que confeccionaron con una bandeja de papel con dibujos de las tareas en los márgenes y un clavito en el centro para hacerla girar. Todas las semanas la hacían girar para que señalara qué tareas tenían que hacer. Más adelante, confeccionaron una tabla de tareas con bolsillos en la parte de arriba para las tareas "sin hacer" y bolsillos en la parte de abajo para las tareas "hechas". Parecían henchirse de orgullo siempre que cambiaban una tarjeta a la hilera de las tareas "hechas".

Abordar el problema de las tareas cada tres o cuatro semanas es muy preferible a tener que discutir por ellas todos los días. Mis dos hijos menores (de un total de siete) idearon un plan para hacer las tareas que dio resultado durante seis meses en lugar de hacerlo únicamente durante tres semanas. Cuando empezaron a quejarse después de aquellos seis meses, encontraron una solución que funcionó durante más de un año.

Decidieron que yo debía escribir dos tareas importantes para cada uno en la pizarrita que teníamos junto al teléfono. Mientras estuvimos pactando, yo quise establecer la norma de que las hicieran justo al volver de clase. Ellos querían tener la libertad de poder elegir el momento siempre que las tuvieran hechas antes de la hora de acostarse. Yo les pregunté: "¿Qué pasa si no las hacéis antes de acostaros?". Ellos consintieron en que sería una consecuencia razonable que yo rodeara su nombre con un círculo en la pizarrita y ellos tuvieran que hacer las cuatro tareas al día siguiente justo después de clase. Esto funcionó muy bien durante seis meses. De vez en cuando, yo tenía que rodear uno de sus nombres con un círculo y ellos tenían que hacer las cuatro tareas al día siguiente justo después de clase.

Al cabo de seis meses, no obstante, los dos comenzaron a quejarse, preguntando: "¿Cómo es que a él (o ella) siempre le tocan las tareas más fáciles?". Yo había dedicado mucho tiempo a intentar ser justa rotando las tareas, pero no desde su punto de vista.

Estaba tan orgullosa de mí misma que, en lugar de darles un sermón sobre lo justa que era, me limité a incluir el problema en la agenda de nuestra reunión de familia. Su solución fue tan sencilla y sagaz que no sé por qué no se me había ocurrido antes. Me habría ahorrado mucho trabajo. Mark dijo: "¿Por qué no pones simplemente cuatro tareas en la pizarra y el primero que llegue elige?". Aquello me recordó, una vez más, qué soluciones tan magníficas se les pueden ocurrir a los niños cuando les damos la oportunidad.

La primera semana se pusieron el despertador para intentar llegar antes y elegir las tareas que ellos consideraban más fáciles. No obstante, aquello no duró mucho tiempo. Pronto, decidieron que dormir era más importante que hacer las tareas más sencillas, por lo que el que llegaba más tarde aceptaba su destino con elegancia.

ALGUNAS DIFICULTADES ESPECIALES

Niños pequeños

Algunas familias se encuentran con que los niños menores de cuatro años interrumpen durante la parte de las reuniones que dedican a resolver los problemas. En mi familia, solíamos esperar a que nuestros hijos menores de cuatro años estuvieran en la cama para celebrar las reuniones.

En cuanto nuestros hijos tenían la edad suficiente, los incluíamos en algunas partes de las reuniones. A los niños de tres años les encanta jugar a buscar un objeto que alguien ha escondido o al escondite antes del postre. Pueden incluso aprender a hacer cumplidos. A los cuatro años, los niños son maravillosamente creativos en la resolución de los problemas y están listos para participar plenamente.

Adolescentes

Cuando los hijos entran en la adolescencia, las luchas de poder y los ciclos de venganza ya están con frecuencia bien establecidos en muchos hogares. Las reuniones de familia pueden modificar estas pautas de una forma espectacular, pero hace falta un trabajo preparatorio para establecerlas. El primer requisito reside en que los padres tengan la suficiente humildad como para admitir que lo que han estado haciendo (ser demasiado controladores o demasiado permisivos) no ha funcionado. El segundo paso es admitirlo ante sus hijos adolescentes.

El señor Lyon explicó cómo se ganó a sus hijos adolescentes. Les dijo:

–He estado yendo por el mal camino con vosotros, chicos. Os he gritado por no colaborar cuando, en realidad, lo que quería decir era: "Hacedlo a mi manera". No es extraño que vosotros os negarais. Admiro vuestra perspicacia para no dejaros engañar. Me encantaría volver a empezar y necesito vuestra ayuda. He oído hablar de la eficacia de las reuniones de familia, donde las familias se sientan a resolver juntas sus problemas respetando la validez de las opiniones de todos. Necesitaré vuestra ayuda para que me lo recordéis cuando yo recaiga en mi vieja costumbre de controlaros.

Los hijos del señor Lyon se quedaron sin habla, sorprendidos por la nueva actitud de su padre. El señor Lyon tuvo la prudencia de apresurarse a añadir:

–Sé que esto es totalmente nuevo para vosotros. ¿Por qué no pensáis en ello y mañana me decís si estaríais dispuestos a colaborar conmigo en esto?

El señor Lyon dijo alegremente a su grupo de padres: "¿Cómo iban a resistirse?". No pudieron. Luego, pasó a explicar las muchas experiencias maravillosas que había tenido en sus reuniones de familia y lo mucho que ahora estaba disfrutando de sus hijos adolescentes, con problemas y todo.

Es interesante con cuánta frecuencia parecen querer los niños lo contrario de lo que tienen. Los hijos del señor Lyon estuvieron encantados de empezar a celebrar reuniones de familia porque eran una novedad. Cuando mis hijos entraron en la adolescencia, comenzaron a quejarse de las reuniones de familia. Para ellos, no eran ninguna novedad. Nosotros incluimos sus quejas en la agenda, por ejemplo, que duraban demasiado tiempo. Acordamos que no duraran más de quince minutos.

Un día, Mary, la que con más frecuencia se quejaba, vino a casa después de pasar la noche en casa de una amiga y anunció: "¡Caramba! Esa familia tiene verdaderos problemas. Deberían celebrar reuniones de familia". Cuando Mary fue a la universidad, celebró reuniones de familia con sus compañeras de habitación.

Aunque yo llevaba diez años impartiendo clases de desarrollo infantil en un centro de posgrado, me olvidé del proceso de individuación (rebelión) que es normal y saludable en los adolescentes. ¿De que otra forma van a descubrir quiénes quieren ser si no es cuestionando todos los valores de sus padres? Yo olvidé este período de cuestionamiento normal por lo maravillosos que eran mis dos hijos menores (a quienes había educado según los criterios de la disciplina positiva) antes de entrar en la adolescencia. Tenían autodisciplina, responsabilidad y habilidades para resolver sus problemas. No eran perfectos (ni tampoco yo), pero estaban muy bien dispuestos a colaborar mientras todos aprendíamos de nuestros errores.

Cuando mis hijos menores iniciaron su proceso adolescente de individuación, el pánico se apoderó de mí. (Debería mencionar que los niños que han aprendido a confiar en sí mismos y a ser autosuficientes se sienten libres de manifestar abiertamente su rebelión en lugar de hacerlo a nuestras espaldas.) Debo admitir que me preocupaba lo que la gente pudiera pensar de mí. Estaba lista para arrojar la disciplina positiva por la ventana y reincidir en el control y los castigos. De hecho, lo intenté durante un breve período y creé un verdadero caos de luchas de poder y sentimientos heridos. Afortunadamente, recobré el sentido común y me di cuenta de que mis hijos eran más importantes que mi ego. Me asocié con Lynn Lott y me puse a trabajar en el libro *Positive Discipline for Teenagers*[2] ("Disciplina positiva para adolescentes"). Aquello me devolvió al buen camino para hallar formas de colaborar amable, firme y respetuosamente con mis hijos adolescentes y encontrar modos de facultarlos a ellos y a mí en el proceso.

Padres solteros

Es una falsa creencia el que los niños sufran carencias si no tienen a su padre y a su madre. Muchas personas magníficas se han criado únicamente con su madre o su padre. Las familias monoparentales brindan simplemente oportunidades distintas. En nuestro libro *Positive Discipline for Single Parents*[3] ("Disciplina positiva para padres solteros") suplicamos que la gente deje de referirse a los hogares monoparentales como a "hogares rotos". No están rotos; simplemente, son distintos.

La actitud del padre o la madre es muy importante. Si se siente culpable de que sus hijos solo le tengan a usted, ellos tendrán la sensación de que está sucediendo una tragedia y actuarán en consecuencia. Si acepta el hecho de que está haciéndolo lo mejor que sabe dadas las circunstancias y está yendo por el buen camino, sus hijos lo percibirán y actuarán en consecuencia.

Las reuniones de familia dan los mismos buenos resultados en las familias monoparentales. Una familia puede consistir en una madre o un padre y un hijo, o en una madre o un padre y varios hijos. Las reuniones de familia son una buena forma de transmitir sentimientos positivos a los hijos e impulsarlos a buscar soluciones en lugar de a manipular.

Las señoras Doherty y Latimer son madres solteras de un hijo cada una que viven bajo el mismo techo. Dijeron que no podrían haber sobrevivido sin sus reuniones de familia semanales. Una vez a la semana, pudieron comentar y resolver todos los problemas típicos de las personas que comparten piso, así como los que surgen entre padres, hijos y hermanos.

DAR MÁS SABOR A LAS REUNIONES DE FAMILIA[4]

Para muchas familias, las reuniones semanales son una tradición familiar donde los niños adquieren una sensación de bienestar, aprenden a confiar en sí mismos y se sienten importantes y tenidos en cuenta. También son un entorno donde la familia puede divertirse, tratarse con respeto, resolver sus problemas y guardar buenos recuerdos.

Su familia quizá disfrute con las actividades siguientes destinadas a aportar más variedad y sabor a sus reuniones. Creen un álbum de reuniones de familia utilizando una carpeta de anillas con una tapa de plástico transparente donde puedan insertar una fotografía de la familia. Este álbum es el lugar donde pueden guardar las agendas de las reuniones de familia, las listas de sugerencias y las soluciones elegidas, y las hojas de las actividades siguientes.

Lemas familiares

Su familia puede sentirse más unida y pasárselo en grande hablando sobre lemas familiares. Quizá quieran elegir un lema distinto cada mes y conferirle más sentido mediante las actividades sugeridas. Se incluyen varios ejemplos. Quizá quiera utilizar algunos de estos lemas y/o crear los suyos propios.

Ejemplos de lemas

1. Uno para todos y todos para uno.
2. Nos queremos y nos apoyamos.
3. Todo lo que merece la pena hacer merece la pena hacerlo por diversión.
4. Si ayuda a una sola persona, vale la pena hacerlo.
5. Los errores son oportunidades maravillosas para aprender.
6. Somos geniales encontrando soluciones.
7. Somos geniales resolviendo problemas.
8. Buscamos soluciones más que culpables.
9. Tenemos una actitud de gratitud.
10. Agradecemos lo que tenemos todos los días.

Actividades sobre el lema

1. Elijan conjuntamente un lema para el mes.
2. Primera semana: dé a cada miembro de su familia una hoja en blanco. Pídales que piensen en el lema durante la semana y anoten sus ideas sobre lo que significa para ellos. (Con niños que son demasiado pequeños para escribir, establezca ratos especiales para que ellos le dicten sus ideas.)
3. Segunda semana: dedique una parte de la reunión a que todos los miembros de la familia compartan lo que han escrito. Coloque todas estas hojas en la carpeta de las reuniones de familia. Pase otra hoja en blanco e invite a cada miembro de su familia a encontrar un rato durante la semana para hacer un dibujo que represente lo que el lema significa para él. Quizá quieran hacerlo todos juntos durante un rato especial.
4. Tercera semana: dedique una parte de la reunión a que todos los miembros de su familia enseñen su dibujo y

hablen de él. Cuelgue los dibujos en el frigorífico o en algún otro lugar donde todo el mundo pueda disfrutarlos. Pida a todos que se fijen en cómo aplican el lema durante la semana siguiente.

5. Cuarta semana: dedique una parte de la reunión a que todos los miembros de la familia expliquen un ejemplo de cómo han aplicado el lema familiar. Invítelos a pensar en otro lema para el mes siguiente.
6. Primera semana del mes siguiente: ponga todos los dibujos del último lema en la carpeta. Escojan otro lema y repitan el proceso descrito.

Hojas de agradecimiento

Tener una actitud de gratitud no es algo que surja de forma natural; es algo que debe aprenderse. La práctica regular ayudará a todos los miembros de la familia a desarrollar una actitud de gratitud.

Actividad para desarrollar la gratitud

1. Al final de cada reunión de familia, pase una “hoja de agradecimiento” en blanco. Anime a los miembros de su familia a dejar la hoja en un lugar accesible donde puedan anotar las cosas por las que están agradecidos.
2. Dedique una parte de las reuniones de familia (o comidas) a compartir las cosas por las que todos están agradecidos.
3. En cada reunión, recoja las hojas de agradecimiento de cada uno y guárdelas en la carpeta de las reuniones de familia.

Hojas de cumplidos

Puede instaurar un ambiente familiar positivo invitando a todo el mundo a fijarse en las cosas buenas de los demás y a hacer comentarios positivos. Por favor, no espere la perfección. Es normal que haya algunas peleas entre sus hijos. No obstante, cuando hijos (y padres) aprenden a hacer y recibir cumplidos, la tensión negativa se reduce de forma considerable. Naturalmente, el ambiente se vuelve aún más positivo cuando las familias celebran regularmente reuniones de familia para hallar soluciones a sus problemas.

Actividad sobre los cumplidos

1. Cuelgue hojas de cumplidos en blanco en el frigorífico (u otro lugar) donde todo el mundo pueda escribir cumplidos sobre los demás miembros de su familia todos los días. (Los niños pequeños pueden dictar sus cumplidos a sus hermanos mayores o a sus padres.)
2. Cuando vea que alguien merece un cumplido, anótelo, o pregunte a un hijo que también lo haya visto: "¿Querrías anotar eso en nuestra hoja de cumplidos?". En cuanto sus hijos se habitúen a fijarse en los cumplidos, no necesitarán que usted les recuerde nada.
3. Al principio de cada reunión de familia, todos pueden leer sus cumplidos.
4. Pregunte si hay algún cumplido que no se ha escrito en la hoja.
5. Asegúrese de que todos los miembros de la familia reciben al menos un cumplido.
6. Guarde la hoja de cumplidos en el álbum de reuniones de familia y cuelgue otra hoja en blanco en el frigorífico para rellenarla durante la próxima semana.

Hojas de actividades divertidas

Muchas familias, y cada día más, no pasan suficiente tiempo juntas haciendo cosas divertidas. Con frecuencia, tenemos buenas intenciones, sin embargo no invertimos tiempo en planearlas ni programarlas.

El primer paso para planearlas consiste en dar a cada uno de los miembros de la familia una hoja de papel con los siguientes encabezamientos:

ACTIVIDADES DIVERTIDAS

	Todos juntos	**Marido y mujer**	**Solo**
gratis	________	________	________
	________	________	________
	________	________	________
	________	________	________
	________	________	________
por €	________	________	________
	________	________	________
	________	________	________
	________	________	________
	________	________	________

Cómo planificar actividades divertidas

1. Durante una reunión de familia, utilice una hoja de "actividades divertidas" para que toda la familia aporte ideas que se anotarán en la columna "Todos juntos". Vean cuántas ideas se les ocurren que pueden hacer juntos: tanto cosas gratis como cosas que cuesten dinero.
2. Reparta una hoja a cada uno de los miembros de su familia para que puedan seguir anotando las cosas que

se les ocurran durante la semana, no únicamente para hacerlas en familia, sino también para hacerlas solos. Marido y mujer también pueden rellenar su lista. Dé un margen de por lo menos una semana para que, de ese modo, todos dispongan de mucho tiempo para añadir todo aquello que se les ocurra.

3. Si tiene revistas, deje que los miembros de su familia recorten fotografías para pegarlas en las hojas de actividades divertidas.
4. Durante las reuniones de familia, utilicen las listas para elegir una actividad y ponerla en el calendario. Decidan qué días o noches de la semana pueden reservarse para hacer cosas divertidas juntos. Decidan cuándo pueden gastarse dinero y cuánto, y cuándo hacer cosas gratis. Luego, decidan por consenso qué actividades divertidas quieren hacer durante los tres próximos días en los días o noches designados. Anoten todas sus decisiones en el calendario.
5. Cíñanse al calendario que han planeado.

Actividad para hablar de los errores y de lo que enseñan

Enseñe a sus hijos que los errores son oportunidades maravillosas para aprender. Periódicamente, dé a cada miembro de su familia una hoja de "errores y lo que he aprendido". Pídales que utilicen la hoja para escribir un error y lo que han aprendido de él y estén preparados para leerlo en la próxima reunión de familia. (Los niños de cuatro años y mayores que aún no saben escribir pueden dictarlo. Los niños menores de cuatro años son demasiado pequeños para esta actividad.) Diseñe las hojas de "errores y lo que he aprendido" a partir del esquema que se muestra en la página siguiente:

ERRORES Y LO QUE HE APRENDIDO

Error	Qué he aprendido	Qué haré en el futuro

Asegúrese de guardar estas hojas en su álbum de reuniones de familia. ¿Imagina lo bien que se lo pasarán sus hijos leyéndolas cuando sean mayores?

PLANIFICACIÓN DE LAS COMIDAS EN FAMILIA

Comer en familia brinda una oportunidad excelente para enseñar a colaborar y participar. Incluso los niños pequeños pueden cocinar una comida sencilla como, por ejemplo, sopa, una tortilla, bocadillos de queso, una verdura, ensalada de lechuga y un postre de gelatina.

Actividad para planear las comidas en familia

1. Lleve a la reunión de familia revistas que contengan recetas. Elijan recetas nuevas que les puede apetecer probar. (Puede ser divertido confeccionar un libro de cocina familiar recortando las recetas y las fotografías y archivándolas en una carpeta. Quizá quieran antes puntuar las recetas que no han probado y archivar únicamente las que reciben una buena puntuación.)
2. Utilice fichas de 76 × 127 mm para las recetas. En el dorso, anote todos los ingredientes que hay que comprar.

(Guarde estas fichas en un archivador especial para que se puedan consultar siempre que se desee.)

3. Durante la reunión de familia, utilice la hoja titulada "Planificación de las comidas en familia" para planear juntos las comidas para la semana próxima. Esta hoja debe llevar los encabezamientos siguientes:

PLANIFICACIÓN DE LAS COMIDAS EN FAMILIA

	Cocinero	Plato principal	Verdura	Ensalada	Postre
Lun.					
Mart.					
Miérc.					
Juev.					
Viern.					
Sáb.					
Dom.					

En la columna "cocinero", anote el nombre de la persona que cocinará cada día de la semana. Esa persona elegirá el plato principal, la verdura, la ensalada y el postre. (Naturalmente, puede cambiar este formato cuanto necesite para adaptarlo a su familia.)

4. El día de la compra, llévese a toda su familia a la tienda de comestibles. Los niños que tengan edad suficiente pueden coger una cesta y buscar todos los ingredientes anotados en el dorso de una o dos fichas de recetas. Los niños pequeños pueden ayudar a un hermano mayor o a sus padres a buscar los ingredientes de otras fichas de recetas.

REVISIÓN

Celebrar reuniones de familia con regularidad es una de las cosas más valiosas que puede hacer una familia. ¿Por qué? Estas reuniones brindan la oportunidad de enseñar a los niños valiosas competencias sociales y para la vida. Sus hijos aprenderán:

- A escuchar.
- A hacer sugerencias.
- A resolver problemas.
- Respeto mutuo.
- El valor de calmarse y tranquilizarse antes de resolver un problema.
- A tener en cuenta a los demás.
- A colaborar.
- A ser responsables en un entorno seguro.
- A escoger soluciones que sean respetuosas con todas las personas a las que atañen.
- A sentirse tenidos en cuenta e importantes.
- Responsabilidad social.
- Que los errores son oportunidades maravillosas para aprender.

Las reuniones de familia brindan a los padres la oportunidad de:

- Evitar las luchas de poder compartiendo el control de una forma respetuosa.
- Evitar sobreproteger a sus hijos para que ellos puedan desarrollar su autodisciplina.
- Escuchar de formas que impulsan a sus hijos a escuchar.
- Compartir la responsabilidad de una forma respetuosa.
- Crear buenos recuerdos mediante una tradición familiar.
- Dar ejemplo de todas las competencias que quieren que aprendan sus hijos.

Si los padres entendieran realmente el valor de las reuniones de familia, las considerarían su herramienta más valiosa para educar a sus hijos y harían cuanto pudieran para dedicarles de quince a treinta minutos a la semana.

Herramientas de la disciplina positiva

1. Reuniones de familia.
2. Centrarse en las soluciones.
3. "Caja de seguridad" para el desorden.
4. Implicar a sus hijos en decidir las soluciones y las reglas de su familia.
5. Atenerse a las reglas. No rescatarlos.
6. Demostrar fe en que sus hijos saben abordar sus problemas.
7. Decidir las soluciones por consenso.
8. Planear actividades divertidas en familia y anotarlas en el calendario.
9. Encontrar soluciones, con sus hijos, a problemas típicos con antelación.
10. Cuando las soluciones no den resultado, volver a incluir el problema en la agenda.
11. Utilizar diversos planes de tareas para motivar a los niños.
12. Tener fe en sus hijos adolescentes mientras atraviesan su proceso de individuación.
13. Herramientas para dar más sabor a las reuniones de familia.
14. Compartir regularmente en familia los errores y lo que se ha aprendido de ellos.
15. Planear y compartir las responsabilidades de cocinar y limpiar.

Preguntas

1. ¿Cuáles son algunos de los conceptos básicos y actitudes adultas que son importantes para que las reuniones de familia den resultado?
2. ¿Cuáles son algunas de las competencias que los niños aprenderán participando en reuniones de familia?
3. ¿Cuáles son las seis diferencias entre las reuniones de familia y las de clase, y por qué deberían ser distintas?
4. ¿Cuál es el valor de que cada miembro de la familia haga un cumplido a los demás?
5. ¿Cuál es el valor de pedir a los niños que compartan las cosas por las que están agradecidos?
6. ¿Cuáles son los cuatro conceptos que contribuyeron al éxito del plan de la caja de seguridad?
7. ¿Cómo puede su familia conseguir irse de vacaciones sin agobios?
8. ¿Cuál es la mejor forma de enseñar a los niños a ser colaboradores y responsables en lo que atañe a las tareas?
9. ¿Por qué es celebrar reuniones de familia igual de importante para las familias monoparentales?
10. ¿Cómo puede beneficiarle realizar la actividad para planear "actividades divertidas"? Comente los beneficios.
11. ¿Cuáles son las actividades para dar más sabor a las reuniones de familia? ¿Cuáles encuentra más interesantes? ¿Qué beneficios para su familia ve en cada actividad?
12. ¿Cómo ayudan las reuniones de familia a niños y adultos a lograr cada uno de los puntos de las listas que aparecen en las páginas 246 y 247?

Capítulo 10

CÓMO INFLUYE NUESTRA PERSONALIDAD EN LA DE NUESTROS HIJOS

En el capítulo 4, se han tratado los objetivos erróneos de la conducta que persiguen los niños. Los adultos también tenemos objetivos erróneos. Se llaman prioridades de estilo de vida. De igual forma que los niños no son conscientes de sus objetivos erróneos, los adultos podemos no serlo de nuestras prioridades de estilo de vida. Estas prioridades ocultas pueden suscitar malas conductas adultas que tienen un impacto en los niños. Antes de tratar con más detalle estas prioridades, echemos un vistazo a algunos hogares para ver cómo son en la vida real y cómo influyen en los niños.

Es hora de acostar a los niños en casa de los Jasper. De poder hacerlo, la señora Jasper, cuya prioridad es la comodidad, evitaría tener que hacerlo; preferiría esperar a que sus hijos se quedaran dormidos en el suelo y llevarlos entonces a la cama que estresarse por tener que discutir. Prefiere evitar el dolor y el estrés emocionales en la vida y cree que evitar conflictos a la hora de acostar a sus hijos es una forma de hacérsela cómoda.

El señor Jasper, no obstante, no está de acuerdo. Tiene la prioridad del control; cree en la importancia de que los niños tengan un horario y está dispuesto a asumir esa responsabilidad.

Cuando le toca hacerlo a él, se cerciora de que sus hijos no se salten ninguna de las cosas que deben hacer antes de acostarse, asegurándose de que se han puesto el pijama, cepillado bien los dientes y acostado a las siete y media en punto. Está convencido de que tener el control de sí mismo, las situaciones o los demás es una forma de evitar la humillación y las críticas.

Los Jasper actúan de modos distintos en situaciones que perciben como potencialmente complicadas. Sus diferentes estilos son desconcertantes para sus hijos y a menudo los inducen a cuestionar los límites y a portarse mal. Los padres cuya prioridad es la comodidad quieren evitar el dolor y el estrés. Mientras evitan lo que ellos perciben como dolor y estrés, estos padres pueden no ayudar a sus hijos a cumplir los límites ni a organizarse. Es posible que sus hijos terminen creyendo que pueden hacer siempre lo que les apetece y no necesitan atenerse a ninguna norma en lo que respecta a la responsabilidad social. Los padres cuya prioridad es el control creen que pueden evitar las críticas y la humillación teniendo el control (a veces de las situaciones, a veces de sí mismos y a veces de los demás). Pueden ser demasiado estrictos y no invierten tiempo en implicar a sus hijos en el establecimiento de los límites. Algunos niños se sienten frustrados y deciden rebelarse. Otros pueden darse por vencidos y decidir que necesitan complacer siempre a los demás para obtener amor.

¿Qué es una prioridad de estilo de vida? ¿De dónde surge? ¿Cómo se relaciona con los estilos de educación y qué impacto tiene en los niños? Antes de responder a estas preguntas, echemos una ojeada al hogar de los Sánchez para conocer otras dos prioridades de estilo de vida.

En casa de los Sánchez también es hora de acostar a los niños. La señora Sánchez cree que es bueno que los niños se acuesten pronto e intenta convencer a sus hijos dándoles un sermón sobre su responsabilidad de hacer lo que es "correcto". Está perpetuamente frustrada porque sus hijos no se toman en serio sus sabias palabras (sermones). Ellos apenas la escuchan cuando les habla.

¡Qué ofensa! La señora Sánchez tiene la superioridad como prioridad. Quiere evitar a toda costa que su vida no tenga sentido y cree que hacer las cosas "bien" es una forma de dárselo.

El señor Sánchez tiene una actitud muy distinta. Él solo quiere que sus hijos sean felices y que no haya problemas cuando llega la hora de acostarlos. Tiene la prioridad de ser complaciente y, para que las cosas sean agradables, intenta que sus hijos se acuesten demostrándoles que los quiere. Juega con ellos para conseguir que se pongan el pijama y se cepillen los dientes. Les lee cuentos; va a buscarles un vaso de agua y vuelve para darles "un último abrazo" que no termina nunca. Cree que puede ganarse su amor y evitar su rechazo divirtiéndolos a la hora de acostarlos y haciendo cosas que él cree que les complacerán.

Los señores Sánchez también son muy distintos e impulsan a sus hijos a cuestionar los límites muy a menudo. Los padres cuya prioridad es la superioridad no se dan cuenta de que su necesidad de tener razón para evitar la falta de sentido e importancia en la vida induce a sus hijos a sentirse incapaces. ¿Cómo van a estar nunca a la altura de lo mucho que sus padres esperan de ellos? Estos niños se pueden deprimir y darse por vencidos, o pueden decidir descollar, lo cual merma enormemente su sensación de que puedan quererlos de un modo incondicional. Los padres cuya prioridad es ser complacientes quieren evitar a toda costa el rechazo. No obstante, sus esfuerzos por complacer a sus hijos pueden inducir a estos a aprovecharse de ellos y a decidir que "Solo me tienen en cuenta cuando se hacen cargo de mí o me dan lo que quiero".

Estos son ejemplos extremos. No obstante, casi todos los padres pueden reconocer algunas de sus tendencias, que ilustran el concepto de prioridades de estilo de vida. Qué gran reto puede ser desentrañar en una familia todas las actuaciones e interacciones de personas con personalidades, creencias y una lógica privada muy distintas. El conocimiento y la conciencia pueden ser de ayuda.

En los capítulos anteriores, hemos dedicado mucho tiempo a analizar las decisiones que determinan la conducta infantil. En este capítulo nos centraremos en cómo se ven influidos los niños por las decisiones y conductas de los adultos, definidas originalmente por una teoría llamada prioridades de estilo de vida desarrollada por la psicóloga adleriana israelí Nira Kefir. Es importante que padres y profesores conozcan cómo influyen las decisiones que toman en virtud de su prioridad en su estilo de educación y, por tanto, en la prioridad de estilo de vida que eligen sus hijos y alumnos.

Cada prioridad tiene ventajas e inconvenientes que influyen en cómo interactuamos con nuestros hijos y alumnos. Con comprensión, podemos aprender a centrarnos en las ventajas de nuestra prioridad y a no dejarnos llevar por sus inconvenientes (al menos durante parte del tiempo). No obstante, el primer paso es comprender.

¿QUÉ SON LAS PRIORIDADES DE ESTILO DE VIDA?

Usted ha acumulado una abundancia de decisiones subconscientes tomadas en su infancia que se combinan para formar su prioridad de estilo de vida. Ahora mismo, sus hijos o alumnos están desarrollando la suya. Las prioridades de estilo de vida no describen quién es usted. Representan las decisiones que usted ha tomado a lo largo de su vida que influyen en la forma en que intenta sentirse tenido en cuenta e importante.

Los adultos forman, de hecho, una prioridad primaria y otra secundaria. La información de este capítulo le ayudará a identificar su prioridad primaria por un lado (cómo puede actuar cuando se siente inseguro o amenazado en lo que atañe a su sentido de pertenencia e importancia en el mundo) y su prioridad secundaria por otro (sus conductas habituales cuando se siente seguro).

TABLA 10.1 LAS CUATRO PRIORIDADES DE ESTILOS DE VIDA: COMODIDAD, CONTROL, SER COMPLACIENTE Y SUPERIORIDAD

Prioridad	Su peor miedo	Cree que la forma de eludir su peor miedo es:	Ventajas	Inconvenientes	Provoca sin darse cuenta en los demás:	Crea y luego se queja de
Comodidad	Dolor y estrés emocionales y físicos; expectativas de los demás; ser arrinconado por los demás	Buscar la comodidad; pedir un trato especial; hacer que los demás estén cómodos; escoger la vía más fácil	Acomodadizo; pocas exigencias; se ocupa de sus asuntos; conciliador; apacible; tiene empatía; previsible	No desarrolla sus talentos; limita su productividad; evita crecer como persona	Ira; irritación; aburrimiento; impaciencia	Poca productividad; impaciencia; falta de crecimiento personal
Control	Humillación; crítica; imprevistos	Control de sí mismo y/o los demás y/o las situaciones	Dotes de mando; organizado; productivo; perseverante; asertivo; se atiene a las reglas	Rígido; no desarrolla la creatividad, la espontaneidad ni la proximidad social	Rebelión; resistencia; desafío; frustración	Falta de amigos e intimidad; sentirse tenso
Ser complaciente	Rechazo; abandono; conflictos	Complacer a otros; activo: exigir aprobación pasivo: inspirar lástima	Afable; considerado; pacta; no agresivo; solícito	No pregunta qué les complace a los demás; no se ocupa de sí	Placer al principio y luego la exigencia de que lo aprueben y lo correspondan	Falta de respeto por sí mismo y los demás; resentimiento
Superioridad	Falta de significación e importancia	Hacer más; ser mejor que los demás; tener razón; ser más útil; ser más capaz	Bien informado; idealista; perseverante; interés social; termina lo que empieza	Adicto al trabajo; sobrecargado; excesivamente responsable; excesivamente implicado	Sentimiento de incapacidad y culpa; "¿Cómo puedo estar a la altura?"; mentir para evitar las críticas	Estar saturado; falta de tiempo; "Tengo que hacerlo todo yo"

Casi todas las personas quieren afirmar las ventajas de cada prioridad y rechazar los inconvenientes. Por ejemplo, a la mayoría de personas les gusta tener cierto control sobre sus vidas y les disgustan la crítica y la humillación. No obstante, una persona cuya prioridad es el control tiene más dificultades para tolerar la crítica y la humillación que las personas con otras prioridades. Es una cuestión de grado. Una persona cuya prioridad es el control cree que la mejor forma de evitar la humillación es mantener el control. Recuerde que esto es una creencia personal, no una realidad.

Es posible que otra persona se ría de una situación que podría parecer humillante a alguien que tiene el control como prioridad. Es una cuestión de percepción. Es importante señalar que las personas cuya prioridad es el control no suelen centrarse en controlar a los demás. Quieren tener control de sí mismas y de las situaciones para sentirse seguras. No obstante, es fácil que los niños interpreten esta actitud como un intento de controlarlos a ellos, lo cual puede inducirlos a rebelarse. Durante un taller sobre disciplina positiva, una madre se dio una palmada en la frente y dijo: "Ahora veo qué han estado intentando decirme mis hijos y por qué son tan 'desafiantes'".

Muchas personas aspiran a la superioridad (en forma de excelencia) y se sentirían incómodas con la falta de sentido e importancia en la vida. No obstante, una persona cuya prioridad es la superioridad evitará a toda costa la falta de sentido e importancia en la vida. Otro apunte importante: las personas con esta prioridad rara vez quieren ser superiores a las demás. Tienen simplemente la creencia errónea de que no son lo bastante buenas a menos que sean superiores, lo cual a menudo induce a los niños a sentirse incapaces. Otra madre también tuvo una revelación durante el taller y dijo: "Oh, Dios mío. Nunca había entendido por qué se sentía tan incapaz mi hijo. Yo me pasaba el día diciéndole que, si lo intentaba, podía hacerlo mejor. Con eso solo lograba que él se sintiera más incapaz. Quiero aprender todo lo que pueda para dejar de actuar así y motivarlo en lugar de desanimarlo".

Casi todo el mundo quiere comodidad en su vida y quiere evitar el dolor y el estrés emocionales y físicos. No obstante, intentar evitar el dolor y el estrés puede ser la preocupación prioritaria que motiva la conducta de una persona cuya prioridad es la comodidad. A las personas con otras prioridades no les entusiasman el dolor ni el estrés, pero no basan su vida en intentar evitarlos. Esta prioridad puede inducir a los niños a volverse consentidos y reclamantes. En palabras de una madre: "Demonios. Ahora veo por qué estoy siempre agotada. No he enseñado a mis hijos a cuidar de sí mismos y a colaborar de formas útiles. Es evidente que lo he hecho todo al revés".

Pocas personas disfrutan con el rechazo y la exclusión. No obstante, intentar evitar el rechazo es una cuestión prioritaria y la base de la conducta cuando una persona cuya prioridad es ser complaciente, se siente insegura. Esto puede inducir a otros a aprovecharse de ella o a irritarse por la inseguridad que transmite. En palabras de un padre: "No es raro que mis hijos no apreciaran lo que yo hacía por ellos. No me molestaba en pedirles la opinión. Me limitaba a pensar que eran unos desagradecidos y unos desconsiderados. Ahora veo que era yo quien estaba siendo desconsiderado no preguntándoselo ni averiguando quiénes son y qué quieren".

Un giro interesante es que la conducta motivada por cada prioridad a menudo provoca lo contrario de lo que pretende el individuo. Por ejemplo, el adulto que intenta complacer a los niños puede fracasar porque ha olvidado preguntarles si es eso lo que ellos quieren. El adulto que persigue la comodidad puede crear más tensión evitando tomar medidas que en ese momento le parecen incómodas, lo cual creará más incomodidad y tensión en el futuro cuando los niños hagan exigencias en vez de aprender a colaborar. Los adultos que creen que deben tener el control a menudo propician la humillación y las críticas cuando sus hijos se rebelan, y los adultos que intentan evitar la falta de sentido en la vida persiguiendo la superioridad pueden crear el mayor sinsentido cuando descubren que sus hijos se sienten incapaces o siguen los pasos de sus padres y se pasan la vida entera esforzándose por demostrar lo que valen.

IMP

Lo principal de todas las prioridades de estilo de vida es que su motivación prioritaria reside en hallar la forma de que nos tengan en cuenta y nos consideren importantes. No obstante, de igual forma que los niños que eligen un objetivo erróneo en sus intentos "erróneos" de sentirse tenidos en cuenta e importantes, los adultos elegimos prioridades "erróneas" y conseguimos justo lo contrario de lo que queremos. Nos "portamos mal" y creamos distancia en nuestras relaciones en lugar de pertenencia e importancia. Ser conscientes de ello y tomárnoslo con humor puede ayudarnos a trascender nuestras creencias y conductas contraproducentes. Así podremos ser más eficaces con nuestros hijos y alumnos, y en nuestra vida.

CÓMO DESCUBRIR SU PRIORIDAD PRIMARIA

Las prioridades de la personalidad se desarrollan cuando los niños perciben su mundo, toman decisiones sobre él y extraen algunas conclusiones básicas que incluyen una creencia del tipo "Por consiguiente, debo…". Los ejemplos siguientes ilustran las diversas decisiones que los niños pueden tomar a partir de las mismas circunstancias.

- "Yo soy pequeño; los otros son grandes. Por consiguiente, debo conseguir que los otros se hagan cargo de mí." (Comodidad)
- "Yo soy pequeño; los otros son grandes. Por consiguiente, debo tener el control de mí mismo y de las situaciones para no sentirme humillado." (Control)

- "Yo soy pequeño; los otros son grandes. Por consiguiente, debo complacerlos para lograr que me quieran." (Ser complaciente)
- "Yo soy pequeño; los otros son grandes. Por consiguiente, debo esforzarme más por estar a su altura y hacerlo incluso mejor." (Superioridad)

Los resultados de estas decisiones infantiles se hacen patentes en el futuro. ¿Le parece a usted desmoralizante considerar que el proyecto de su conducta en la vida fue trazado por un niño de tres años?

SU PROYECTO DE VIDA

¿Contrataría usted a un niño de tres años para proyectar la casa de sus sueños? Quizá se esté riendo de lo absurdo que suena eso. Y, no obstante, su vida está basada en un proyecto de vida que usted trazó cuando era pequeño. De hecho, usted comenzó a trazar su proyecto de vida en el momento en que nació, pero, como la mayoría de personas, no recuerda las decisiones que tomó antes de los dos años. No obstante, usted confirmó aquellas primeras decisiones (aún a un nivel subconsciente) a los tres, cuatro y cinco años. Luego, entre los seis y diez años, usted sumó subconscientemente a ellas algunos consejos, prosiguiendo con la creación de su proyecto de vida. Y, solo por divertirse, cuando era adolescente (con las hormonas desbocadas y todo lo demás), añadió algunas decisiones, pensamientos, sentimientos y actitudes para terminar de completarlo. ¿Acaso es de extrañar que su proyecto de vida tenga algunos defectos? ¿Qué más cabría esperar de un niño pequeño, o incluso de un adolescente, sin estudios sobre cómo trazar proyectos y sin la suficiente experiencia como para interpretar la vida con la objetividad que a veces confiere la edad?

Comprender su proyecto de vida (su prioridad de estilo de vida) le brinda la oportunidad de hacer algunos ajustes. También le ayudará a reconocer qué proyectos están comenzando a trazar sus hijos y le permitirá comprender mejor sus reacciones cuando ellos se sientan inseguros. Si continúa teniendo dificultades para decidir cuál es su prioridad, elija la afirmación que más se adecua a usted:

- "Me siento mejor conmigo mismo cuando yo y quienes me rodean estamos cómodos. Me siento peor conmigo mismo cuando hay tensión, dolor y estrés." (Comodidad)
- "Me siento mejor conmigo mismo cuando las cosas están ordenadas y organizadas y yo tengo el control de mí mismo y de la situación. Me siento peor conmigo mismo cuando me siento avergonzado y humillado o criticado por algo que creo que debería haber sabido o hecho." (Control)
- "Me siento mejor conmigo mismo cuando puedo complacer a otras personas y evitar conflictos para que la vida sea placentera, no complicada. Me siento peor conmigo mismo cuando me siento rechazado, excluido o no valorado." (Ser complaciente)
- "Me siento mejor conmigo mismo cuando estoy teniendo éxito y realizando una contribución importante. Me siento peor conmigo mismo cuando me siento inútil, insignificante y estúpido." (Superioridad)

La afirmación con la que más se identifique en épocas de tensión (o inseguridad) es su prioridad primaria. "En épocas de tensión" es un factor importante para comprender nuestras prioridades. Cuando no estamos estresados, no nos preocupan la humillación, el rechazo, la insignificancia ni el dolor. Durante las épocas tranquilas de nuestra vida, no solemos actuar en virtud de nuestras viejas decisiones, conductas y creencias de infancia. Es únicamente cuando percibimos tensión o nos sentimos inseguros cuando nos vemos catapultados hacia los aspectos negativos de las conductas que suscita nuestra prioridad de estilo de vida. Estas conductas a menudo son la raíz de nuestras luchas de poder con nuestros hijos.

Digo tensión "percibida" porque eso es lo que es la tensión. Lo que es estresante para una persona puede no serlo para otra; únicamente nuestra forma de pensar hace que lo sea. Adler dijo: "Los pensamientos no tienen ningún significado salvo el significado que les damos". (Puede encontrar más información sobre este importante concepto en *Serenity: Eliminating Stress and Finding Joy and Peace in Life and Relationships.*[1])

CÓMO DESCUBRIR SU PRIORIDAD SECUNDARIA

Usted puede decir: "Bueno, desde luego, quiero evitar la humillación y la vergüenza, pero no creo que intente controlar a los demás ni las situaciones. De hecho, me esfuerzo mucho por complacer a los demás". En ese caso, acaba usted de identificar su prioridad secundaria. Su método de funcionamiento habitual, o "estilo", es ser complaciente. Esta es su prioridad secundaria porque es lo que hace habitualmente cuando se siente seguro. Solo cuando se siente inseguro o presionado puede volver a recaer en sus creencias del tipo "Por consiguiente, debo...". Entonces, puede dejar de ser complaciente y utilizar sus métodos de control para evitar la humillación que usted percibe.

Escogemos una prioridad como el método de funcionamiento (o prioridad secundaria) que utilizamos a diario cuando nos sentimos seguros. Cuando nos sentimos estresados, inseguros o amenazados, tendemos a recaer en nuestra prioridad primaria. En otras palabras, en diferentes condiciones y en distintas situaciones escogeremos conductas de prioridades diferentes, pero siempre lo haremos con el propósito de mantener nuestra prioridad primaria. Por ejemplo, una persona cuya máxima prioridad es el control puede complacer a los demás para obtener control, aspirar a la excelencia para obtener control o crear comodidad con las personas o en las situaciones para obtener una sensación de control.

PRIORIDADES DE ESTILO DE VIDA Y ESTILOS DE EDUCACIÓN

Las muchas ventajas e inconvenientes de cada prioridad influyen en cómo nos comportamos como padres. La finalidad de comprender las prioridades de estilo de vida no es crear estereotipos, sino cobrar más conciencia de cómo somos, lo cual nos ayudará a tomar decisiones bien fundadas en lugar de ser víctimas ciegas de las percepciones que tuvimos y las decisiones que tomamos cuando éramos niños y luego "olvidamos". Cuando entendemos los posibles inconvenientes de nuestras prioridades de estilo de vida, podemos desarrollar estrategias para superarlos. Podemos responsabilizarnos más de lo que provocamos con nuestras decisiones y conductas en lugar de actuar como víctimas, incluyendo las dificultades que tenemos con nuestros hijos.

Comodidad

En lo que respecta a las ventajas, los adultos cuya prioridad es la comodidad pueden dar ejemplo a los niños de las ventajas que entraña ser acomodadizo, diplomático y previsible. Sus hijos o alumnos pueden aprender a disfrutar de los placeres sencillos de la vida y pararse a "oler las rosas". Las técnicas de la disciplina positiva pueden ayudar a estos adultos a comprender su tendencia a ser demasiado permisivos con los niños, porque en ese momento parece más fácil. Los adultos que persiguen la comodidad a menudo eligen un estilo permisivo y tolerante, lo cual los vuelve propensos a tener hijos malcriados o alumnos caóticos. Los adultos cuya prioridad es la comodidad pueden ser más eficaces cuando implican a sus hijos o alumnos en el establecimiento de límites y objetivos, la creación de rutinas y la resolución conjunta de problemas en reuniones de familia o clase.

La prioridad de la señora Carter es la comodidad. Ella a menudo dejaba demasiadas decisiones en manos de sus hijos y enseguida cedía a sus exigencias porque le parecía más "fácil". Pero, por raro que parezca, tomar la vía fácil no siempre le hacía la vida más fácil. La señora Carter comenzó a sufrir muchas tensiones y malestar (al igual que sus hijos) porque la única forma en que ellos sabían relacionarse era a través de la tiranía emocional (gimotear o tener rabietas hasta que su madre cedía). En lugar de conseguir que sus hijos se sintieran cómodos, la señora Carter había instaurado sin darse cuenta un ambiente familiar de mucha tensión. Le entusiasmó saber que conocer su prioridad de estilo de vida la podría ayudar a centrarse en sus virtudes en vez de hacerlo en sus defectos. Comenzó a invertir tiempo en enseñar a sus hijos respeto mutuo y competencias para la vida y les brindó oportunidades para practicar lo que estaban aprendiendo. Empezó a darles una asignación, habló con ellos sobre cómo ahorrar y gastarse el dinero y luego permitió que experimentaran las consecuencias de sus decisiones.

Cuando sus hijos le reclamaban cosas, ella incluía sus peticiones en la agenda de la reunión de familia para tratarlas más adelante. Durante las reuniones, invitaba a sus hijos a comentar y sugerir otras formas de obtener lo que ellos querían a través de su propio esfuerzo. Crearon rutinas para la hora de levantarse y acostarse, decidieron planes para la ejecución de las tareas domésticas y planificaron salidas familiares sencillas. La señora Carter aprendió que tenía que tomar muchas decisiones, tales como elegir un parvulario adecuado, determinar las cuestiones de seguridad y poner límites claros y coherentes. No era apropiado preguntar a sus hijos si les parecía bien que cogiera la

TABLA 10.2: CÓMO PUEDEN INFLUIR LAS PRIORIDADES DE ESTILO DE VIDA EN LA FORMA DE EDUCAR A HIJOS Y ALUMNOS

Prioridad	Posibles ventajas para la educación	Posibles inconvenientes para la educación	Puede necesitar adquirir práctica en
Comodidad	Da ejemplo a los niños de las ventajas que entraña ser acomodadizo, diplomático y previsible y disfrutar de los placeres sencillos	Permisividad, la cual puede crear niños malcriados y reclamantes. Más interés en la comodidad que en las "necesidades de la situación"	Crear rutinas; fijarse metas, resolver problemas conjuntamente; enseñar competencias para la vida; permitir que los niños experimenten las consecuencias de sus decisiones; reuniones de familia
Control	Puede enseñar a los niños dotes de organización y de mando, perseverancia, asertividad, respeto por la ley y el orden, competencias para organizarse el tiempo	Rígido; controlador. Puede provocar rebelión y resistencia o unas ganas insanas de complacer	Asumir menos responsabilidad; ofrecer alternativas; hacer preguntas de curiosidad; implicar a los niños en las decisiones; reuniones de familia
Ser complaciente	Puede ayudar a los niños a ser afables, considerados y no agresivos, conciliadores, transigentes, solícitos y defensores del más débil	Se deja pisotear; lleva la cuenta (ahora tú estás en deuda conmigo). Puede provocar resentimiento, depresión o venganza	Tener fe en que los niños pueden resolver sus propios problemas; resolver problemas conjuntamente; honestidad emocional; aprender a dar y a recibir; reuniones de familia
Superioridad	Da ejemplo a los niños de cómo lograr lo que se propone, les enseña a valorar la calidad y los motiva para descollar	Sermonea, alecciona, espera demasiado; induce a los niños a sentirse inútiles e incapaces de "estar a la altura"; concibe las cosas como correctas o incorrectas en lugar de ver posibilidades	Deshacerse de la necesidad de tener razón; ponerse en la piel del niño y apoyar sus necesidades y metas; disfrutar del proceso y desarrollar su sentido del humor; celebrar reuniones de familia donde se valoren todas las ideas

Adaptado de *Positive Discipline for Preschoolers Facilitator's Guide* de Jane Nelsen, Cheryl Erwin y Roslyn Duffy (disponible en Empowering People Books, Tapes and Videos: 1-800-456-7770; www.empoweringpeople.com).

autopista en lugar de la ruta más lenta, si querían bañarse por la noche o si se podía ofrecer para cuidar de su primo durante el fin de semana. Esa clase de decisiones era responsabilidad suya. En cuanto les quitó el peso de tomar aquellas decisiones, sus hijos se sintieron más seguros. Saber qué se espera de ellos da seguridad a los niños, mientras que la anterior conducta de la señora Carter favorecía la inquietud, lo contrario de la comodidad que ella pretendía. La señora Carter dio las gracias cuando observó que ella estaba más cómoda, había menos tensión en casa y sus hijos estaban más cómodos, habiendo aprendido competencias para satisfacer sus necesidades.

Control

En lo que respecta a las ventajas, los padres y profesores cuya prioridad es el control pueden ser muy eficaces en enseñar a los niños dotes de organización y mando, perseverancia productiva, asertividad y respeto por la ley y el orden. Las técnicas de la disciplina positiva pueden ayudar a los padres cuya prioridad es el control a frenar su tendencia a ser demasiado rígidos y controladores con sus hijos. El control excesivo impulsa a los niños a rebelarse y resistirse, en vez de motivarlos para aprender las competencias que estos padres les quieren enseñar. Los adultos cuya prioridad es el control pueden ser más eficaces si hacen un esfuerzo por reconocer su necesidad de control excesivo y adquieren práctica en asumir menos responsabilidad, ofrecer alternativas, hacer preguntas de curiosidad e implicar más a sus hijos en la toma de decisiones.

La prioridad de la señora Jones es el control. Ella solía decir a sus hijos qué hacer, cómo y cuándo, y no permitía que ninguno de ellos rechistara. Creía sinceramente que aquello era lo que unos padres responsables debían hacer. Su conducta controladora era de hecho contraproducente para su objetivo de ayudar a sus hijos a tener autodisciplina, ser responsables, colaborar y saber resolver sus problemas. Dos de sus tres hijos se estaban rebelando constantemente, haciendo lo menos que podían y cuestionando siempre sus límites hasta que ella los castigaba. Esto le creaba la sensación de no tener el control, justo lo que ella estaba intentando evitar. Mantenía una lucha de poder permanente con estos dos hijos.

Su otro hijo se estaba convirtiendo en un adicto a la aprobación externa. Intentaba estar a la altura de lo que su madre esperaba de él y ganarse su aprobación complaciéndola. No obstante, en lugar de desarrollar las competencias para la vida que necesitaba para convertirse en un ciudadano del mundo feliz y capaz, estaba perdiendo el contacto con lo que le complacía a él y vivía con el temor de que no fuera nunca a ser capaz de contentar lo bastante a la gente.

Conocer su prioridad de estilo de vida ayudó a la señora Jones a centrarse en sus virtudes en lugar de hacerlo en sus defectos. Comenzó celebrando reuniones de familia para implicar más a sus hijos en la resolución de los problemas. Aprendió a arriesgarse a hacer preguntas de curiosidad para que ella y sus hijos pudieran descubrir las consecuencias de sus decisiones y aprender de sus errores en un ambiente de amor incondicional. Dejó de tener la necesidad de controlarlo todo y, cuando surgieron problemas, invitó a sus hijos a hacer sugerencias y comentarlas. Dio las gracias cuando observó que, al deshacerse de su necesidad de tener siempre el control, ella y sus hijos sentían que tenían más control.

Ser complaciente

En lo que respecta a las ventajas, los padres y profesores cuya prioridad es ser complacientes pueden ser muy eficaces en ayudar a sus hijos y alumnos a ser afables, considerados y no agresivos. A menudo son conciliadores por su deseo de contentar a todo el mundo. Se les da bien pactar y frecuentemente se ofrecen para ayudar a los demás. Defienden al más débil. Por desgracia, una actitud excesivamente complaciente puede crear rencor y depresión en estos adultos cuando se esfuerzan demasiado por complacer a sus hijos o parejas a su propia costa (y cuando los demás no les pagan con la misma moneda). Y los receptores de sus atenciones pueden estar resentidos porque sienten que ellos les exigen que se las agradezcan y esperan que les paguen con la misma moneda. Las técnicas de la disciplina positiva pueden ayudar a estos adultos a frenar su tendencia a excederse en intentar contentar a todo el mundo.

Los padres y profesores cuya prioridad es ser complacientes pueden ser más eficaces cuando dejan de centrarse exclusivamente en las necesidades ajenas y se ocupan de las propias para tener más que dar. Necesitan confiar en la capacidad de sus hijos para complacerse a sí mismos y enseñarles a tener honestidad emocional y a resolver conjuntamente los problemas. Tanto adultos como niños sacarán provecho de aprender a expresar lo que piensan, sienten y quieren sin esperar que nadie más piense lo mismo, sienta lo mismo o les dé lo que quieren: ¡se dice fácil! Aprender a valorar las necesidades de todos, incluyendo las propias, es crucial para fomentar el respeto mutuo.

La prioridad del señor Smith es ser complaciente. Invertía muchísima energía y esfuerzo en intentar que sus hijos fueran amables entre ellos, con los vecinos, con sus abuelos, con los miembros de su parroquia y con sus profesores. Estaba más interesado en cómo trataban a los demás que en ayudarlos con lo que ellos sentían.

Otras veces, les prestaba demasiada atención cuando ellos gimoteaban o lloraban. Por ejemplo, intentaba complacerlos cuando ellos exigían un tentempié o más cuentos antes de dormirse. Luego se enojaba cuando los tentempiés y los cuentos no los satisfacían lo suficiente como para que se fueran contentos a la cama. Demasiado a menudo, todo el mundo se acostaba disgustado. ¡Nadie estaba complacido!

Para el señor Smith también era importante que sus hijos lo apreciaran y lo aprobaran como padre. Le parecía totalmente lógico que sus hijos quisieran complacerlo a él. No los entendía cuando ellos se quejaban de que a él no le importaba lo que sentían. Era un círculo vicioso; él estaba seguro de que a sus hijos no les importaba lo que sentía él, incluso después de "todo lo que hacía por ellos".

El señor Smith no estaba seguro de creerse o no la información sobre las prioridades de estilo de vida. No obstante, cuando empezó a celebrar reuniones de familia para implicar a sus hijos en la resolución de los problemas, no pudo evitar reparar en cómo había cambiado el ambiente familiar. El señor Smith y sus hijos aprendieron a expresar sus sentimientos honestamente. Comentaron la idea de que hay "realidades distintas" y el hecho de que las personas perciben las situaciones de maneras diferentes (ninguna de las cuales es forzosamente errónea) y de que a la gente le complacen cosas distintas y es respetuoso preguntar en lugar de dar nada por sentado.

El señor Smith descubrió que era importante tomar en consideración sus propias necesidades, así como las necesidades de la situación. Aprendió a responder a las exigencias que sus hijos le hacían a la hora de acostarse diciéndoles con amabilidad y firmeza: "Ahora es hora de acostaros. ¿Qué es lo siguiente en vuestra tabla de rutinas?". Al principio, tenía que repetir aquella sencilla pregunta varias veces. No obstante, en cuanto sus hijos se dieron cuenta de que hablaba en serio, dejaron de intentar manipularlo.

Al final, el señor Smith se dio cuenta de que, cuando intentaba complacer a sus hijos sin averiguar primero qué les complacía, en realidad no estaba complaciendo a nadie. En su familia comenzaron a escucharse, a preguntarse qué querían y a ser honestos sobre si iban a satisfacer o no el deseo del otro.

Cuando el señor Smith conoció las prioridades de estilo de vida y las técnicas de la disciplina positiva, sus hijos comenzaron a disfrutar de ser sus hijos y el señor Smith comenzó a disfrutar realmente de ser padre. Todo el mundo estaba complacido, al menos la mayor parte del tiempo.

Superioridad

Los padres y profesores cuya prioridad es la superioridad pueden ser muy eficaces en dar ejemplo de cómo acometer lo que se proponen. A menudo son capaces de reconocer y alentar la calidad y parecen tener un don especial para "motivar a los niños para descollar".

Sus hijos y alumnos, no obstante, perciben a veces esta "motivación" como "un acoso para que alcancen la perfección" y se sienten incapaces de estar a la altura de lo mucho que sus padres esperan de ellos.

Las técnicas de la disciplina positiva pueden ayudar a estos adultos a frenar su tendencia a exigir demasiado a sus hijos y alumnos. Una superioridad excesiva a menudo suscita en los niños la sensación de que son incapaces, en vez de la motivación para hacer bien las cosas que estos adultos quieren inspirar. Los adultos cuya prioridad es la superioridad serán más eficaces si hacen un esfuerzo por deshacerse de su necesidad de que las cosas sean "correctas" y "óptimas" (según su criterio, por supuesto) y adquieren práctica en ponerse en la piel de sus hijos y alumnos para averiguar qué es importante para ellos, recordando que hay más de un modo "correcto" de hacer las cosas y asegurándose siempre de que los niños captan su mensaje de amor incondicional.

También pueden enseñar que los errores son oportunidades maravillosas para aprender, y escuchar y aceptar las ideas que sus hijos o alumnos tienen para resolver los problemas. A veces, los adultos cuya prioridad es la superioridad están tan centrados en alcanzar su meta final que no disfrutan durante el proceso.

La prioridad del señor Lyndol es la superioridad. Solía contar a sus hijos todos sus maravillosos logros y decirles qué esperaba de ellos. Creía que aquello los inspiraría y motivaría para que siguieran sus pasos y había invertido gran parte de su valor como persona en la expectativa de que ellos lo superarían. Asimismo, era un adicto al trabajo y a menudo descuidaba a su familia para poder "darles lo mejor". No sabía que pasar tiempo con él (sin exigencias) era el alimento que ellos ansiaban.

La personalidad de este padre era de hecho contraproducente para su meta de ayudar a sus hijos a alcanzar la excelencia. Uno de ellos se convirtió en un rebelde en la escuela. (Si no podía ser el mejor de los mejores y estar a la altura de lo que su padre esperaba de él, podía al menos ser el mejor de los peores.) Este niño también había adoptado la superioridad como prioridad, pero la estaba ejerciendo en contra de su padre. Su otro hijo se convirtió en un perfeccionista que no soportaba perder y no se podía relajar para disfrutar de sus éxitos incluso cuando ganaba, porque tenía un temor perpetuo a la vergüenza y a la humillación de fracasar.

El señor Lyndol quiso centrarse en las ventajas de su estilo de vida en vez de hacerlo en los inconvenientes y en ser la clase de familia que siempre había pretendido. Él y su familia se dedicaron a cultivar el sentido del humor cuando hablaban de sus errores e iniciaron proyectos en los que podían colaborar. A veces, incluso se arriesgaban a cometer errores juntos, únicamente para asegurarse de que no pasaba nada. El señor Lyndol aprendió a utilizar las reuniones de familia para mejorar la comunicación con sus hijos. Se esforzaron por disfrutar del proceso y colaborar, en lugar de centrarse únicamente en la perfección del producto final.

El señor Lyndol dejó de dar sermones e invitó a sus hijos a expresar sus diferencias de opinión. Juntos, decidieron colaborar en un proyecto para servir a la comunidad que habían planeado. El señor Lyndol descubrió que era más capaz de comunicarse con sus hijos y se sintió motivado por lo que estaba aprendiendo de ellos y con ellos. Sus hijos comenzaron a manifestar signos de que también ellos estaban motivados: eran entusiastas y colaboraban de buen grado tanto en casa como en la escuela.

El señor Lyndol también entrenaba voluntariamente a un equipo de fútbol infantil. Al principio, solo había querido niños que estuvieran muy dotados para el fútbol y quisieran entrenar de firme; sobre todo, quería niños que quisieran ganar. Sus nuevas ideas le ayudaron a descubrir que todos los niños tienen potencial si uno los motiva. Comenzó a dedicarse a estos niños, a mejorar sus pases, chutes y remates. Les enseñó que hacerlo lo mejor que sabían era más importante que ganar un partido, una lección que también él estaba aprendiendo.

Su equipo ganó muchos partidos (y perdió unos cuantos), pero con lo que más disfrutó el señor Lyndol fue con la actitud de sus jugadores. Colaboraban y disfrutaban jugando.

PRIORIDADES DE ESTILO DE VIDA QUE ENTRAN EN CONFLICTO

Hemos explicado qué sucede cuando padres y profesores conocen sus prioridades de estilo de vida y aplican las técnicas para educar de la disciplina positiva. Tener estos conocimientos también puede ayudar a adultos y niños a colaborar con menos conflictos. ¿Recuerda a las dos parejas que hemos presentado al principio de este capítulo? Como Alfred Adler decía a menudo: "Los opuestos se atraen, pero tienen dificultades para convivir". Ambos se sienten atraídos hacia el otro porque posee las virtudes que a ellos les faltan. No obstante, lo que a veces parece adorable y encantador al principio se vuelve profundamente irritante después de casarse. Tomemos el caso de los señores Johnson.

David y Suzanne Johnson se conocieron en las pistas de esquí. Hubo una atracción inmediata entre los dos y enseguida iniciaron una relación. Suzanne se sintió atraída por David porque era relajado y acomodadizo y estar con él era realmente agradable. Incluso cuando esquiaba, parecía deslizarse suavemente por la pendiente.

Por su parte, David se sintió atraído por Suzanne porque era lista, atractiva, locuaz, creativa: una de las mujeres con más éxito y talento que él había conocido. Tenían mucho en común. Y a los dos les encantaba esquiar. No tenían la menor idea de que las subidas y bajadas de las pistas de esquí iban a convertirse en una metáfora de su relación y sus estilos educativos cuando tuvieron su primer hijo.

La prioridad de David era la comodidad, mientras que la de Suzanne era la superioridad. A menudo nos sentimos atraídos por alguien que parece tener lo que creemos que nos falta. David jamás se inmiscuía en las numerosas actividades de Suzanne; de hecho, la alentaba a perseguir sus metas. Después de todo, su ambición y su empuje le hacían a él la vida fácil. La dulzura de David y sus modales relajados eran un contraste perfecto para las elevadas metas y la excesiva energía de Suzanne.

Entonces tuvieron su primer hijo. Al cabo de poco tiempo (y sin que ellos tuvieran la menor idea de qué eran las prioridades de estilo de vida), el bebé pareció tener la misteriosa capacidad de causar incomodidad en David y hacer que Suzanne no se sintiera la mejor. El bebé también tenía la capacidad de conseguir que discutieran sobre cómo criarlo. El padre era demasiado blando, la madre demasiado dura. O, al menos, eso era lo que David y Suzanne opinaban del otro.

Cuando un alma caritativa les habló al fin sobre las prioridades de estilo de vida, las cosas comenzaron a cambiar. Asistieron juntos a una clase para padres e hicieron un esfuerzo para educar a su hijo en equipo. Se centraron en valorar las virtudes de sus prioridades (que los habían unido en primer lugar). Acordaron que cada uno se esforzaría por mejorar sus defectos y que se ofrecerían apoyo y comprensión en lugar de criticarse. Les complació de forma especial descubrir que las nuevas técnicas de la disciplina positiva se adecuaban a sus dos estilos de educación y los ayudaban a conseguir lo que, realmente, más anhelaban: crear una familia feliz.

Crecemos cuando aprendemos a convertir nuestros defectos en virtudes. Conforme vamos aumentando nuestros conocimientos y nuestra conciencia, el crecimiento puede ser estimulante y, a la vez, gratificante. Comprender nuestra prioridad de estilo de vida y cómo influye en nuestras relaciones con nuestros hijos y alumnos puede ayudarnos a aprender, con tiempo y paciencia, a ser los mejores padres, y las mejores personas, que podemos ser.

REVISIÓN

En este capítulo, en lugar de herramientas o preguntas, utilice la actividad siguiente para comprender mejor su prioridad. Es más didáctico hacerla en grupo. Pueden dividirse en grupos más pequeños que representen cada estilo de vida y hacer sugerencias para rellenar los espacios en blanco dejados para:

1. Crear una pegatina para el coche.
2. Sus virtudes (lo que la mayoría de componentes del grupo tiene en común).
3. Sus defectos (lo que la mayoría de componentes del grupo tiene en común).
4. Qué puede provocar en los niños este estilo de vida.
5. Medidas específicas para mejorar su vida y sus relaciones con sus hijos o alumnos.

ACTIVIDAD SOBRE LAS PRIORIDADES DE ESTILO DE VIDA

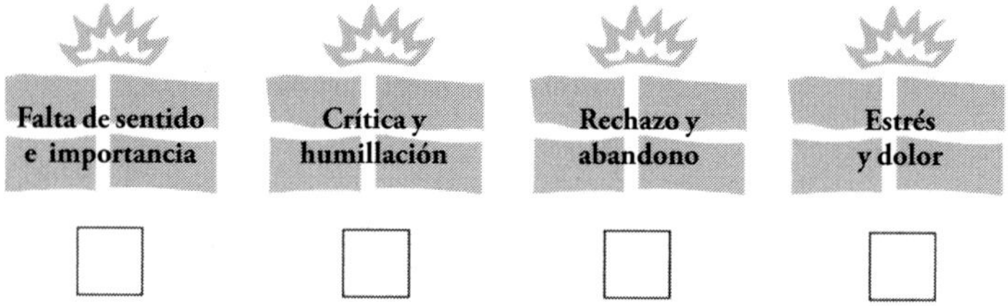

1. En los recuadros, numere las descripciones del 1 al 4, siendo la número 1 su favorita. De izquierda a derecha, los recuadros representan superioridad, control, ser complaciente y comodidad.
2. Mi prioridad primaria de estilo de vida es ____________ (el recuadro que lleva el número 1)
3. Mi prioridad secundaria de estilo de vida es ____________ (el recuadro que lleva el número 2)
4. Una pegatina para el coche que reflejara mi prioridad de estilo de vida podría ser:

____

5. Mis mayores virtudes son:

____

____

6. Mis mayores defectos son:

____

____

7. Qué puede provocar en los niños mi prioridad de estilo de vida:

____

____

8. Medidas específicas para mejorar:

____

____

Capítulo 11

ENCAJAR TODAS LAS PIEZAS

Casi todos los principios descritos en este libro requieren la comprensión y la aplicación de conceptos básicos y actitudes adultas. Cuando encajamos todas las piezas, obtenemos una excelente caja de herramientas para ayudar a los niños a desarrollar características que les resultarán valiosas a lo largo de toda su vida. No hay una sola herramienta que dé resultado con todos los niños y situaciones, por lo que es reconfortante disponer de muchas opciones. Muchas de las herramientas presentadas en este capítulo se han tratado en capítulos anteriores. En este, hallará nuevos ejemplos de interacciones entre niños y adultos que ilustran formas de superar los problemas de disciplina y el valor de utilizar varias herramientas a la vez.

LA TÉCNICA DEL CUARTO DE BAÑO

El valor de hacer una pausa obligada positiva para tranquilizarse se ha mencionado varias veces. Recuerde que la finalidad de "tranquilizarse", reside en esperar hasta poder tener acceso a su "cerebro racional" en vez de intentar resolver un conflicto mientras está conectado con su "cerebro reptil", por lo que es útil retirarse de alguna forma. En lugar de plantearlo siempre como una pausa obligada para los hijos, puede ser práctico que sean los padres quienes se retiren. Antes de retirarse, explique a sus hijos qué tiene pensado hacer y por qué. (Los más pequeños aprenderán de lo que ven, no de lo que dice.) Puede explicárselo en una reunión de familia o individualmente. Dígales, por ejemplo: "Cuando me disguste, iré a tranquilizarme a algún sitio hasta que me sienta mejor y encontremos juntos una solución respetuosa". Esta es una forma maravillosa de dar ejemplo a sus hijos.

Un buen lugar para que los padres se retiren es el cuarto de baño. Dreikurs es famoso por su "técnica del cuarto de baño". Sugería el cuarto de baño porque, en muchos hogares, es la única habitación con cerrojo en la puerta. Si tiene que pasarse mucho tiempo en el cuarto de baño tranquilizándose, quizá quiera ponerlo lo más cómodo posible, con libros, revistas y un reproductor de música. Estoy bromeando, pero ya sabe a qué me refiero.

Algunos padres prefieren meterse en la ducha, dar un paseo o irse a comprar si tienen un amigo o cónyuge con quien dejar a sus hijos. A veces, es útil que usted y sus hijos establezcan previamente una señal: exagerar que se tira del pelo, agitar los brazos para indicar que está a punto de estallar o hacer la señal de la paz.

Con cualquier tipo de pausa obligada, es importante adoptar una actitud respetuosa. Usted puede decir: "Necesito retirarme un rato para rehacerme. Sé que lo haré mejor cuando me calme". Tranquilice a sus hijos asegurándoles que no se marcha para librarse de ellos, sino para rehacerse porque sabe que, cuando todo el mundo se sienta mejor, el problema se podrá resolver de una forma respetuosa y colaboradora.

LA TÉCNICA DE LA NOVELA

Como los profesores no pueden dejar a sus alumnos solos en clase, una forma de retirarse consiste en sentarse a leer una novela en los momentos conflictivos. (Los profesores que lo han probado lo encuentran muy eficaz, pero muchos no se sienten cómodos haciéndolo. Pruébelo si se adecua a su estilo.)

El primer paso consiste en explicar a sus alumnos lo que va a hacer. Dígales que su trabajo es enseñar, y el de ellos aprender. Si no están dispuestos a hacer su trabajo, usted no puede hacer el suyo; así que, de ahora en adelante, siempre que alteren la clase y usted no pueda enseñarles, usted se sentará a leer su novela hasta que ellos le digan cuándo están dispuestos a hacer su trabajo para que usted pueda hacer el suyo.

La razón de que a algunos profesores no les guste este método reside en que no pueden soportar el período en que sus alumnos los ponen a prueba, cuando las cosas empeoran antes de mejorar. Los alumnos a menudo armarán mucho jaleo mientras comprueban hasta dónde llega su nueva libertad. No obstante, al cabo de no mucho tiempo, se tranquilizarán y dirán al profesor que están listos para aprender. En muchas clases, los alumnos no están comprobando conscientemente los límites de su libertad. Simplemente, no se dan cuenta de que están siendo irrespetuosos hasta que reparan en el profesor leyendo su novela. En cuanto ven esta pista no verbal, se callan de inmediato.

Este método solo es eficaz con profesores que se han ganado la admiración y el respeto de sus alumnos porque están bien preparados y saben enseñar. También da mejores resultados con alumnos de primaria. Podría ser desastroso con adolescentes, quienes están más preocupados por obtener la aprobación de sus compañeros que la de los adultos.

El señor Rasmussen, un profesor de educación especial de cuarto, quinto y sexto, obtuvo la autorización de su director para salir del aula cuando sus alumnos alteraban la clase. Primero les explicó que saldría cuando ellos no estuvieran dispuestos a aprender. Les dijo que fueran a buscarlo a la sala de profesores cuando lo estuvieran. Aquel mismo día sus alumnos hicieron tanto ruido que no podían oírlo a menos que él levantara la voz.

Él y su ayudante cogieron sus tazas de café y salieron de la clase. El señor Rasmussen se puso muy nervioso mientras estuvo sentado en la sala de profesores. No estaba en absoluto seguro de que aquello fuera a funcionar. La imaginación se le desbocó mientras pensaba en las cosas que sus alumnos podían estar haciendo en el aula. Cuando habían pasado treinta minutos sin que nadie fuera a buscarlo, comenzó a preguntarse si iba a perder su contrato de trabajo.

Al cabo de cuarenta y cinco minutos, un alumno entró en la sala de profesores para decirle que estaban listos para que él volviera a enseñarles. El señor Rasmussen se quedó asombrado de lo colaboradores que estuvieron sus alumnos durante los siguientes días.

La siguiente vez que sus alumnos alteraron la clase, el señor Rasmussen y su ayudante cogieron sus tazas de café. Inmediatamente, los niños se tranquilizaron y dijeron que estaban listos. Es importante señalar que estos alumnos apreciaban mucho al señor Rasmussen. Él se había ganado su respeto y estaba ahora demostrando cómo iba a respetarse a sí mismo.

Después de oír esta historia, otra profesora de educación especial probó lo mismo. Refirió que sus alumnos fueron a buscarla al cabo de veinte minutos con una petición firmada donde ponía que estaban dispuestos a colaborar.

Otra profesora se olvidó de decir a sus alumnos dónde podrían encontrarla. Ellos fueron a secretaría y pidieron que la llamaran por megafonía cuando estuvieron listos.

No estoy recomendando que pruebe esto si en su escuela hay normas estrictas contra ello. Algunos directores autorizan a sus profesores a asumir esta clase de riesgos.

PAUSA OBLIGADA POSITIVA

A los niños desanimados puede resultarles útil hacer una pausa obligada positiva si les explicamos las bases con antelación, si ellos ayudan a diseñar el lugar donde podrán tranquilizarse y cuando sus padres o profesores les preguntan: "¿Te ayudaría ir a la zona de la pausa obligada positiva?" (o comoquiera que hayan decidido llamarla).

Las técnicas del cuarto de baño y la novela son a veces mejores, porque usted decide qué va a hacer en lugar de lo que va a pedir que haga al niño. No obstante, a muchos padres y profesores les gusta utilizar las pausas obligadas positivas en vez de la técnica del cuarto de baño porque les parece demasiado incómodo tener que retirarse si están ocupados en algo, haciendo la cena o dando la lección, por ejemplo. (No obstante, a veces, este breve período de incomodidad es poco sacrificio a cambio de motivar y facultar a los niños para que aprendan a ser responsables y a colaborar.)

Un concepto importante que repasar una vez más es: ¿de dónde hemos sacado la idea loca de que, para que un niño lo haga mejor, antes tiene que sentirse peor? Casi todos los adultos tienen la idea errónea de que la finalidad de enviar a un niño a su habitación reside en hacerlo sufrir. "Ve a tu habitación y piensa en lo que has hecho." El tono de voz suele insinuar: "Y sufre". Una madre incluso se quejó de este modo: "No me sirve de nada enviar a mi hijo a su habitación. Le gusta".

Yo dije: "Genial. Eso producirá mejores resultados". De hecho, sugiero a los padres que expliquen a sus hijos cómo funciona la pausa obligada positiva (tratada en el capítulo 6) durante un momento tranquilo y agradable. "Cuando estés disgustado o enfadado, puede irte bien marcharte a tu habitación para hacer algo que te ayude a sentirte mejor. Puedes leer un libro, jugar con tus juguetes, escuchar música o dormir un rato. Luego, cuando te sientas mejor, sal y pensaremos en una solución." Para los padres a quienes les preocupa que esto sea premiar la mala conducta, podría serlo si no se ponen a resolver el problema cuando todo el mundo se siente mejor. Remítase por favor a *Disciplina Positiva: consejos que invitan a la cooperación entre padres e hijos basados en la dignidad y el respeto*[1] para encontrar información más detallada sobre cómo implicar a los niños en crear zonas para hacer pausas obligadas a las que ellos pueden "decidir" ir en lugar de tener que hacerlo porque los obligan.

Los niños menores de tres años son habitualmente demasiado pequeños para hacer pausas obligadas, incluso para las positivas. No obstante, usted podría hacerlas con ellos. Probablemente, lo necesitan los dos. La señora James comenzó a llevar a Ann a su habitación por portarse mal cuando su hija tenía catorce meses. La sentaba en su regazo y le leía unos minutos antes de salir. Si Ann tenía una rabieta, ella se quedaba sentada en la cama de su hija y la dejaba desahogarse. Cuando Ann se calmaba al fin, la señora James decía: "¿Estás ya lista para un abrazo?".

Recuerde que esto no es premiar la mala conducta. Es enseñar a Ann una forma respetuosa de abordar lo que siente cuando está disgustada: que está bien sentirse como se siente, pero no hacer todo lo que quiere. Este método se basa en el concepto básico de que la motivación es el modo más eficaz de mejorar la conducta. También se basa en unos principios razonables del desarrollo infantil. Un niño de catorce meses no comprende realmente la relación entre causa y efecto con un nivel de sofisticación que le permita controlar su conducta sin supervisión, así que ¿por qué castigar?

Cuando Ann tenía "conductas fruto del desánimo" tales como los gimoteos o conductas "desafiantes" tales como saltar en los muebles, la señora James la llevaba a su habitación con amabilidad y firmeza y se sentaba en la cama con ella. A veces, la implicaba activamente pidiéndole que buscara un despertador y lo pusiera para que sonara al cabo de los minutos que ella creía que tardaría en sentirse mejor (distracción). A veces, le daba una alternativa: "¿Quieres ir sola a tu habitación o quieres que me quede contigo hasta que te sientas mejor?".

Cuando Ann cumplió cuatro años, estaba muy familiarizada con esta rutina. Cuando necesitaba tiempo para tranquilizarse y sentirse mejor, se iba a su habitación sola o pedía a su madre que la acompañara. A veces, lloraba o hacía pucheros durante un rato (porque había aprendido que siempre está bien expresar los sentimientos) antes de indicar que ya se había calmado y se sentía mejor. Otras veces, se ponía simplemente a jugar en su habitación o se quedaba dormida. Cuando salía, estaba dispuesta a modificar su conducta o a pensar en una solución respetuosa. Ann fue capaz de aprender autocontrol mediante la pausa obligada positiva porque no sintió que tuviera que "rebelarse" contra la "imposición" de tener que cumplirla.

La señora James conoció la eficacia de la técnica del cuarto de baño (hacer ella la pausa obligada) cuando fue sometida a una intervención y no tuvo fuerzas para ir con Ann a su habitación cuando su hija se portaba mal. Un día, Ann se puso a gimotear, así que la señora James se fue cojeando al cuarto de baño. Su hija la siguió y comenzó a aporrear la puerta gritando: "Quiero que salgas. –Al cabo de unos minutos, la señora James oyó que Ann estaba intentando contener algunos sollozos involuntarios antes de decir con un tono alegre de voz–: Ya estoy preparada para que salgas".

Cuando salió, la señora James dijo: "Me alegro de que estés preparada. Me encanta estar contigo. ¿Por qué no incluimos los gimoteos en la agenda de la próxima reunión de familia para poder hacer sugerencias sobre cómo resolverlos?".

DECIDA QUÉ VA A HACER USTED, NO LO QUE VA A OBLIGAR A HACER A SUS HIJOS O ALUMNOS

IMP

El peligro potencial de decir a un niño que se vaya a su habitación (o de cualquier otra petición) reside en que podemos estar provocando una lucha de poder si él se niega o un ciclo de venganza si él lo percibe como un castigo y se siente herido. Esto es especialmente cierto con niños mayores. La posibilidad se elimina cuando dejamos que los niños experimenten las consecuencias naturales o lógicas de lo que decidimos hacer, en contraposición a lo que intentamos que hagan ellos.

Bonnie se casó con un viudo que era padre de seis hijos. El mayor tenía ocho años y los menores eran dos gemelos de dos años. La madre de estos niños había muerto al alumbrar a los gemelos. Es fácil imaginar lo difícil que era encontrar una niñera para seis niños, incluyendo a dos gemelos. Ni tan siquiera las que estaban desesperadas por encontrar trabajo se quedaban durante mucho tiempo, por lo que los niños no habían tenido la estabilidad de una disciplina coherente antes de que Bonnie se convirtiera en su nueva madre. Aquello se hacía especialmente evidente durante las comidas, las cuales eran un suplicio terrible porque los niños se peleaban, discutían y se arrojaban comida unos a otros.

Bonnie había enseñado los principios de la disciplina positiva antes de haber tenido ocasión de ponerlos en práctica. Ahora tenía la oportunidad de hacerlo. Lo primero que hizo fue celebrar una reunión de familia. Ni siquiera habló de la conducta de los niños durante las comidas. Se limitó a pedirles que decidieran cuánto tiempo necesitaban para terminarse la comida después de que se la sirvieran. Ellos lo hablaron y decidieron que quince minutos era tiempo más que suficiente. (Olvidaron considerar cuánto tiempo invertían en pelearse, discutir y arrojarse cosas.) Todos accedieron de buen grado a establecer la regla de que la cena se serviría a las seis en punto y la mesa se retiraría a las seis y cuarto.

A la tarde siguiente, Bonnie y su marido ignoraron las peleas mientras cenaban. A las seis y cuarto, Bonnie retiró los platos. Los niños protestaron, arguyendo que aún tenían hambre y no habían terminado de comer. Bonnie respondió con amabilidad y firmeza: "Solo estoy ateniéndome a la regla que hemos decidido. Estoy segura de que aguantaréis hasta el desayuno". Luego se quedó sentada delante del frigorífico con una novela y tapones en los oídos hasta que fue hora de acostarse.

La tarde siguiente fue una repetición del día anterior mientras los niños comprobaban si su nueva madre hablaba en serio. A la tercera tarde, sabían que lo hacía y estuvieron tan ocupados en comer que no tuvieron tiempo para pelearse, discutir ni arrojarse comida.

Esta historia tiene una hermosa segunda parte. Al cabo de seis años, tuve ocasión de quedarme con estos niños mientras sus padres pasaban fuera el fin de semana. Eran tan responsables y capaces que yo no tuve que mover un dedo en todo el fin de semana.

Los niños prepararon todas las comidas e hicieron sus tareas sin que yo interviniera. Me enseñaron su planificación de las comidas y las tareas. Planeaban todos los menús del mes durante la primera reunión de familia del mes. Todos cocinaban una noche (salvo Bonnie, que se encargaba de la compra) y el hijo mayor (que tenía entrenamiento de fútbol).

Les pregunté si las cosas transcurrían siempre con tanta suavidad. "No siempre", me aseguraron. Una de las hijas me contó que antes tenían la regla de que quien cocinara no tenía que limpiar la cocina. Aquello causaba problemas porque los que tenían que limpiar siempre se quejaban de que los cocineros lo habían dejado todo hecho un desastre. Decidieron cambiar la regla para que el cocinero también limpiara la cocina. Aquello puso fin a las quejas y procuró a todo el mundo más tiempo de descanso antes de que le tocara volver a trabajar.

Este ejemplo ilustra varios puntos que son importantes para que el método dé resultado:

- Diga a sus hijos con antelación qué va a hacer. Si es posible, consiga que estén de acuerdo en lo que se hará en determinadas circunstancias.
- Actúe con amabilidad y firmeza, no predique. Cuando sus hijos cuestionen su nuevo plan, cuantas menos palabras diga, mejor le irá. Tenga la boca cerrada y actúe.

- Las pocas palabras que utilice debería decirlas con un tono amable y firme.
- Resista la tentación de entablar una lucha de poder o iniciar un ciclo de venganza. Sus hijos harán cuanto esté en su mano para ponerle a prueba y conseguir que recaiga en sus viejos hábitos.
- Cuando usted se atenga a su plan, puede parecerle que está dejando que sus hijos "salgan impunes" mientras ignora su mala conducta. Es cierto que el castigo produciría resultados más inmediatos, pero este método ayuda a los niños a desarrollar su responsabilidad y otras competencias para la vida que les serán útiles en el futuro (resultados a largo plazo).
- Las cosas pueden empeorar antes de mejorar. Cíñase a su plan de acción y sus hijos conocerán una nueva forma de disciplina.

A continuación incluyo algunos ejemplos más sobre decidir qué va a hacer usted en lugar de qué va obligar a hacer a sus hijos:

- No intente obligar a sus hijos a echar su ropa a lavar. Decida simplemente que solo va a lavar la ropa que esté en la cesta. Sus hijos enseguida aprenderán la consecuencia natural de no tener ropa limpia cuando la necesiten.
- No insista a sus hijos para que limpien la cocina. Niéguese simplemente a cocinar mientras la cocina no esté limpia. Piense en lo bien que se lo puede pasar leyendo una buena novela mientras espera. Al principio, a sus hijos puede parecerles genial prepararse sus bocadillos de margarina siempre que tengan hambre. Esto deja de ser una novedad al cabo de un tiempo y los niños enseguida se dan cuenta de que la colaboración es una vía de doble sentido, si quieren disfrutar de mejores comidas en la vida.
- No distorsione este método convirtiéndolo en una lucha de poder o un ciclo de venganza. Algunos padres

> malinterpretan este concepto e intentan utilizarlo para obligar a sus hijos a hacer lo que ellos quieren valiéndose de la fuerza o avergonzándolos o para "ajustar cuentas" con ellos por no hacer lo que "deberían". La idea es despreocuparse de lo que hacen los niños en estas situaciones. En otras palabras, no se preocupe si su hijo decide llevar la ropa sucia en lugar de responsabilizarse de echarla a lavar. No se preocupe si sus hijos prefieren comer bocadillos de margarina a limpiar la cocina para que usted cocine. Disfrute de su tiempo libre.

Despreocuparse es extremadamente eficaz para todos aquellos padres y profesores que se sienten cómodos haciéndolo. A continuación, deben aplicar otros métodos, tales como celebrar reuniones de familia o clase para buscar soluciones, invertir tiempo en enseñar a sus hijos o alumnos, hacer preguntas de curiosidad o motivar. Los que no soportan despreocuparse pueden utilizar otro tipo de métodos. Nunca hay una única forma de abordar un problema. Cuantas más herramientas tengamos en nuestra caja de herramientas educativas, más eficaces podremos ser. En nuestro libro *Positive Discipline A-Z,*[2] tenemos más de mil soluciones y métodos no punitivos para evitar problemas de conducta en el futuro. *Positive Discipline: A Teacher's A-Z Guide*[3] hace lo mismo con una larga lista de conductas que plantean problemas a los profesores. Padres y profesores pueden elegir las sugerencias con las que más cómodos se sientan, o las que crean que van a dar mejor resultado con sus hijos o alumnos. Algunos padres y profesores hacen una pausa obligada y leen con sus hijos y alumnos las sugerencias relativas a un problema de conducta determinado para poder decidir juntos cuál creen que dará mejor resultado.

RETIRARSE EMOCIONALMENTE

La finalidad de darse tiempo para tranquilizarse reside en retirarse de la situación hasta que el conflicto emocional haya desaparecido, en lugar de entablar una lucha de poder o iniciar un ciclo de venganza. La técnica del cuarto de baño o de la pausa obligada positiva se sugiere porque la mayoría de adultos y niños tienen dificultades para tranquilizarse mientras no abandonan la escena del conflicto. No sería necesario hacerlo si supiéramos retirarnos emocionalmente y evitar vernos inmersos en una lucha de poder.

Bonnie y su marido (mencionados antes) tuvieron que retirarse emocionalmente para poder ignorar la mala conducta de los niños en la mesa mientras se ceñían a su plan de acción.

La señora Valdez, profesora de tercero, me invitó a observar su reunión de clase. Llegué temprano y tuve ocasión de presenciar con cuánta eficacia utilizaba la técnica de retirarse emocionalmente. Era hora de dejar de hacer problemas de matemáticas para ponerse a leer. Sus alumnos estaban empezando a hacer ruido y alterar la clase. Vi que la señora Valdez se quedaba mirando fijamente la pared de enfrente como si hubiera entrado en trance. Sus alumnos se dieron cuenta y comenzaron a susurrar: "Está contando". Corrió la voz y, pronto, la clase entera estaba atenta y en silencio.

Más tarde, en la sala de profesores, pregunté a la señora Valdez:

–¿Hasta dónde cuenta y qué hace cuando termina?

–En realidad no estoy contando. Simplemente, he decidido que no puedo enseñar hasta que mis alumnos estén callados, así que más me vale darme un respiro. Como me quedo mirando la pared de enfrente mientras espero, los niños suponen que estoy mirando el reloj y contando. Parecía que nunca me oían cuando yo les insistía para que se tranquilizaran, pero ahora se callan enseguida desde que he decidido no darles clase hasta que ellos estén preparados.

Retirarse emocionalmente no significa en absoluto retirar el amor al niño. Significa retirarse de una situación conflictiva. Siempre que nos retiremos y nos tomemos un tiempo para serenarnos, deberíamos realizar a continuación actividades que motiven al niño, lo instruyan, lo reorienten o lo impliquen en la resolución del problema.

EVITAR LOS CONFLICTOS MATUTINOS

El siguiente relato ilustra varios conceptos, actitudes y métodos que ya se han tratado, así como la importancia de instaurar rutinas.

Las mañanas en casa de DaniRie suelen ser frenéticas. A ella le parecen un momento excelente para dar trabajo a su madre. Habitualmente, la escena se desarrolla más o menos así:

–DaniRie, ¡quieres hacer el favor de levantarte!… ¡Es la última vez que te despierto!… ¿Cómo voy a saber dónde tienes los libros? ¿Dónde los has dejado?… ¡Aún no estás vestida y el autobús va a llegar dentro de cinco minutos!… DaniRie, te lo digo en serio, esta es la última vez que te llevo cuando pierdes el autobús. Tienes que aprender a ser más responsable.

Si esto le resulta familiar, puede reconfortarle un poco saber que esta escena se repite en millones de casas todas las mañanas. Esta no es la última vez que su madre va a llevar a DaniRie a la escuela cuando ella pierda el autobús, un hecho del que la niña es plenamente consciente. Ha oído esta amenaza muchas veces y sabe que su madre nunca la cumple.

Su madre tiene razón: DaniRie debería aprender a ser más responsable. Pero, con escenas matutinas como esta, ella le está en realidad enseñando a ser cada vez más irresponsable. En lugar de permitirle que adquiera práctica en ser responsable, le está permitiendo que la adquiera en manipularla. Es la madre quien se está responsabilizando cuando le recuerda constantemente todo lo que necesita hacer. DaniRie aprenderá a comportarse de una forma responsable cuando su madre se quede al margen y le permita experimentar las consecuencias de no ser puntual. Puede que tenga que ir andando a la escuela si pierde el autobús o que su profesora la obligue a recuperar las clases que se pierde. Por otra parte, es más probable que DaniRie sea más responsable si crea su propia tabla de rutinas matutinas.

TABLAS DE RUTINAS

Los conflictos matutinos se pueden evitar invirtiendo tiempo en enseñar a los niños, implicándolos en la instauración de rutinas y la resolución de los problemas y actuando con amabilidad y firmeza, tal como se ha descrito en el capítulo 7.

Las clases que han instaurado rutinas transcurren con muchos menos contratiempos que las que no lo han hecho. Las rutinas son especialmente eficaces cuando los niños han contribuido a instaurarlas. Los alumnos pueden confeccionar un póster con la lista de las rutinas y colgarlo en el aula. De este modo, las rutinas son las que mandan. Cuando los alumnos se despistan, su profesor puede preguntarles: "¿Quién me puede decir qué tendríamos que estar haciendo ahora?". Alguien consultará el póster de las rutinas y recordará a sus compañeros qué tendrían que estar haciendo. Es una forma sencilla de permitir que los niños tengan un control que favorece la colaboración, en contraposición a que el profesor intente tener el control de formas que provocan resistencia.

EVITAR CONFLICTOS A LA HORA DE ACOSTARSE

El siguiente relato ilustra que evitar los conflictos matutinos depende también de algunas rutinas que se realizan la noche anterior como parte de las rutinas que ayudan a evitar que haya conflictos a la hora de acostarse. También ilustra la necesidad de aplicar conceptos tales como invertir tiempo en enseñar a sus hijos y a hacerles cumplir lo pactado con dignidad y respeto.

La señora Felix invirtió tiempo en enseñar a Matthew a vestirse solo cuando él tenía dos años. Le compró el tipo de ropa que es fácil de poner y quitar. Luego realizó el procedimiento varias veces con él. Una vez que estuvo segura de que su hijo sabía hacerlo, jamás le permitió convencerla para que volviera a vestirlo ella.

Como Matthew iba al parvulario por las mañanas, la señora Felix lo levantaba lo bastante temprano como para que él dispusiera de mucho tiempo para vestirse y desayunar y ella lo pudiera llevar al parvulario en coche de camino al trabajo. Explicó a Matthew que, si no se vestía a tiempo, ella metería su ropa en una bolsa de papel para que él se pudiera vestir en el coche antes de llegar al parvulario: una excelente consecuencia lógica.

Instauraron las siguientes rutinas empezando por la tarde anterior. A las siete en punto, Matthew se ponía el pijama antes de comer algo. A continuación, tocaba asearse. La familia de Matthew tenía la rutina (tradición) de turnarse para sacar los cepillos de dientes de toda la familia y ponerles la pasta dentífrica. A Matthew le encantaba encaramarse a su banqueta y poner pasta dentífrica en todos los cepillos, aunque también dejara la repisa llena de pasta. Cuando cada miembro de la familia entraba en el cuarto de baño y descubría que su cepillo de dientes ya tenía la pasta puesta, decía alegremente "Gracias". Luego, su padre o su madre llevaba a Matthew a su habitación y le pedía que eligiera la ropa que querría llevar al día siguiente para tenerla preparada. (Esta rutina evita el conflicto de intentar decidir qué ponerse por la mañana cuando la presión del tiempo puede tentar a un niño a exigir algo que no encuentra o que está en la cesta de la ropa sucia. Conforme se haga mayor, Matthew también aprenderá a prepararse los libros, el abrigo y el resto de cosas que necesitará por la mañana.) Luego, su madre o su padre hablaba con él sobre lo que había hecho ese día, le leía un cuento, lo arropaba y le daba un beso de buenas noches.

Matthew tenía su propio despertador para despertarse por las mañanas. Le gustaba acurrucarse en la cama con sus padres durante unos minutos: una agradable forma de despertarse para ellos. Cuando todos se levantaban, Matthew iba a su habitación, se vestía e iba a la cocina para ayudar con el desayuno. (En la familia Felix, todo el mundo tiene una tarea a la hora del desayuno. Las tareas se rotan todas las semanas en la reunión de familia.) La tarea favorita de Matthew era revolver los huevos, un cometido que los niños de dos años hacen muy bien cuando se ha invertido tiempo en enseñárselo. Si Matthew terminaba sus rutinas antes de que fuera hora de irse, podía ponerse a jugar con sus juguetes.

Un día frío y lluvioso, Matthew se hizo el remolón y no estuvo listo cuando fue hora de irse. Su padre se cargó a su hijo desnudo bajo un brazo, cogió la bolsa con la ropa en la otra mano y salió de casa con una lluvia torrencial justo cuando un vecino salía para recoger su periódico. (A veces, no nos podemos preocupar de lo que pensarán los demás cuando estamos enseñando a nuestros hijos a ser responsables.)

Matthew lloró durante todo el trayecto al parvulario. Su padre dijo con amabilidad: "Voy a parar y tú puedes vestirte si quieres". Pero su hijo estaba cuestionando los límites, así que vestirse no habría sido nada divertido. Cuando Matthew llegó al parvulario, su profesor (que también cree en estos principios) le dijo amablemente: "Oh, hola, Matthew. Veo que aún no te has vestido. Lleva tu ropa a mi despacho y sal en cuanto lo hayas hecho". Y Matthew se vistió.

Al cabo de un mes aproximadamente, Matthew volvió a cuestionar los límites. Esta vez, llevaba puesto el pijama y, esta vez, se vistió en el coche antes de llegar al parvulario. Ya había aprendido que llorar no daba resultado. Desde entonces, Matthew estuvo normalmente vestido a tiempo. Unas cuantas veces su madre advirtió que estaba remoloneando y le dijo: "Parece que has decidido vestirte en el coche". A Matthew no le gustaba la idea, por lo que se daba prisa y terminaba de vestirse. Su madre podría haber dejado de responsabilizarse incluso de estos avisos permitiéndole volver a experimentar las consecuencias lógicas.

Algunas personas han cuestionado este ejemplo porque les parecía humillante para Matthew llevarlo al parvulario desnudo. Yo puedo asegurarle que a Matthew no le importó. Por supuesto, esto no debería hacerse con un niño de cuatro años.

Su padre podría haber convertido todo aquello en una experiencia humillante para Matthew si (como se ha explicado en el capítulo 5) lo hubiera inducido a sentirse culpable y avergonzado por lo que, de otro modo, habría sido una consecuencia lógica. Su padre no dijo: "¡Te está bien empleado! A lo mejor la próxima vez te das prisa. Voy a llegar tarde al trabajo por tu culpa. Seguramente, todos los niños se reirán de ti por no haberte vestido". Eso habría hecho que la experiencia fuera humillante.

Una madre que oyó esta historia probó con una ligera variación. Su hija de cuatro años, Selena, no se vistió a tiempo para ir al parvulario, así que ella metió su ropa en una bolsa de papel y la hizo subir al coche en pijama. No entró en el parvulario con Selena en pijama. En vez de eso, aparcó el coche junto a una ventana del parvulario. Dijo a su hija: "Cielo, estaré sentada en el despacho en un sitio desde el que pueda verte. Entra en el parvulario en cuanto te hayas vestido". Selena se quedó sentada en el coche, haciendo pucheros, durante unos cinco minutos. Luego se vistió (quizá estuviera aburrida) y entró en el parvulario.

COMPARTIR LA COSA MÁS TRISTE Y LA MÁS ALEGRE DEL DÍA

Una razón por la que los hijos les ponen las cosas tan difíciles a los padres a la hora de acostarse es porque pueden percibir que estos están intentando quitárselos de encima. Es comprensible que, al final de un largo día, los padres tengan ganas de estar tranquilos y en paz. En vez de eso, suelen frustrarse por los conflictos que surgen a la hora de acostar a sus hijos. Pasar un rato especial con ellos es importante para eliminar frustraciones.

Cuando sus hijos perciben que usted tiene prisa por apartarse de ellos, sienten que no los tiene en cuenta. Entonces adoptan conductas reclamantes como exigir bebidas o privilegios en el cuarto de baño o llorar porque tienen miedo. Cuando perciben que usted disfruta realmente al pasar con ellos un rato especial, se sienten tenidos en cuenta y no necesitan portarse mal.

Compartir la cosa más triste y la más alegre del día es una forma de ayudar a los niños a sentirse satisfechos. Una ventaja añadida es que también disfrutan los padres. Compartir significa que usted también cuenta a su hijo la cosa más triste y la más alegre que le ha pasado ese día. Escuche primero mientras habla su hijo; luego, hable usted. Esta clase de intercambio es más eficaz cuando es lo último que usted hace antes de acostar a sus hijos. Cuando los niños comparten sus cosas de esta forma a la hora de acostarse, se sienten tan tenidos en cuenta como cuando alguien dedica tiempo a escuchar a otra persona y a sincerarse con ella. Esto suele bastar para que los niños concilien el sueño satisfechos.

EVITAR LOS CONFLICTOS DURANTE LAS COMIDAS

Las comidas se han convertido en un campo de batalla tal que cabría pensar que los niños prefieren pasar hambre a comer. No es que prefieran pasar hambre, sino que prefieren sentirse poderosos a comer. Es casi imposible obligar a comer a un niño, pero eso no impide que los padres lo intenten. Muchas veces, creen que lo han conseguido, solo para que sus hijos vomiten lo que acaban de comerse.

A la hora del desayuno, la señora Williams sirvió copos de avena a Sara, su hija de cuatro años. Sara no quiso comérselos, pese a la reprimenda de su madre. La señora Williams metió los copos de avena en el frigorífico y se los sirvió para almorzar. Sara siguió negándose a comérselos, así que los tuvo para cenar. La señora Williams era una madre autoritaria que dominaba a Sara en muchas áreas. Sara no sabía cómo "ganarla", salvo durante las comidas. Aquella era una de las pocas facetas en las que sentirse independiente y poderosa era tan importante para ella como para sacrificar su cuerpo. Sara tuvo raquitismo.

La señora Williams llevó a Sara al médico, quien adivinó qué estaba ocurriendo. Era un hombre sabio y le aconsejó: "Ponga comida nutritiva en la mesa, cómase la suya y ¡déjela en paz! Hable sobre cosas agradables o quédese callada".

La señora Williams se sintió mal por lo que había sucedido. La única razón por la que había hostigado a Sara para que comiera era porque la quería y había creído erróneamente que insistirle era la mejor forma de conseguir que comiera y estuviera sana. Al igual que ocurre con muchos métodos controladores que se utilizan hoy en día con los niños, el suyo había sido contraproducente y ella había conseguido justo lo contrario de lo que pretendía. Siguió el consejo del médico y puso fin a la guerra por comer. Sara no fue nunca buena comedora (es una niña de constitución muy fina), pero comió lo suficiente como para superar su raquitismo y estar sana.

Es interesante hablar con personas que han crecido durante una guerra. Ellas dicen que el único problema que tenían a la hora de comer era: "¿Habrá suficiente comida?". A nadie le importaba si una persona decidía no comer. Eso solo significaría que habría más para otra. Los niños no desarrollaban problemas de alimentación en esa clase de ambiente.

IMPLICAR A LOS NIÑOS

Implicar a los niños en la planificación y en las soluciones es la mejor forma de evitar problemas a la hora de comer. Dediquen una parte de la reunión de familia a planificar las comidas de la semana siguiente.

La familia Ainge se inventó la actividad para planificar las comidas descrita en el capítulo 9. Juntos, rellenaban las columnas de cada día de la semana para establecer quién cocinaría y qué comerían. Esto creaba un ambiente colaborador. Cuando todos habían participado en la planificación, los niños estaban más dispuestos a comer lo que otra persona había decidido, porque también ellos habían podido decidir.

Los Ainge también iban juntos a comprar. Dividían la lista de la compra en las diversas secciones de la tienda de comestibles. Cada miembro de la familia se encargaba de una sección distinta. Los niños aprendieron mucho sobre cómo comprar mientras se divertían juntos ejecutando una tarea. Es fácil entender por qué no tenía esta familia "juegos bélicos" a la hora de comer. Los niños estaban motivados para participar, colaborar y disfrutar uno de otro.

MANTENERSE AL MARGEN DE LAS PELEAS

La mejor forma de enseñar a nuestros hijos a pelearse es inmiscuirnos continuamente en sus peleas. Los padres tienen dificultades para creer que la principal razón por la que sus hijos se pelean es para que ellos se inmiscuyan. Los padres que se mantienen al margen de las discusiones de sus hijos observan que sus peleas disminuyen drásticamente.

Casi todos los padres reconocen las típicas peleas que se producen entre hermanos basadas en el orden de nacimiento. El hijo mayor es habitualmente el que con más facilidad se enfada y se irrita y el menor suele ser el que saca un mayor provecho de que su madre se involucre. De este modo, el hijo menor hace algo para provocar al mayor. Esta provocación puede ser cualquier cosa, desde sacarle la lengua al mayor hasta desordenarle algo de su habitación.

Cuando el hijo mayor muerde el anzuelo y va tras el menor, este grita a todo pulmón para que su madre lo oiga. Ella se inmiscuye regañando al mayor. Cuando este puede convencerla de que ha empezado su hermano, ella responde diciéndole: “Me da igual lo que haya hecho. Tú eres el mayor y deberías ser más maduro que él”.

Si la madre advirtiera la expresión de triunfo de su hijo pequeño, comprendería mucho mejor la finalidad (objetivo erróneo) de su conducta. La madre está enseñándoles a pelearse como una forma de obtener atención, poder o venganza. Refuerza sus creencias erróneas sobre cómo sentirse tenidos en cuenta e importantes.

La señora Reeder decidió no inmiscuirse en las peleas de sus hijos. Escogió un momento tranquilo y les explicó que en realidad no le gustaba participar en sus peleas y que, de ahora en adelante, estaba segura de que ellos podrían hallar formas de resolver sus propios problemas. Durante una reunión de familia comentaron los cuatro pasos para resolver problemas descritos en el capítulo 12.

Al día siguiente, la señora Reeder estaba en el pasillo cuando vio casualmente que su hijo Troy de siete años pegaba a su hijo Shaun de cinco en la cabeza con una pistola de juguete. Sintió que no podía ignorar aquello e irrumpió en la habitación para poner fin a la pelea. Retrospectivamente, se dio cuenta de que, cuando Shaun había recibido el golpe, había caído de espaldas sobre la cama y protestado levemente diciendo a Troy: “Me has hecho daño”. Luego, Shaun había visto a su madre y se había puesto a gritar. La señora Reeder se dio cuenta de que había mordido el anzuelo, giró sobre sus talones y se encerró en el cuarto de baño. Los dos niños la siguieron y comenzaron a aporrear la puerta, queriendo cada uno contarle su versión.

Mientras la señora Reeder estaba sentada en el cuarto de baño oyendo cómo sus hijos aporreaban la puerta y discutían sobre quién había empezado, pensó: "¡Dreikurs está loco! ¡Esto no funciona!". No obstante, aguantó un poco más para poder explicar a su grupo de estudio qué había sucedido. Sus hijos dejaron pronto de aporrear la puerta y se marcharon.

La señora Reeder continuó manteniéndose al margen de sus peleas diciéndoles "Estoy segura de que podéis resolver vuestros propios problemas" siempre que ellos acudían a ella con una queja. Entretanto, la familia continuó hablando sobre posibles soluciones a sus problemas durante las reuniones de familia, con lo cual los niños fueron adquiriendo cada vez más práctica en resolver problemas.

La señora Reeder supo que aquel método había dado resultado cuando, en torno a un mes después, oyó a su hija de cuatro años, Colleen, decir a Troy: "Voy a decírselo a mamá". Troy respondió: "Ella te dirá que resuelvas el problema tú". (Colleen debía de saber que Troy estaba en lo cierto, porque no se lo dijo a mamá.)

La señora Reeder refirió que las peleas de sus hijos habían disminuido en aproximadamente un 75 %. El 25 % restante eran mucho más moderadas y se resolvían enseguida.

Estas son circunstancias en las que mantenerse al margen de las peleas puede ser difícil o poco aconsejable:

- A algunos adultos les resulta casi imposible despreocuparse, aunque estén intelectualmente convencidos de que es lo mejor que pueden hacer.
- Cuando los niños son muy pequeños, pueden hacer mucho daño, como en el caso de un niño de dos años que golpea en la cabeza a uno de seis meses con un camión de bomberos de juguete. (Muchos adultos utilizan esta excusa

para intervenir en las peleas de niños mayores.) Si los niños mayores se quieren hacer realmente daño, lo harán cuando no haya adultos presentes. Los adultos no deberían adoptar un papel protector con niños mayores, a menos que quieran desempeñarlo las veinticuatro horas del día.

- Los profesores son responsables de la seguridad de sus alumnos y no pueden mantenerse al margen de sus peleas.

Algunos padres no creen que los niños se peleen principalmente en su honor. Arguyen que sus hijos se pelean incluso en su ausencia. Yo siempre pregunto: "¿Cómo sabe usted que se pelean si no está?".

Ellos se ríen avergonzados y admiten: "Porque se aseguran de que me entere. Suelen venir a recibirme a la puerta con todas sus quejas. A veces, hasta me llaman al trabajo para que intervenga. Ahora veo que continúan intentando que yo juzgue, condene y ejecute, a su hermano".

Si usted no soporta mantenerse al margen de las peleas de sus hijos y decide intervenir, la forma más eficaz es "poner a sus hijos en el mismo barco". No tome partido ni intente decidir quién tiene la culpa. Lo más probable es que no acierte, porque nunca ve todo lo que sucede. Lo "justo" siempre es cuestión de opiniones. Lo que le parece justo a usted seguro que le parecerá injusto a uno de sus hijos. Si siente que debe intervenir en las peleas de sus hijos, no se convierta en juez, juzgado y verdugo. En vez de eso, póngalos en el mismo barco y trátelos por igual.

La señora Hamilton vio a su hija Marilyn de dos años pegando a su hija Sally de ocho meses. Le pareció que Sally no había hecho nada para provocar a su hermana, pero aun así las puso a las dos "en el mismo barco". Primero, cogió en brazos a Sally, la dejó en la cuna y dijo: "Vendré a buscarte cuando estés lista para dejar de pelearte". Luego llevó a Marilyn a su habitación y dijo: "Ven a decirme cuándo estás lista para dejar de pelearte e iremos a buscar a Sally".

A simple vista, esto puede parecer absurdo. ¿Por qué poner a una niña de ocho meses en la cuna por pelearse cuando ella solo estaba sentada allí, inocentemente, y de todas formas no entiende la advertencia de su madre? Muchas personas suponen que la finalidad de tratarlas a las dos de la misma forma es beneficiar a la hermana mayor para evitar que sienta siempre que ha hecho mal. De hecho, tratarlas por igual las beneficia a las dos. Cuando tomamos partido por el niño que "creemos" que es la víctima, le estamos enseñando a adoptar una mentalidad de víctima. Cuando siempre "acosamos" al niño que "creemos" que ha empezado, lo enseñamos a adoptar una mentalidad de acosador.

No podemos saber con certeza si Sally ha provocado a Marilyn (sin querer o a posta). De haberlo hecho, reprender a Marilyn no solo sería injusto, sino que enseñaría a Sally una buena estratagema para conseguir que su madre se ponga de su lado. Este es un buen entrenamiento para que adopte el papel de víctima. Si no ha provocado a Marilyn, reprender a Marilyn (porque es mayor) enseñaría a Sally que es posible obtener una atención especial provocando a su hermana. Marilyn puede entonces adoptar la creencia errónea de que ella es más importante siendo "mala".

Aun así, hay personas que aducen que no es razonable poner en la cuna a un bebé que no ha hecho nada malo. Lo importante no es quién ha hecho qué. Lo importante es que tratemos a las dos niñas de la misma forma para que una no adopte la mentalidad de "víctima" y la otra la de "acosadora". Seguro que a Sally no le importa que la dejen unos segundos en la cuna. Es el gesto lo que cuenta.

Otra forma de poner a los niños en el mismo barco es darles la misma opción a los dos. "Podéis dejar de pelearos o salir afuera a resolver la pelea." O "¿Querríais iros cada uno a habitaciones distintas hasta que estéis listos para dejar de pelearos o a la misma para pensar en una solución?". "¿Os gustaría sentaros los dos en mi regazo hasta que estéis listos para dejar de pelearos?" Haga o diga lo que a usted le resulte cómodo, siempre que trate a sus hijos por igual.

Sigo oyendo objeciones. Pero ¿y si la hermana mayor ha pegado realmente a la pequeña sin ningún motivo? ¿No habría que castigarla? ¿No habría que consolar a la pequeña?

Dado que ha llegado hasta aquí, usted ya sabe que el castigo no es una alternativa. Es dar un ejemplo francamente absurdo a los niños: "Te hago daño para enseñarte a no hacérselo a los demás".

Yo le sugiero consolar primero a la niña mayor e invitarla luego a ayudarle a consolar a la menor. Una vez más, esto no es premiar a la hermana mayor por haber "empezado". Es reconocer que, por alguna razón, la hermana mayor se siente desanimada. Quizá sienta que su hermana menor la ha destronado. Quizá crea que usted quiere más a su hermana pequeña. La razón no es importante ahora mismo (sino abordar la creencia en la que se sustenta su conducta.) Es importante saber cuándo se sienten los niños desanimados y necesitan que los motiven.

Una forma de motivar a la hermana mayor sería decir: "Cielo, veo que estás disgustada". (Reafirmar los sentimientos es muy motivador.) "¿Te ayudaría un abrazo?" ¿Puede imaginar su sorpresa al recibir amor y comprensión en lugar de un castigo y su desdén? Cuando se sienta mejor, puede decir: "¿Estarías dispuesta a ayudarme a que tu hermana pequeña se sienta mejor? ¿Quieres darle primero un abrazo, o quieres que lo haga yo?". ¿Se da cuenta de que estos gestos inducen a actuar de una forma amorosa y pacífica?

Suponga que la hermana mayor está demasiado disgustada para darle un abrazo o para querer dárselo a su hermana pequeña. Aun así, haga el gesto. Luego diga: "Veo que aún no estás lista. Voy a consolar a tu hermana. Cuando estés preparada, puedes ayudarme". A la hermana de ocho meses no va a importarle que usted dedique unos segundos a consolar a su hija mayor. Y eso evitará que adopte el papel de víctima decidiendo que: "La forma de ser especial en esta familia es provocar a mi hermana mayor".

Si usted está aprendiendo estos métodos de corazón, captará la idea. Póngase en la piel de sus hijos. ¿Qué le ayudaría más y le enseñaría más? Y no se olvide de tener sentido del humor.

Cuando sus hijos se peleaban, un padre los señalaba con el dedo pulgar y decía: "Soy un reportero de la BBC. ¿Quién querría ser el primero en hablar por mi micrófono y darme su versión de lo que está pasando aquí?". A veces, sus hijos simplemente se reían y otras se turnaban para darle cada uno su versión. Cuando le habían contado sus versiones de la pelea, el padre se dirigía a un público imaginario y decía: "Bueno, amigos. Lo han oído de primera mano. Sintonícenos mañana para ver cómo resuelven este problema estos dos niños tan inteligentes". Si para entonces el problema no había desaparecido, el padre decía: "¿Vais a incluir el problema en la agenda de la reunión para que toda la familia os ayude con sugerencias, o puedo reunirme con vosotros aquí mañana, a la misma hora, en la misma emisora, para informar a nuestro público?".

Cuando los adultos se niegan a mezclarse en las peleas de sus hijos o los ponen en el mismo barco tratándolos de la misma forma cuando se pelean, eliminan el principal móvil para que lo hagan.

SEÑALES NO VERBALES

Casi todos los métodos tratados hasta el momento en este capítulo son tipos de señales no verbales. Todos incorporan otros importantes conceptos y actitudes, tales como darse tiempo para tranquilizarse y ser amable y firme al mismo tiempo. Hacen hincapié en actuar frente a predicar. Cuando hay que emplear palabras, cuantas menos se digan, mejor. Para que los padres no tengan tentaciones de hablar más de la cuenta, es eficaz decidir con sus hijos un plan que incluya una señal no verbal en la parte de la reunión de familia dedicada a la resolución de problemas.

El señor Perry, director de escuela, decidió asistir a un grupo de estudio para padres de su escuela. Dejó claro que asistía como padre que quería aprender algunas técnicas para utilizarlas con sus propios hijos.

Una tarde, pidió al grupo que lo ayudara a resolver el problema de conseguir que su hijo Mike sacara la basura. Mike siempre accedía a hacerlo, pero no lo hacía nunca, pese a que sus padres se lo recordaban continuamente. El grupo hizo varias sugerencias al señor Perry, tales como apagar el televisor hasta que lo hubiera hecho o dar a Mike una alternativa de cuándo hacerlo. Un padre sugirió que probara con la señal no verbal de poner el plato vacío de Mike boca abajo si él se olvidaba de sacar la basura antes de cenar. El señor Perry decidió probar aquello.

Primero, la familia trató el problema de la basura en una reunión de familia. Mike volvió a reafirmar que lo haría. El señor Perry dijo: "Valoramos tu buena disposición para ayudar, pero también nos damos cuenta de lo fácil que es olvidarse. ¿Te parecería bien si utilizamos una señal no verbal para que podamos dejar de darte la lata?".

Mike quiso saber qué clase de señal sería.

El señor Perry le explicó la idea de poner su plato vacío boca abajo en la mesa a la hora de cenar. Si él venía a sentarse y veía su plato boca abajo, eso se lo recordaría. Así podría vaciar el cubo de la basura antes de sentarse. Mike dijo: "Me parece bien".

Mike tardó ocho días en olvidarse de sacar la basura. (Cuando los niños participan en la resolución del problema, suelen colaborar durante un tiempo antes de cuestionar el plan.) Cuando fue a sentarse a la mesa y vio su plato boca abajo, Mike comenzó a tener una rabieta. Gimoteó: "¡Tengo hambre! ¡Sacaré la basura después! ¡Esto es una estupidez!".

Estoy segura de que puede imaginar lo difícil que fue para sus padres ignorar su irritante conducta. La mayoría de padres querrían decir: "Venga, Mike. Tú has estado de acuerdo. ¡Ahora deja de comportarte como un bebé!". Si Mike continuaba portándose mal, querrían olvidarse del plan y recurrir al castigo (que interrumpiría la actual conducta irritante, pero no resolvería el problema de sacar la basura ni enseñaría a Mike a ser responsable.)

Los señores Perry continuaron ignorando la rabieta de su hijo, incluso cuando él entró malhumoradamente en la cocina, cogió la basura, salió del garaje cerrando de un portazo y luego se pasó toda la cena malhumorado y golpeando el plato con el tenedor.

Al día siguiente Mike se acordó de vaciar la basura y estuvo muy agradable durante la cena. Debido a la coherencia con que sus padres se estaban ciñendo al plan acordado, Mike tardó otras dos semanas en olvidarse de sacar la basura. Cuando vio que su plato vacío volvía a estar boca abajo, dijo: "Ah, sí". Luego sacó la basura, se sentó a la mesa, puso el plato boca arriba y comió tranquilamente con el resto de la familia.

Otra razón por la que los padres tienen dificultades para ignorar las conductas irritantes es su sensación de estar permitiendo que sus hijos salgan impunes. Sienten que están faltando a su deber de hacer algo al respecto. Esto podría ser cierto, si ignoraran la conducta sin tener ningún plan ni finalidad. Los señores Perry dejaron que Mike "saliera impune" de su arrebato transitorio (recuerde que las cosas a menudo empeoran antes de mejorar), pero, dado que aquello era parte del plan que habían acordado, resolvieron el problema de tener que recordar continuamente a su hijo que hiciera lo que siempre se olvidaba de hacer.

La señora Beal estaba frustrada porque le irritaba muchísimo que sus hijos tiraran sus libros al sofá cuando llegaban a casa después de clase. Insistirles constantemente para que no lo hicieran no estaba consiguiendo ningún cambio. Durante una reunión de familia, dijo a sus hijos que ya no quería gritarles ni insistirles más por aquel problema. Sugirió la señal no verbal de cubrir el televisor con una funda de almohada para recordarles que había libros en el sofá. Sus hijos estuvieron de acuerdo y el plan dio muy buen resultado. Su madre dejó de implicarse en nada que no fuera la señal. Cuando sus hijos veían la funda de almohada, recogían sus libros o se lo recordaban a sus hermanos.

Al cabo de varias semanas, la señora Beal quiso ver su culebrón favorito después de que sus hijos se hubieran ido a clase. Le sorprendió encontrar la funda de almohada cubriendo el televisor. Miró el sofá y vio los paquetes que había dejado allí la noche anterior, cuando tenía prisa por preparar la cena.

Toda la familia se rio mucho con aquel giro de los acontecimientos. Aquel método les gustaba y, desde entonces, a los niños se les ocurrieron muchas señales no verbales para resolver problemas.

A la señora Reed le gusta utilizar señales no verbales en su clase de quinto. Se las enseña a sus alumnos casi como un segundo idioma el primer día de clase. Una consiste en entrelazar las manos sobre su pupitre mientras guardan silencio para indicarle que están listos para atender. Cuando ella quiere que se den la vuelta y se sienten para celebrar una reunión de clase, alza el dedo índice de la mano derecha, dibuja dos pequeños círculos en el aire y lo mueve de arriba abajo al son de las palabras "Volveros y sentaros". También les enseña una señal para que se callen cuando están haciendo mucho ruido. Da una sola palmada. Todos los alumnos que la oyen, dan otra. Luego, ella da dos palmadas. Para entonces, varios alumnos han oído ya la palmada de sus compañeros y están preparados para repetir sus dos palmadas. Dos palmadas suelen bastar para que todo el mundo se calle. De vez en cuando, hacen falta tres palmadas antes de que todos los alumnos oigan las tres palmadas que han dado sus compañeros.

La señora Norwood y su hija Mary siempre se sentían mal cuando se peleaban y enseguida se disculpaban. Un día, hablaron de ello y decidieron ver cuál de las dos sería la primera en acordarse de llevarse la mano al corazón para decir "Te quiero" en mitad de una pelea. La señora Norwood explicó que fue un poco embarazoso ver que Mary era habitualmente la primera en acordarse.

OPCIONES

Uno de los mayores errores de los adultos es exigir a los niños que hagan algo en lugar de darles opciones. Los niños a menudo responden cuando les dejamos elegir en lugar de imponerles algo, sobre todo cuando terminamos la frase con un "Tú decides". Las opciones deberían ser respetuosas y centrarse en las necesidades de la situación. Las opciones están directamente relacionadas con la responsabilidad. Los niños pequeños son menos capaces de asumir responsabilidades, por lo que sus opciones deben ser más limitadas. Los niños mayores pueden elegir entre más opciones, porque pueden responsabilizarse de las consecuencias de su decisión.

Por ejemplo, a un niño pequeño podemos darle a elegir entre irse a la cama ahora o dentro de cinco minutos. Un niño mayor puede asumir la responsabilidad de decidir la hora a la que se acuesta, porque también se responsabiliza de levantarse solo por la mañana e irse puntualmente a clase.

Las opciones también están directamente relacionadas con el respeto por los demás. A un niño pequeño podemos darle a elegir entre llegar puntualmente a cenar o no comer hasta el desayuno, en vez de esperar que alguien cocine y limpie la cocina más de una vez. A un niño mayor podemos darle a elegir entre ser puntual o prepararse su propia cena y limpiar todo lo que ensucie.

Siempre que planteemos una opción a nuestros hijos o alumnos, todas las alternativas deben ser aceptables para nosotros. Mi primer intento en este terreno fue preguntar a mi hija de tres años: "¿Quieres prepararte para acostarte?". Ella no quiso. Obviamente, la opción que yo le ofrecía no tenía en cuenta la necesidad (mía y suya) de que se acostara ni incluía una alternativa que yo estuviera dispuesta a aceptar. Aguardé cinco minutos y la reformulé preguntándole: "¿Quieres ponerte el pijama rosa o el azul? Tú decides". Ella escogió el pijama azul y comenzó a ponérselo. Añadir "Tú decides" después de ofrecer una opción capacita al niño. Hace hincapié en el hecho de que es él quien decide.

¿Y si, en lugar de las opciones que le ofrece, él quiere hacer otra cosa? Si esa otra cosa es aceptable para usted, adelante. Si no lo es, diga: "Esa no es una de tus opciones. –Luego, repita las opciones y añada–: Tú decides".

Hay muchos aspectos en los que los niños no pueden elegir, por ejemplo, entre hacer los deberes o no. Los deberes se tienen que hacer, pero podemos darles la opción de hacerlos cuando ellos quieran, por ejemplo, justo al volver de clase, justo antes de cenar o después de cenar.

"EN CUANTO..."

"En cuanto recojas los juguetes, iremos al parque." Esta afirmación da habitualmente mejor resultado que "Si recoges los juguetes, iremos al parque". Los niños perciben la primera como una afirmación amable pero firme que indica lo que usted está dispuesto a hacer en las circunstancias prescritas. En cambio, perciben la segunda (y esa suele ser la intención de los adultos) como un desafío para entablar una lucha de poder. "En cuanto..." surte efecto cuando se dice sin énfasis. En otras palabras, a usted le da lo mismo ir o no al parque. Sabe que sus hijos quieren ir, por lo que de ellos depende cumplir las condiciones. Lo que usted debe aceptar es que puede que no vaya al parque porque sus hijos optan por no recoger los juguetes. Si le apetece mucho ir al parque, puede probar con las preguntas de curiosidad: "¿Quién quiere ir al parque? ¿Qué necesitamos hacer antes de ir?".

A muchos profesores les ha dado resultado decir: "En cuanto estéis preparados, comenzaremos la clase". Su actitud era de respeto hacia sí mismos, sus alumnos y las necesidades de la situación: la clave para que este método sea eficaz. "En cuanto..." debería decirse con un tono de voz que transmita que vamos a retirarnos de la situación hasta que se cumplan las condiciones. Luego, deberíamos despreocuparnos y dejar que los niños experimenten las consecuencias de su decisión. Si no nos despreocupamos, se convertirá en una lucha de poder adoptemos el tono que adoptemos.

ASIGNACIONES

Las asignaciones pueden ser una magnífica herramienta didáctica. Cuando los niños reciben una asignación con regularidad, pueden aprender el valor del dinero, si los padres lo enfocan bien.

El dinero de la asignación no se debería utilizar como castigo ni como premio. Muchos padres lo emplean para intentar que sus hijos se responsabilicen de sus tareas. Se lo dan como premio cuando hacen sus tareas y lo retienen como castigo cuando no las hacen. Los niños aprenderán mucho más sobre el valor del dinero y la responsabilidad cuando la amenaza se elimina. Utilice las reuniones de familia para enseñar a sus hijos a responsabilizarse de sus tareas y no mezcle en ello el dinero de su asignación.

Cuando los niños tienen su propia asignación, usted puede dejar de intervenir cuando ellos ven algo que quieren. Siempre que Mary dice "¡Quiero eso!", su madre responde: "¿Tienes suficiente dinero? –Normalmente, Mary no lo tiene, por lo que su madre añade–: Bueno, a lo mejor quieres ahorrar parte del dinero de tu asignación para poder comprártelo".

Por regla general, Mary cree que lo desea tanto que va a ahorrar religiosamente hasta poder comprarlo. No obstante, suele olvidarlo al cabo de unas horas. Habitualmente, no lo desea tanto como para ahorrar su dinero, aunque le encantaría que su madre se gastara el suyo.

Cuando los niños se hacen mayores y quieren un objeto caro como por ejemplo una bicicleta, podemos pedirles que ahorren unos diez euros o más para contribuir a comprarla. Cuando los niños invierten parte de su dinero en cosas, se responsabilizan mucho más de cuidarlas. También pueden utilizar el dinero de su asignación para reparar los daños que causan a las propiedades ajenas.

REVISIÓN

Todos los métodos explicados en este capítulo pueden ser eficaces cuando se utilizan y se enseñan de un modo amable. Su actitud, su intención y sus modales son la clave del éxito. Algunos adultos utilizan estos métodos del mismo modo y para la misma finalidad que el castigo. El enfoque punitivo incita a la rebelión o a la sumisión ciega. El enfoque positivo favorece la colaboración, el respeto mutuo, la responsabilidad y la responsabilidad social.

Herramientas de la disciplina positiva

1. Darse tiempo para tranquilizarse porque las cosas se hacen mejor cuando las personas se sienten mejor: técnica del cuarto del baño (para los padres), técnica de la novela (para los profesores), pausa obligada positiva (para niños y adultos).
2. Decidir qué va a hacer usted en lugar de lo que va a intentar que haga el niño.
3. Explicar a los niños con antelación qué tiene intención de hacer.
4. Actuar con amabilidad y firmeza: no predicar.
5. Cuando hagan falta palabras, deben ser pocas y estar expresadas con amabilidad y firmeza.

6. Retirarse emocionalmente para mantenerse al margen de las luchas de poder y esperar a un momento tranquilo para centrarse en las soluciones.
7. Utilizar tablas de rutinas para evitar las luchas de poder.
8. Evitar los conflictos a la hora de acostar a sus hijos compartiendo con ellos la cosa más triste y la más alegre del día mientras los acuesta.
9. Evitar las luchas de poder implicando a sus hijos en las soluciones.
10. No intervenir en las peleas de sus hijos: tratarlos por igual.
11. Consolar primero al que ha hecho el daño. Invitarlo luego a ayudarle a consolar al otro.
12. Reafirmar los sentimientos.
13. Dar abrazos.
14. Tener sentido del humor.
15. Implicar a los niños en la planificación de las comidas, su preparación y la limpieza de la cocina.
16. Establecer con los niños señales no verbales que les recuerden qué hay que hacer.
17. Ofrecer opciones en lugar de exigir.
18. Utilizar “En cuanto ______________”.
19. Emplear el dinero de la asignación para enseñar a sus hijos a administrarlo, no como castigo ni como premio.

L

Preguntas

1. ¿Cuáles son los diversos métodos que puede utilizar cuando necesita tomarse tiempo para tranquilizarse?
2. ¿En qué se basa el método que consiste en decidir que lo que va a hacer usted, no lo va a obligar a hacer a un niño? ¿Por qué da resultado?
3. ¿Cuáles son los seis puntos que debe tener presentes para aumentar la eficacia de los métodos anteriores?

4. ¿Qué significa despreocuparse cuando utiliza este método? ¿Qué debería hacer si no puede despreocuparse?
5. ¿Qué significa retirarse emocionalmente?
6. ¿Qué debería hacer siempre después de haberse dado tiempo para tranquilizarse o retirado de cualquier otra forma?
7. ¿Cuáles son los conceptos clave necesarios para evitar los conflictos por las noches y por las mañanas?
8. ¿Por qué evita conflictos a la hora de acostarse compartir con sus hijos la cosa más triste y la más alegre del día?
9. ¿Cuáles son los resultados negativos de intervenir en las peleas de sus hijos?
10. ¿Qué debería hacer cuando decide mantenerse al margen de las peleas de sus hijos?
11. ¿En qué circunstancias podría no ser aconsejable mantenerse al margen de las peleas?
12. Cuando decide intervenir en las peleas de sus hijos, ¿cuál es el método más eficaz para hacerlo?
13. ¿Qué significa "ponerlos en el mismo barco"? ¿Qué resultados negativos contribuye a evitar esto?
14. ¿Qué son las señales no verbales? ¿Qué se puede conseguir utilizándolas?
15. ¿Cuáles son los beneficios de ofrecer opciones?
16. ¿Cuáles son algunas de las pautas para asegurar la eficacia de ofrecer opciones?
17. ¿Cuáles son las ventajas de seguir las sugerencias sobre el dinero de la asignación?
18. ¿Cuáles son las claves del éxito cuando se utiliza cualquiera de los métodos sugeridos en este libro?

Capítulo 12

AMOR Y ALEGRÍA EN LAS CASAS Y EN LAS AULAS

El principal objetivo de la disciplina positiva reside en permitir que tanto los adultos como los niños tengan más alegría, armonía, colaboración, responsabilidad compartida, respeto mutuo y amor en su vida y en sus relaciones. A menudo actuamos como si hubiéramos olvidado que el amor y la alegría son el sentido de vivir y trabajar con niños, y nos descubrimos actuando llevados fundamentalmente por el miedo, la crítica, las expectativas, la culpa, la decepción y la ira. Luego nos extrañamos de sentirnos tan desgraciados.

TRES RECORDATORIOS

A continuación se incluyen tres recordatorios que nos muestran cómo evitar salirnos del camino que nos permite tener amor, alegría y satisfacción en nuestras relaciones con nuestros hijos y alumnos.

1. Lo que hacemos no es nunca tan importante como el modo en que lo hacemos

El sentimiento y la actitud con los que hagamos algo determinarán el "cómo". El sentimiento con que decimos algo a menudo se hace patente en nuestro tono de voz.

El otro día llegué a casa después de un viaje y fui recibida por un fregadero lleno de platos sucios. Me sentí desanimada e irritada y comencé a reprender y criticar:

–Hemos acordado que todo el mundo debe meter los platos sucios en el lavavajillas. ¿Cómo es que nadie cumple el acuerdo cuando yo no estoy?

Busqué a alguien a quien echar la culpa, pero todos dijeron:

–Yo no he sido.

Llevada por estos sentimientos negativos, dije:

–Muy bien. Tenemos que hacer una reunión de familia y decidir qué hacemos con esto.

¿Puede imaginar el resultado si hubiéramos intentado hacer una reunión de familia basada en mi deseo de culpar y criticar? No habríamos encontrado la clase de solución eficaz que se obtiene en un ambiente de amor y respeto. Mi actitud atacante habría inducido a mis hijos a ponerse a la defensiva y a contraatacar en lugar de favorecer la armonía.

Me di cuenta de lo que estaba haciendo y cambié inmediatamente de dirección. Supe que mi actitud negativa no produciría los resultados que yo quería, por no hablar de lo desgraciada que me estaba haciendo en aquel momento. En cuanto modifiqué mi actitud, mis sentimientos cambiaron y, de inmediato, tuve una inspiración sobre cómo obtener resultados positivos.

–Vamos a tomarnos una pizza –propuse a mi familia–. Mientras comemos, haremos una reunión de familia para buscar soluciones en lugar de buscar culpables.

Basada en aquellos sentimientos, nuestra reunión de familia fue un éxito. Acordamos entre risas que debía de haber sido un fantasma el que había dejado los platos en el fregadero. Cuando dejamos de buscar culpables y nos centramos en las soluciones, a Mark y a Mary se les ocurrió un plan genial. Propusieron que todos nos comprometiéramos a ocuparnos de los platos sucios del fantasma dos días a la semana. Como quizá haya adivinado, después de aquella conversación amistosa donde todo el mundo se responsabilizó de resolver el problema, hubo menos platos sucios en el fregadero.

Actuar llevados por pensamientos y sentimientos negativos nos aparta del amor, la alegría y los resultados positivos. Reduciendo nuestras actitudes negativas, permitimos que afloren a la superficie nuestros buenos sentimientos naturales y nuestro sentido común.

2. Concebir los errores como oportunidades para aprender

A lo largo de todo este libro, he hablado sobre la importancia de ayudar a los niños a concebir los errores como oportunidades para aprender. Cuando los adultos no se aplican este principio a sí mismos, se están apartando del amor, la alegría y los resultados positivos, como ilustra el ejemplo siguiente.

Mickey, un alumno de segundo de primaria, pegó una patada a un compañero. Su profesora, la señora Heaton, se disgustó mucho con él. Quería enseñarle a no hacer daño a los demás. Lo sacó fuera de clase y lo regañó. Dijo: "¿Te gustaría que te pegaran una patada a ti?".

En su intento de enseñarle qué se sentía, le dio una patada, un poco más fuerte de lo que era su intención. Un ayudante que pasaba por allí presenció el incidente e informó al director.

La señora Heaton se sintió muy mal por lo que había hecho. Ella cree en los principios de la disciplina positiva y lleva años intentando aplicarlos. Llamó para preguntarme: "¿Qué ha ido mal? ¿Cómo he podido hacer una cosa así? ¿Qué otra cosa podría hacer?".

En primer lugar, aseguré a la señora Heaton que es una persona muy normal. ¿Hay algún padre o profesor en este planeta que no haya perdido el control y reaccionado con ira en lugar de hacerlo de formas que serían más beneficiosas para los resultados a largo plazo?

En segundo lugar, valoré que fuera consciente de que había cometido un error. La animé a darse una palmada en la espalda en lugar de atormentarse. Demasiados padres y profesores no se darían cuenta de que han cometido un error.

En tercer lugar, valoré su intención de querer mejorar y hacerlo mejor. La animé a plantearse aquello como un regalo (o una llamada de atención) que la motivaba a buscar respuestas para mejorar su conducta en el futuro.

Los libros sobre disciplina positiva están repletos de todas esas cosas que se pueden hacer en lugar de reaccionar. Eso no es lo importante aquí. Lo importante es que necesitamos darnos cuenta de que todos los seres humanos tendemos a reaccionar en lugar de a actuar. La mayoría de adultos tienen buenas intenciones: quieren simplemente enseñar a los niños a ser más respetuosos. El problema es que, cuando reaccionamos, nos portamos irrespetuosamente (nos portamos mal) en un intento de enseñar respeto. Cuando reaccionamos, estamos más interesados (sin pensar en ello) en que el niño "pague" culpándolo, avergonzándolo o haciéndolo sufrir por lo que ha hecho. No estamos pensando en cómo va eso a afectarle a largo plazo. Si lo hiciéramos, no estaríamos reaccionando.

Afortunadamente, este puede ser el principio, no el final. Hemos descubierto que, por muchas veces que reaccionemos y nos olvidemos de aplicar los principios de la disciplina positiva, siempre podemos retomarlos y reparar el daño que hemos hecho al reaccionar. Es cierto, nunca me cansaré de repetirlo, que los errores son oportunidades maravillosas para aprender.

Después de aprender de un error, los adultos descubrirán que los niños perdonan muy fácilmente cuando ellos utilizan las tres "R" para reparar los errores. La señora Heaton tardó más de una semana en recuperarse de su humillación y autoflagelación. Luego, se llevó a Mickey aparte para pedirle disculpas.

–Mickey, siento haberte dado una patada –dijo–. Estaba muy enfadada contigo porque le habías dado una patada a Joey, pero te hice lo mismo por lo que estaba enfadada. Eso no fue muy inteligente por mi parte, ¿no?

Mickey se limitó a mirarla avergonzado, pero ella había captado su atención.

–Tampoco fue muy agradable, ¿no? –continuó.

Mickey sacó el labio inferior y negó con la cabeza.

–¿Te hace sentir mejor oírme decir que lo siento? –le preguntó.

Mickey asintió.

–¿Cómo crees que se sentiría Joey si tú le dijeras que lo sientes? –prosiguió.

–Mejor –musitó Mickey

–¿Qué te parece si le pides disculpas a Joey y luego nos reunimos los tres para pensar en formas de resolver el problema que tenías con él? –sugirió–. O podríamos incluirlo en la agenda de la reunión de clase y pedir ayuda a toda la clase. ¿Qué preferirías?

–Solo nosotros –respondió Mickey.

–¿Cuánto tiempo necesitas para pedir perdón a Joey y preguntarle si se quiere unir a nosotros para resolver el problema? –le preguntó.

Mickey se animó y dijo:

–Puedo hacerlo hoy.

–Genial –dijo–. Avísame cuando Joey y tú estéis listos y fijaremos una hora.

La señora Heaton, Mickey y Joey se reunieron al día siguiente y hablaron de cómo había percibido cada niño lo que había ocurrido, qué lo había causado, cómo se sentían al respecto, qué habían aprendido de la experiencia y qué ideas tenían para resolver el problema. También comentaron el concepto de concebir los errores como oportunidades para aprender. Los niños se fueron muy complacidos con el acuerdo al que habían llegado para evitar pelearse en el futuro.

Este es un ejemplo excelente de cómo brinda un error muchas oportunidades para aprender. La señora Heaton pudo dar ejemplo a Mickey de cómo responsabilizarse de un error y pedir disculpas por él. Finalmente, adquirieron práctica en la maravillosa competencia para la vida de proponer sugerencias y ponerse de acuerdo para elegir una que ambos quisieran probar.

¿Podremos alguna vez insistir lo bastante? Los errores son oportunidades maravillosas para aprender, tanto para los adultos como para los niños.

Los adultos podrían aprender más sobre el principio de concebir los errores como oportunidades para aprender observando a los niños mientras aprenden a andar. Ellos no malgastan el tiempo en sentirse incapaces cada vez que se caen. Simplemente, se vuelven a levantar. Si se hacen daño en la caída, pueden llorar durante unos minutos antes de volver a levantarse solos, pero no incorporan a su experiencia culpa, crítica ni otros mensajes contraproducentes. Podemos ayudar a nuestros hijos y alumnos a mantener esta sencilla forma de experimentar la vida redescubriendo el valor de nuestros errores.

Pensar que tenemos que ser perfectos a menudo nos aparta del amor y la alegría que nos puede procurar la vida. Las tres "R" para reparar los errores (tratadas en el capítulo 2) pueden devolvernos al buen camino.

3. A veces, tenemos que aprender lo mismo repetidas veces

¿Cuántos padres han dicho: "¿Cuántas veces voy a tener que decírtelo?"?

Estos padres se arriesgan a decepcionarse y frustrarse si no comprenden que la respuesta puede ser "Repetidas veces". (A menudo creo que nuestros hijos no entienden realmente lo que intentamos enseñarles hasta que ellos tienen hijos e intentan enseñarles las mismas cosas.)

La señora Bordeau expresó un gran alivio al oír este principio. Dijo: "Yo creía que solo haría falta una reunión de familia para conseguir que nuestros hijos hicieran sus tareas. Como el entusiasmo no les duró más de una semana, supuse simplemente que las reuniones no daban resultado y volví a insistirles como hacía siempre".

La señora Bordeau no se había dado cuenta de cuánto había logrado consiguiendo que sus hijos mostraran entusiasmo aunque solo fuera durante una semana. Le hablé del síndrome de las tres semanas (explicado en el capítulo 9) y de cómo he aceptado con gratitud que abordar la cuestión de las tareas cada tres semanas es mucho más agradable que las advertencias y la frustración diarias.

Los niños no son los únicos que necesitan oportunidades para aprender las cosas repetidas veces. De ser así, ¿por qué íbamos a necesitar nosotros utilizar tan a menudo con ellos las tres "R" para reparar los errores? Nos apartamos de la alegría cuando nos sentimos incapaces o frustrados cada vez que nosotros o nuestros hijos no aprendemos algo a la primera. El camino que nos conduce al amor y a la alegría no solo incluye la aceptación de que cometeremos errores, sino de que tendremos repetidas oportunidades para aprender. Es una parte importante del proceso de aprendizaje.

En este libro se han presentado muchos métodos. Si se conciben únicamente como técnicas, no darán resultado. También se han presentado muchas actitudes positivas. Cuando los métodos se combinan con estas actitudes positivas, se convierten en conceptos que instauran un ambiente de amor, respeto mutuo, colaboración y regocijo entre los niños.

Este capítulo incluye muchos conceptos que requieren la participación y orientación adultas para ayudar a los niños a desarrollar unas bases firmes. Es esencial que tengamos una actitud de amor y alegría. Y resulta más fácil si buscamos los aspectos positivos de una situación.

ENCONTRAR LO POSITIVO EN UNA SITUACIÓN

Lori fue expulsada temporalmente de su escuela por tener cigarrillos en su taquilla. Dijo a su padre: "¡No sé cómo han ido a parar ahí! Me los estaba metiendo en el bolsillo para llevárselos al director cuando ha venido un profesor y me ha enviado a su despacho". Al padre le costó creer que Lori no supiera cómo habían ido a parar los cigarrillos a su taquilla, porque tenía una cerradura de combinación. También le costó creer que ella se los estuviera metiendo en el bolsillo para llevárselos al director. Le defraudó que Lori le mintiera, porque siempre habían sido una familia muy unida y bien avenida. También le preocupó que ella estuviera empezando a arruinarse la vida fumando, bebiendo y consumiendo drogas.

El padre tenía ganas de regañarla, castigarla y decirle lo defraudado que estaba. En vez de eso, decidió buscar lo positivo. Nunca es difícil de encontrar, si estamos dispuestos a buscarlo. Al ponerse en la piel de Lori, comprendió que a ella debía de estarle costando mucho decidir cómo seguir ateniéndose a los valores de su familia y continuar siendo aceptada por sus compañeros. También se dio cuenta de que la única razón por la que Lori le mentiría sería porque lo quería tanto que no querría defraudarlo.

Se dirigió a su hija con aquella actitud. En vez de regañarla y castigarla, le dijo amablemente:

–Lori, seguro que es dificilísimo intentar encontrar un modo de atenerte a lo que crees y, aun así, que tus amigas no te digan que eres una aguafiestas.

Lori sintió un gran alivio y dijo:

–Sí, lo es.

–Y seguro que, si alguna vez nos mintieras –continuó su padre–, sería porque nos quieres tanto que no querrías defraudarnos. –Lori tenía lágrimas en los ojos y solo pudo asentir. Su padre añadió–: Lori, nos defraudarías si hicieras algo que te perjudicara, pero, si no sabes que siempre puedes contárnoslo todo, entonces no te estamos sabiendo transmitir cuánto te queremos, incondicionalmente. –Lori se echó en brazos de su padre y los dos se quedaron abrazados durante un rato.

Nunca abordaron directamente el problema de fumar y mentir. Ha transcurrido un año y Lori parece disfrutar mucho contándoles a sus padres todas las veces en que no cae en la tentación de hacer algo contrario a sus valores. También se siente orgullosa de estar influyendo en sus amigas para que se atengan a sus propios valores.

CONCEDER A LOS NIÑOS EL BENEFICIO DE LA DUDA

Todos los niños quieren que les vaya bien en la vida. Todos los niños quieren relacionarse bien con los demás. Cuando recordemos esto, concederemos a los niños que se portan mal el beneficio de la duda. En lugar de suponer que se quieren portar mal, supondremos que quieren obtener resultados positivos y que simplemente no saben cómo hacerlo. No poseen el conocimiento, las competencias ni la madurez que necesitan para conseguir que los tengan en cuenta y los consideren importantes de formas que sean útiles. Es nuestro deber ayudarlos a desarrollar lo que necesitan. Para ser eficaz, nuestro enfoque debe basarse en una actitud: "Sé que quieres que te vaya bien en la vida. ¿Cómo puedo ayudarte?". Cuando adoptamos esta actitud, es más probable que los niños sientan que los queremos incondicionalmente.

EXPRESAR AMOR INCONDICIONAL

Los niños necesitan saber que ellos son más importantes que cualquier cosa que hagan. Necesitan saber que ellos son más importantes que las posesiones materiales de nuestra vida. La madre de Fred cometió varios errores antes de recordar este importante punto.

Fred rompió uno de los valiosos jarrones de anticuario de su madre. Ella se quedó tan desconsolada que se sentó a llorar. Fred se sintió muy mal por lo que había hecho, pero finalmente preguntó: "¿Mamá, te sentirías así de mal si me pasara algo a mí?".

Los niños a menudo no saben lo importantes y queridos que son. A veces, los padres y profesores se centran tanto en las malas conductas que dejan de ver al niño, y el niño se deja de ver a sí mismo.

Yo estuve orientando a una familia cuya hija había robado ropa (en broma, sostenía ella) a una amiga con la que estaba enfadada. Su madre y su hermana estaban tan disgustadas que la llamaban ladrona y se preguntaban si no habría algo anormal en ella. Les pregunté por qué estaban tan disgustadas. ¿Cuál era su verdadera preocupación? La madre respondió que temía que su hija terminara en un reformatorio. Le pregunté por qué era eso un problema. Ella me dijo que le preocupaba cuánto daño le haría eso a su hija. A continuación, le pregunté cómo creía ella que se sentía su hija cuando la llamaban ladrona y la acusaban de que había algo anormal en ella. La madre admitió que se daba cuenta del daño que ya le estaba haciendo mientras sostenía que le preocupaba que le hicieran daño.

Pregunté a la hija qué creía que le dolería más, ir a un reformatorio o lo que estaba experimentando ahora con su madre.

–Esto duele mucho más –dijo ella.

Como la hija es una adolescente, su madre no tiene forma de controlarla. Ella necesita experimentar las consecuencias de su conducta, y el amor y el respaldo de su madre.

Es muy fácil hacer las cosas al revés y no transmitir el mensaje que pretendemos. Esta madre estaba humillando a su hija porque la quería y deseaba evitar que le hicieran daño. Lo único que percibía su hija era la humillación, que ella interpretaba como: "A mi madre ni siquiera le gusta como soy".

Yo sé que usted quiere a sus hijos, y usted también lo sabe, pero ¿lo saben ellos? Quizá le sorprendan si se lo pregunta.

Una madre preguntó a su hijo de tres años: "¿Sabes que te quiero muchísimo?". La respuesta del niño fue: "Sí, sé que me quieres si soy bueno". Un adolescente respondió a la misma pregunta con: "Sé que me quieres si saco buenas notas".

Nosotros a menudo espoleamos a nuestros hijos para que lo hagan mejor. Deseamos que sean mejores porque los queremos y creemos que serán más felices si hacen lo que nosotros pensamos que es lo mejor para ellos. Habitualmente, ellos no perciben que nosotros queremos que lo hagan mejor por su bien. Lo que interpretan es: "Nunca sé hacer nada lo bastante bien. No puedo estar a la altura de lo que esperas de mí. Tú quieres que lo haga mejor por ti, no por mí".

Recuerde que los niños lo hacen mejor cuando se sienten mejor. Para ello, no hay nada mejor que el amor incondicional. La mayoría de padres no son conscientes de que no están expresando amor cuando castigan. De hecho, la mayoría de padres castigan en nombre del amor. En nuestro libro *Parents Who Love Too Much*[1] ("Padres que quieren demasiado"), nos valemos del ejemplo siguiente para ilustrar cómo utilizan los padres el castigo cuando otros métodos darían mejor resultado y cómo muchos adultos piensan: "A mí me castigaron y yo he salido bien".

Sí, la mayoría de nosotros hemos salido "bien" a pesar de que nos castigaran. Podemos reírnos de algunos de los castigos que recibimos cuando éramos niños, e incluso decir que nos los merecíamos. No obstante, si nos hubieran permitido aprender de nuestros errores en lugar de obligarnos a pagar por ellos, ¿es posible que pudiéramos haber salido incluso mejor que "bien"?

En el siguiente relato, Stan mantuvo una conversación que le ayudó a comprender la diferencia entre el castigo (que lo ayudó a salir "bien") y la disciplina no punitiva, que podría haberlo ayudado muchísimo más.

Stan explicó a su grupo de padres la vez en que quiso copiar en un examen de quinto. Dijo:

–Fui tan tonto como para escribirme algunas de las respuestas en la palma de la mano. El profesor me vio abrir el puño para mirarlas.

Aquel profesor le cogió el examen y, delante de toda la clase, lo rompió. Stan recibió un muy deficiente y todo el mundo supo que había intentado copiar. El profesor informó a sus padres. Su padre le dio una zurra y no lo dejó salir durante un mes.

–No volví nunca a copiar en los exámenes, y desde luego me merecía un muy deficiente –dijo Stan.

El líder del grupo exploró esta experiencia con él para ayudar a todos los asistentes a determinar si aquella situación se podría haber abordado de una forma más productiva.

Líder: ¿Está todo el mundo de acuerdo con Stan en que se merecía el muy deficiente?

Grupo: Sí.

Líder: ¿Habría eso bastado para enseñarle las consecuencias de sus decisiones, o también necesitaba el castigo?

Grupo: Ummmmm.

Líder: ¿Qué opinas tú, Stan? ¿Cómo te sentiste al sacar un muy deficiente por intentar copiar?

Stan: Me sentí muy culpable y muy avergonzado.

Líder: ¿Qué decidiste a partir de eso?

Stan: Que no lo volvería a hacer.

Líder: ¿Qué decidiste después de que te pegaran? (castigo)

Stan: Que era una decepción para mis padres. Aún me preocupa decepcionarlos.

Líder: Entonces, ¿de qué forma te ayudó el castigo?
Stan: Bueno, yo ya había decidido que no volvería a copiar. La culpa y la vergüenza que sentí por que me pillaran delante de otras personas fueron suficientes para enseñarme la lección. De hecho, la preocupación de decepcionar a mis padres es una auténtica carga.
Líder: Si tuvieras una varita mágica y pudieras cambiar el guión de lo que sucedió, ¿cómo lo cambiarías? ¿Cómo cambiarías lo que se dijo o hizo?
Stan: Bueno, no copiaría.
Líder: ¿Y después qué?
Stan: No sé.
Líder: ¿Quién tiene algunas ideas que pueda darle a Stan? Normalmente, es más fácil ver posibilidades cuando no hay implicación emocional. ¿Qué podrían haber dicho o hecho el profesor o los padres de Stan para disciplinarlo de una forma positiva que fuera amable y firme?
Componente del grupo: Yo soy profesor y estoy aprendiendo mucho con esto. El profesor podría haberse llevado a Stan aparte y haberle preguntado por qué quería copiar.
Líder: Stan, ¿qué habrías respondido a eso?
Stan: Porque quería aprobar el examen.
Componente del grupo: Yo podría entonces valorar sus ganas de aprobar y preguntarle qué opinaba de copiar como una forma de conseguirlo.
Stan: Yo prometería que no lo volvería a hacer.
Componente del grupo: Yo le diría que tendría que ponerle un muy deficiente en ese examen, pero que me alegraba de que hubiera aprendido a no copiar. Luego le pediría que pensara en un plan sobre qué iba a hacer para aprobar el próximo examen.
Stan: Yo seguiría sintiéndome culpable y avergonzado por copiar, pero también agradecería su amabilidad y su firmeza. Ahora veo qué significa.

Líder: Ahora, ¿tienes alguna idea sobre cómo podrías utilizar tu varita mágica para cambiar lo que hicieron tus padres?
Stan: Habría sido bueno que reconocieran lo culpable y avergonzado que me sentía yo. Podrían haber mostrado empatía por lo duro que había sido para mí aprender aquella lección. Luego podrían haber expresado su fe en que yo podía aprender de mi experiencia y hacer lo correcto en el futuro. Podrían haberme tranquilizado asegurándome que ellos me querían hiciera lo que hiciera, pero que confiaban en que yo no me iba a defraudar en el futuro. Caramba, qué concepto: preocuparse más porque yo me defraude a mí mismo que porque los defraude a ellos. Lo encuentro muy motivador.

En esta conversación sobre cómo educar a los niños de una forma no punitiva se proporcionan varios argumentos:

1. Educar a los niños con métodos no punitivos no significa que ellos vayan a "salir impunes" cuando se portan mal.
2. Educar a los niños con métodos no punitivos significa ayudarlos a explorar las consecuencias de sus decisiones en un entorno favorecedor y motivador para que puedan crecer y aprender.
3. La mayoría de personas han salido "bien" pese a haber sido castigadas, y podrían haber aprendido incluso más si hubieran podido aprender de sus errores con amabilidad y firmeza.

El padre de Stan no tenía la ventaja de conocer los resultados a largo plazo de estos métodos. Tampoco de conocer la importancia de ponerse en la piel del niño. No sabía que los niños lo hacen mejor cuando se sienten mejor. No conocía el poder del amor incondicional combinado con la amabilidad y la firmeza. De haberlo hecho, Stan podría haberse sentido más facultado si él hubiera utilizado los cuatro pasos para obtener colaboración.

LOS CUATRO PASOS PARA OBTENER COLABORACIÓN

Los cuatro pasos para obtener colaboración (que se han presentado en el capítulo 2) son excelentes para ayudarle a ponerse en la piel del niño. Utilícelos siempre que perciba una falta de comunicación que está creando hostilidad y resentimiento. Los dos se sentirán comprendidos después de atravesar este proceso.

Casi todos los padres quieren que sus hijos saquen mejores notas. Los niños a menudo lo interpretan como si las notas fueran más importantes que ellos. Los cuatro pasos para obtener colaboración pueden ser útiles cuando los niños ponen en duda los beneficios de sus sugerencias.

1. Exprese su comprensión por los sentimientos del niño: "¿Te parece que yo quiero que saques mejores notas por mí o por ti?".
2. Muestre empatía sin excusar la conducta: "Comprendo que pueda parecerte que no puedes hacer las cosas lo bastante bien para mí. Cuando mis padres querían que yo lo hiciera mejor, yo sentía que me exigían estar a la altura de lo que esperaban de mí".
3. Comparta sus verdaderos sentimientos: "Sinceramente, quiero que saques mejores notas porque creo que eso te beneficiaría. Sé que ahora te puede parecer una lata, pero tener una buena educación te abre muchas puertas en el futuro y te permite tener más opciones".
4. Invite al niño a centrarse en una solución: "¿Cómo podemos resolver esto para que tú puedas esforzarte por mejorar porque sientes que te beneficia a ti y no que yo te critico?".

Instaurar un ambiente de colaboración es esencial para enseñar competencias para comunicarse y resolver problemas que incorporan la esencia de la responsabilidad social. Cuando los niños saben comunicarse y resolver sus problemas, mejoran sustancialmente la calidad de sus relaciones interpersonales y sus circunstancias vitales. La mejor forma de enseñar estas competencias es manifestarlas en nuestra propia conducta cuando trabajamos con niños. El ejemplo es el mejor maestro.

ENSEÑAR COMPETENCIAS PARA COMUNICARSE Y RESOLVER PROBLEMAS

Las reuniones de familia y clase brindan a niños y adultos la oportunidad de practicar conjuntamente muchas competencias para comunicarse y resolver problemas. Si ha estado utilizando este proceso, habrá probablemente visto a sus hijos o alumnos aplicando competencias que han aprendido durante las reuniones a otras facetas de su vida.

La disciplina positiva incluye muchas opciones para comunicarse y resolver problemas aparte de las reuniones de familia y clase. Las mismas competencias utilizadas en las reuniones pueden emplearse también para resolver problemas entre dos personas. Las preguntas de curiosidad procuran una magnífica plataforma para comunicarse y resolver problemas, al igual que lo hacen los cuatro pasos para obtener colaboración, por nombrar solo unos pocos ejemplos. Otra posibilidad reside en enseñar a los niños los siguientes cuatro pasos para resolver problemas cuando están intentando solucionar un conflicto entre ellos dos.

Cuatro pasos para resolver problemas

1. Ignorarlo. (Hace falta más valor para retirarnos que para quedarnos y pelear.)

   a. Hacer alguna otra cosa. (Encontrar otro juego o actividad.)
   b. Dejar que pase el tiempo suficiente para tranquilizarse; luego, continuar con los pasos siguientes.
2. Hablarlo respetuosamente.
   a. Explicar a la otra persona cómo nos sentimos. Decirle que no nos gusta lo que está sucediendo.
   b. Escuchar lo que la otra persona dice sobre cómo se siente o sobre lo que no le gusta.
   c. Compartir qué creemos que hemos hecho para contribuir al problema.
   d. Decir a la otra persona qué estamos dispuestos a hacer de otra forma.
3. Acordar juntos una solución. Por ejemplo:
   a. Idear un plan para compartir un objeto o aplicar una serie de turnos.
   b. Pedir perdón.
4. Pedir ayuda si no podemos resolverlo solos.
   a. Incluirlo en la agenda de la reunión. (Esta también puede ser una primera opción y no está concebida para emplearse como último recurso.)
   b. Hablarlo con el padre o la madre, un profesor o un amigo.

Después de comentar estas competencias, pida a los niños que representen las siguientes situaciones hipotéticas. Pídales que resuelvan cada una de cuatro formas distintas (una para cada uno de los pasos).

- Pelearse por quién le toca jugar a pelota.
- Empujarse en la fila.
- Insultar a la gente.
- Pelearse por quién le toca sentarse junto a la ventana en el coche.

Los profesores pueden hacer un póster con los cuatro pasos para resolver problemas y colgarlo en la clase para que sus alumnos puedan remitirse a él. Algunos profesores exigen que sus alumnos utilicen estos cuatro pasos antes de incluir un problema en la agenda de la reunión de clase. Otros prefieren el proceso de las reuniones de clase porque enseña muchas otras competencias. En lugar de decidir que una cosa es mejor que la otra (resolver los problema en las reuniones de clase o en privado), deje que sean sus alumnos quienes escojan qué opción prefieren en cada momento.

La señora Underwood explicó cómo utiliza ella los cuatro pasos para resolver problemas. Sus alumnos de tercero tienen permiso para salir de clase en cualquier momento para realizar estos pasos con un compañero. Muy a menudo, ve cómo salen dos alumnos de clase y se sientan a hablar junto a la valla. Al cabo de unos minutos, vuelven a entrar y se ponen a trabajar. Ha dicho a sus alumnos que no tienen que explicar su conversación a nadie más si no quieren hacerlo. Durante las reuniones de clase, pregunta si a alguien le apetece compartir cómo ha resuelto el problema.

Los padres pueden enseñar estas competencias cuando sus hijos acuden a ellos con un problema. Pídales que esperen un tiempo para poder estar tranquilos o utilice los cuatro pasos para obtener colaboración antes de resolver el problema. En ocasiones, nosotros utilizamos estos pasos cuando compartimos con nuestros hijos la cosa más triste y la más alegre del día a la hora de acostarlos.

AYUDAR A LOS NIÑOS A DESARROLLAR SU SENTIDO DE RESPONSABILIDAD

Todos los conceptos que enseña este libro ayudan a los niños a desarrollar su sentido de responsabilidad. Los niños no aprenderán a ser responsables si los adultos siguen haciendo por ellos lo que ellos pueden y deberían hacer por sí mismos.

Los padres no son los únicos que hacen cosas por sus hijos que realmente podrían hacer ellos solos. Hay muchas facetas en que los profesores podrían dejar que sus alumnos los ayudaran. Estos aprenderían a ser más responsables si sus profesores fingieran que no pueden usar los brazos o las piernas. Imagine la cantidad de tareas que podrían hacer sus alumnos. Ellos percibirían que usted los necesita y se sentirían tenidos en cuenta e importantes.

RESPONSABILIZARSE DE SU CONTRIBUCIÓN AL CONFLICTO

¿Qué hay de la responsabilidad adulta? No nos ayuda culparnos ni sentirnos culpables. Nos ayuda cobrar conciencia de los errores que podemos estar cometiendo para poder hallar la forma de corregirlos y obtener los resultados que deseamos.

¿Qué pasaría si los adultos asumiéramos la responsabilidad de haber creado aquello de lo que nos quejamos? ¿En qué cambiarían las cosas si padres y profesores fueran conscientes de su propia mala conducta (falta de conocimientos o de competencias) además de serlo de la mala conducta (falta de conocimientos, competencias o madurez) de sus hijos y alumnos? Cuando todo el mundo asume la responsabilidad sin culpar ni avergonzar a nadie, es mucho más fácil centrarse en buscar soluciones.

Siempre que los adultos entablen luchas de poder o inicien ciclos de venganza, no se pongan en la piel del niño, no inviertan tiempo en enseñarle, se olviden de ser amables y firmes al mismo tiempo, utilicen un tono de voz irrespetuoso o empleen cualquier otra forma de castigo, provocarán probablemente en los niños conductas “fruto del desánimo”.

TENER COMPASIÓN DE UNO MISMO

Recuerde que los errores son oportunidades maravillosas para aprender. Tenga compasión de sí mismo cuando cometa errores y aprenda de ellos. Yo llevo veinticinco años aprendiendo de los errores que cometo con mis hijos. Aunque cometo muchos, adoro estos principios porque son pautas maravillosas que me ayudan a volver al buen camino siempre que me extravío.

Antes de que supiera tener compasión de mí misma, era dura conmigo cada vez que no hacía lo que predicaba. Lloraba en el hombro de mi marido, diciendo: "¿Cómo puedo viajar por el mundo explicando a otros padres y profesores cómo ser más eficaces con sus hijos y alumnos cuando yo no siempre lo hago?". Él me recordaba otros conceptos que predico:

- Los errores son oportunidades para aprender.
- Centrarme en lo positivo. (Yo sí utilizo estos principios más de la mitad de las veces.)
- Tener valor para ser imperfecta, puesto que es connatural al ser humano.
- Tranquilizarme, y luego resolverlo.

Tener compasión de uno mismo significa recordar estos conceptos y seguir queriéndose y queriendo la vida. Con una actitud amorosa, las cosas siempre mejoran.

REFORZAR LO QUE HA APRENDIDO

Si le gustan los conceptos presentados en *Cómo educar con firmeza y cariño*, le recomiendo encarecidamente que vuelva a leer el libro. Le garantizo que sacará al menos diez veces más de él en una segunda lectura. La repetición es siempre importante para reforzar el aprendizaje, pero usted observará que descubre cosas que se le habían pasado completamente por alto en la primera lectura. Muchos de los conceptos presentados al principio cobrarán más sentido porque ahora está familiarizado con el resto de conceptos y es capaz de encajar todas las piezas.

Sé por experiencia, y por lo que dicen centenares de padres y profesores, que estos conceptos dan resultado cuando se utilizan correctamente. La disciplina positiva es un modo eficaz y positivo de resolver los problemas de hoy en día. Aún más importante, procura a los niños las bases que necesitan para tener una vida independiente que les satisfaga.

Los adultos tenemos la responsabilidad de ayudar a los niños a desarrollar las características que les permitirán tener vidas felices y productivas. Es nuestro deber dotarlos de unas bases sólidas de las que puedan partir. Enseñarles a tener autodisciplina, ser responsables, colaborar y saber resolver los problemas los ayuda a sentar unas bases excelentes. Cuando los niños exhiban estas características y competencias, se sentirán más tenidos en cuenta e importantes, lo cual se manifestará en conductas positivas.

La disciplina positiva no aspira a la perfección. Es muy gratificante oír decir a los padres: "Mis hijos siguen sin ser perfectos, y tampoco lo soy yo, pero desde luego disfrutamos más unos de otros". Es maravilloso oír a los profesores decir: "Es cierto que los niños ya no son como antes, así que me alegro de haber aprendido otras formas, aparte del control, de trabajar eficazmente con los niños de hoy". Estos principios no garantizan la perfección, solo mucho más amor y alegría.

REVISIÓN

Herramientas de la disciplina positiva

1. El sentimiento con que se hace algo es más importante que lo que se hace.

2. Concebir los errores como oportunidades para aprender.
3. Ser paciente consigo mismo, ya que tiene que aprender lo mismo repetidas veces. Esta es una parte importante del proceso de aprendizaje.
4. Expresar amor incondicional.
5. Conceder a los niños el beneficio de la duda.
6. Utilizar los cuatro pasos para obtener colaboración.
7. Enseñar competencias para comunicarse y resolver problemas.
8. Ayudar a los niños a desarrollar su sentido de responsabilidad.
9. Hacerse plenamente responsable de su contribución al conflicto.
10. Tener compasión de uno mismo.
11. Reforzar su aprendizaje leyendo y practicando repetidas veces.

Preguntas

1. ¿Cuál es el principal objetivo de la disciplina positiva?
2. ¿Por qué motivo es más importante el modo en que se hace algo que lo que se hace? Comparta ejemplos personales de cómo cambiaría el impacto de algo que usted hace si modificara *cómo* lo hace.
3. ¿Cuántas veces podemos aprender del mismo error? Comente si esto atañe a todos los errores o si hay algunos donde está justificado sentirse mal por haberlos cometido.
4. ¿Qué ocurre si un método no se aplica con los sentimientos y las actitudes correctos?
5. ¿Por qué es engañoso el concepto de "haber salido bien" pese a haber sido castigados?
6. ¿Cuáles son los cuatro pasos para resolver problemas? ¿Cómo podrían los niños sacar provecho de aprenderlos?

7. ¿Qué pueden aprender los adultos cuando se responsabilizan de su contribución al conflicto?
8. ¿Qué sucede si no tiene compasión de sí mismo? ¿Qué sucede si la tiene?
9. ¿Cuáles son los beneficios de ver lo positivo que hay en todo?
10. ¿Cuál es la importancia de comunicar amor incondicional? Comente las diferencias entre lo que pretenden los adultos y lo que interpretan los niños.
11. ¿Por qué querría cualquier persona leer un libro más de una vez?

Apéndice 1

CÓMO PONER EN MARCHA UN GRUPO DE ESTUDIO

En 1965, yo tenía problemas. Quería ser una buena madre, pero no me surgía de forma natural. Agradecía mucho haber aprendido los conceptos que enseña este libro, pero descubría que a menudo recaía en mis viejos hábitos. Dirigir grupos de estudio para padres me permitió comprender los conceptos con más profundidad y mejorar mi aplicación práctica de las técnicas.

Desde la primera edición de *Cómo educar con firmeza y cariño*, Lynn Lott y yo hemos ampliado un modelo experiencial que utilizamos en los grupos de estudio para padres. El manual de este modelo se titula *Teaching Parenting the Positive Discipline Way* ("Enseñar a los padres a educar a sus hijos según el modelo de la disciplina positiva"). Está repleto de actividades experienciales que son mucho más eficaces que las clases teóricas para enseñar principios y competencias. Ofrecemos sesiones de dos días para formar conductores de grupos de estudio para padres.[1]

Como ahora prefiero el modelo experiencial para coordinar estos grupos de estudio, tenía dudas sobre si incluir esta sección en la presente edición. No obstante, muchos padres me han dicho que utilizar el plan de estudios y la información que aparecen a continuación les ha resultado muy beneficioso.

CÓMO EMPEZAR

Usted podría empezar con únicamente unos cuantos amigos y vecinos, o puede que quiera arrojarse a la piscina y practicar con un grupo más grande. Los directores de escuela a menudo están dispuestos a colaborar y estarían encantados de enviar a los padres el folleto de la página 333. Recuerde que usted no tiene que ser experto. Informe a los miembros de su grupo de que todos están juntos en esto y de que usted tiene tanto que aprender como ellos, aunque sea el conductor. Búsquese un ayudante, si es posible. Luego, limítese a ceñirse al plan de estudios que comienza en la página 334.

FORMULARIO PARA RESOLVER PROBLEMAS

Da muy buen resultado pedir a todos los componentes del grupo que se ayuden sugiriendo soluciones a los problemas que se plantean. Descubrimos cuánto sabemos cuando podemos ser objetivos con los problemas de otras personas.

En la página 339 hay un formulario para resolver problemas que se puede utilizar como guía para abordar situaciones específicas. Los conductores de grupo pueden querer fotocopiar algunos de estos formularios para repartirlos entre los participantes durante la primera sesión. Cuando a alguien se le ocurre un problema concreto, puede ponerlo por escrito para poder compartirlo con el grupo en el momento apropiado. Saber que más adelante van a poder trabajar con situaciones concretas motivará a los miembros del grupo para no perder interés mientras se tratan otros temas.

Lo más maravilloso de coordinar un grupo de estudio para padres es que usted aprenderá más que nadie. Lo emocionante es que aprender es un proceso que dura toda la vida. No se desanime. Continúe coordinando grupos de estudio y siga aprendiendo.

FOLLETO DE MUESTRA

Cómo aplicar la disciplina positiva en casa y en clase

Asista a un grupo de estudio para padres

Aprenda el modo de ayudar a sus hijos a desarrollar:

- Su autodisciplina
- Sus habilidades para resolver problemas
- Su responsabilidad
- Su autoestima

Si tiene conflictos con sus hijos por cuestiones tales como:

Las peleas	La responsabilidad
Tareas y deberes	Las comidas
La hora de acostarse	La hora de levantarse
Compartir sus cosas	Las réplicas

aprenderá a comprender por qué se portan mal los niños. También aprenderá métodos específicos no punitivos que le ayudarán a resolver estos problemas.

Cuándo: jueves por la tarde de 7.00 a 9.00 durante seis semanas a partir de ______________________________

Dónde: biblioteca escolar

- -

Recortar y reenviar a la escuela:

☐ Sí, me gustaría asistir.
☐ No puedo asistir los jueves, pero póngase en contacto conmigo para algún otro día.

Nombre ______________________ Teléfono ______________

PLAN DE ESTUDIOS

Primera semana

Introducción: hablen sobre los principios referentes a los grupos explicados en la Introducción y sobre las dificultades que entraña participar en un grupo descritas en las páginas 336-339.

Ejercicio sobre el orden de nacimiento: este ejercicio, incluido al final del capítulo 3, es una buena actividad para que los participantes se conozcan.

Formulario para resolver problemas (véase página 339): reparta varios formularios entre los participantes para que puedan recordar situaciones con las que quieran trabajar en la cuarta semana. (Léase "Cómo utilizar el formulario para resolver problemas", página 340, para familiarizarse con su uso.)

Lectura: pida al grupo que se lea los capítulos y preguntas que se tratarán en la semana siguiente. (Cada semana debe pedirles que se lean los capítulos que se tratarán en la semana siguiente.)

Deberes: capítulos 1, 2 y 3.

Segunda semana

Ejercicio: pida a los participantes que elijan un compañero y le expliquen un momento en el que experimentaron una de las cuatro "R" del castigo descritas en el capítulo 1. Luego, invítelos a explicárselo al grupo.

Ejercicio: pida a los participantes que dediquen unos minutos a reflexionar sobre una situación con un niño que podría haber sido distinta si ellos hubieran comenzado transmitiéndole un mensaje de amor. Pídales que lo compartan con un compañero e invítelos luego a explicárselo al grupo.

Comenten las herramientas y las preguntas de los capítulos 1, 2 y 3. Pida a los participantes que expliquen una situación en la que podrían haber utilizado una de las herramientas.

Deberes: capítulos 4, 5 y 6.

Formulario para resolver problemas (véase página 339): reparta fotocopias a cada participante. Explique que cada semana pedirá que un voluntario utilice el formulario para encontrar soluciones a un problema específico. (Aun cuando no se elija su problema, todos aprenderán mucho con el que se escoja.)

Tercera semana

Discusión sobre las preguntas y las herramientas de los capítulos 4, 5 y 6.

Formulario para resolver problemas: pida voluntarios que querrían trabajar con los problemas específicos que han escrito en su formulario. Puede que haya tiempo para más de uno.

Deberes: capítulos 7, 8 y 9.

Cuarta semana

Discusión sobre las preguntas y las herramientas de los capítulos 7, 8 y 9.

Formulario para resolver problemas: pida voluntarios que querrían trabajar con los problemas específicos que han escrito en su formulario. Puede que haya tiempo para más de uno.

Deberes: pida a todo el mundo que celebre una reunión de familia y explique cómo ha ido a la semana siguiente.

Deberes: capítulo 10.

Quinta semana

Discusión sobre las preguntas y las herramientas del capítulo 10.

Pida a todo el mundo que intente determinar cuál es su prioridad de estilo de vida y cómo puede influir en su forma de educar a sus hijos.

Formulario para resolver problemas: pida voluntarios que querrían trabajar con los problemas específicos que han escrito en su formulario. Puede que haya tiempo para más de uno.

Deberes: capítulos 11 y 12.

Sexta semana

Discusión sobre las preguntas y las herramientas de los capítulos 11 y 12.

Formulario para resolver problemas: pida voluntarios que querrían trabajar con los problemas específicos que han escrito en su formulario. Puede que haya tiempo para más de uno.

Actividad de cierre: pida a los participantes que cierren los ojos y piensen en los tres conceptos más importantes que han aprendido y en cómo los han utilizado o utilizarán con sus hijos. Pídales que dediquen unos minutos a escribir lo que han pensado. Luego, invite a cada participante a compartir la cosa más importante que se lleva al dejar el grupo. Deje que el grupo decida si querría seguir reuniéndose para trabajar con problemas específicos utilizando el formulario para resolver problemas.

DIFICULTADES QUE ENTRAÑA PARTICIPAR EN UN GRUPO

En la Introducción se ha tratado el valor de los grupos de estudio y se han aportado algunas sugerencias para trabajar en grupo. Le sugiero además que presente las siguientes ideas en la primera sesión. Hay varios tipos de personalidad que pueden causar problemas en los grupos. Estos se pueden evitar cuando todos los participantes son conscientes de estas situaciones y se responsabilizan de colaborar como grupo. Es más eficaz abordar problemas típicos antes de que ocurran para que las personas no se lo tomen como una crítica personal.

El monopolizador

Estoy segura de que habrá tenido la experiencia de estar en un grupo con un monopolizador. Esto puede ser aburridísimo para el resto de los participantes. Si usted sabe que ese es uno de sus problemas, pruebe lo siguiente:

- Cuente hasta cinco antes de hablar. Eso da a los demás la oportunidad de hablar.
- Limite sus comentarios a los que crea que serán interesantes para otras personas, además de para usted.
- Sea breve en sus comentarios y vaya al grano. La mayoría de monopolizadores se repiten y hacen varios resúmenes.
- Asegúrese de no desviarse del tema que se está tratando.
- Tenga presentes a otros miembros del grupo que pueden no ser tan asertivos como usted. Ayúdeles a intervenir en la conversación. (Véase cómo interpretar su lenguaje corporal en el siguiente apartado.)

El callado

Después de leer el apartado sobre el monopolizador, no concluya que no debería hablar en un grupo de estudio. Un grupo de estudio no tendrá éxito sin la participación de sus componentes.

Hay muchas razones por las que un individuo puede hablar poco en un grupo. Las dos de las que deberíamos ser más conscientes son (a) la persona que no tiene ocasión de intervenir a causa de los monopolizadores y (b) la persona que prefiere quedarse callada debido a su estilo de aprendizaje.

Usted puede captar la diferencia observando su lenguaje corporal. La persona que quiere intervenir suele inclinarse hacia delante y empezar a hablar antes de que la acalle alguna otra persona. Puede que alce la mano para hablar, cuando otros participantes lo hacen directamente. Los miembros más asertivos del grupo pueden ayudar a esta persona diciendo: "Mary, ¿querías decir algo?".

Por otra parte, no incomode a los que prefieren quedarse callados pidiéndoles que hablen cuando ellos preferirían no hacerlo.

El discutidor

Recuerde que el propósito de un grupo de estudio sobre disciplina positiva para padres o profesores reside en comprender y practicar estos conceptos. Eso no significa que sea el único modo. No obstante, es una forma muy eficaz de trabajar con niños. Si se invierte tiempo en tratar otras teorías, no habrá tiempo para comprender la presente teoría en su totalidad y poder aplicarla a la práctica.

El proselitista

Algunas personan se entusiasman tanto con estos principios que quieren convencer inmediatamente a otros de su eficacia. Por ejemplo, una esposa puede volver a casa después de asistir a su grupo de estudio y decir a su marido: "Así es como vamos a hacerlo de ahora en adelante". Es posible que su cónyuge quiera probar algunas de estas técnicas, después de haberle visto utilizarlas con eficacia, pero seguro que se resistirá si usted lo presiona para que cambie.

Naturalmente, es agradable que ambos cónyuges adopten el mismo enfoque, pero no necesario. Los niños son tan listos que pueden modificar su conducta según el adulto con quien están interactuando. No les hará ningún daño conocer enfoques distintos.

La única persona a quien usted puede cambiar es a sí mismo. Utilice el enfoque que se adecue a usted.

El dubitativo ("Sí, pero...")

Todas las técnicas sugeridas en este libro han sido utilizadas con éxito por muchos padres y profesores. Anticipar que algo no va a dar resultado es a menudo una buena excusa para no probarlo.

Mientras aprenda, escoja únicamente las sugerencias que usted está dispuesto a probar. No tiene que quedarse con el lote completo para obtener muchos de los beneficios.

FORMULARIO PARA RESOLVER PROBLEMAS

Describa en detalle la interacción conflictiva. (¿Cuál ha sido la última vez que ha pasado?)

____

____

¿Cómo se sintió? (¿Irritado, amenazado, ofendido o incompetente?)

____

____

¿Qué hizo en respuesta a la conducta del niño?

____

____

¿Cuál fue la respuesta del niño a lo que usted hizo?

____

____

¿Cuál cree usted que es el objetivo erróneo del niño?

____

____

¿Cuáles son algunas sugerencias alternativas que podría probar la próxima vez que suceda el problema? (Anote aquí las sugerencias del grupo.)

____

____

CÓMO UTILIZAR EL FORMULARIO PARA RESOLVER PROBLEMAS

Es aconsejable hacer varias fotocopias de este formulario para cada participante. Durante las primeras semanas, ayudará a los miembros del grupo a recordar situaciones que querrían tratar después de aprender los conceptos básicos descritos en los seis primeros capítulos del libro.

Cuando llegue el momento de comentar las situaciones, pida al grupo que intente determinar el objetivo erróneo. Los participantes deberían intentar captar la emoción primaria del adulto. Fíjense en su tono de voz y en las discrepancias. ¿Dice sentirse el adulto ligeramente enojado o incapaz cuando su tono de voz y su descripción del problema indican poder: un deseo de obligar al niño a hacer lo que él quiere? ¿Es su ira o frustración una forma de disimular que se siente amenazado o herido?

Una vez determinado el objetivo erróneo, el grupo debería hacer varias sugerencias para que el adulto las pruebe. Estas sugerencias deberían incluir tantos conceptos y herramientas como sea posible, incluyendo algunas ideas concretas para motivar al niño. La persona con el problema puede luego elegir una o más de estas ideas.

En la siguiente sesión de grupo, esta persona debería empezar informando sobre la eficacia de las sugerencias. Si no han dado resultado, el grupo será habitualmente capaz de ayudarle a comprender el porqué. Por ejemplo, puede haberse olvidado de utilizar un tono respetuoso de voz o no haber esperado a estar tranquila.

A continuación, hay varios ejemplos de situaciones que se plantearon a un grupo y de las soluciones que se sugirieron.

Matt, un niño de seis años, siempre cree que las cosas son injustas. Una mañana, mientras estaba hablando con él, su madre se inclinó para alisar el cobertor de la cama de su hermano menor. Matt dijo: "No es justo. Tú siempre lo ayudas a él y a mí no". La madre explicó al grupo que se sentía enojada. Más preguntas por parte del grupo revelaron que se sentía herida. Ella se esforzaba mucho por ser justa, pero Matt la acusaba de no serlo. A continuación, el grupo conjeturó que Matt también se sentía herido debido a su percepción de que su madre prefería a su hermano menor. Propuso dos sugerencias:

1. Utilizar los cuatro pasos para obtener colaboración. Verbalizar lo que ella creía que él sentía. Explicarle alguna situación donde ella se sintió tratada injustamente. Decirle que lo entendía. Explicarle su deseo de ser justa porque los quería igual a los dos. Buscar una solución, con la ayuda de Matt, sobre qué podía hacerse.
2. Pasar ratos especiales con Matt. Aquello podía ser parte de la solución.

La señora James dijo al grupo que estaba preocupada porque Scott, su hijo de seis años, había adquirido la costumbre de no terminar lo que empezaba. Inicialmente, pensó que su objetivo debía de ser la búsqueda de atención o poder, porque ella sabía que él era capaz de terminar las tareas, tal como demostraba su rendimiento anterior. Una sugerencia del grupo fue que revelara el objetivo con Scott, lo cual le proporcionaría al menos más información sobre cuál era.

La señora James quiso ensayar esta técnica, por lo que hizo el papel de Scott mientras otra participante aplicaba la técnica de revelar el objetivo. Al ponerse en la piel de Scott, a esta participante le asombró descubrir que su objetivo era probablemente la venganza. Ella era una buena amiga de la familia de Scott y reparó en que el problema había empezado después de que ella se hubiera ido de vacaciones. Scott había dicho a sus padres que le preocupaba mucho que ella no fuera a volver. Como aquello le dolió mucho, Scott tuvo miedo de encariñarse demasiado cuando ella regresó. En vez de eso, su conducta indicaba venganza pasiva. La señora James estuvo impaciente por revelar el objetivo con su hijo para que luego pudieran hablar del problema e intentar resolverlo, después de haber aplicado los cuatro pasos para obtener colaboración.

A la señora Roberts, profesora de educación infantil, le preocupaba Steven, quien siempre jugaba con los bloques de construcción, pero nunca ayudaba a recogerlos. Al principio, sintió que solo estaba frustrada, pero terminó por darse cuenta de que le disgustaba no poder conseguir que Steven hiciera lo que debía. Tras identificar el objetivo como la búsqueda de poder, el grupo hizo las siguientes sugerencias.

1. Dedicar tiempo a enseñarle. Asegurarse de que Steven sabía exactamente qué esperaba ella de él.
2. Hacerle preguntas: "¿Te gusta jugar con los bloques de construcción? ¿Qué tienes que hacer cuando terminas?

¿Cuántos bloques crees que puedes recoger durante el tiempo que hay para hacerlo?".

3. Darle a elegir, incluyendo una consecuencia lógica. "¿Querrías recoger los bloques ahora o en el rato que dedicamos a contar cuentos? ¿Querrías recoger los bloques o renunciar al privilegio de jugar con ellos?"
4. Reorientar la conducta conflictiva. Nombrarlo el encargado de recoger los bloques de construcción.

La señora Roberts escogió la cuarta alternativa como la que ella creía que atraería más a Steven y resolvería el problema.

La señora Sedgewick se quejó de que su hijo Scott de seis años no respetaba sus juguetes ni los recogía. Para el grupo estuvo claro que su voz indicaba una búsqueda de poder que se estaba convirtiendo en una búsqueda de venganza. Le hizo las siguientes sugerencias:

1. Responsabilizarse de su contribución al problema. Decir a su hijo cuánto le molestaba ver sus juguetes esparcidos por toda la casa. Admitir que podía haber comprado más juguetes de los que él quería o necesitaba.
2. Pedirle ayuda y soluciones a su problema.
3. Invertir tiempo en enseñarle a organizarse. Guardar los juguetes en una serie de cajas o bolsas. Acordar con Scott que solo podría utilizar una caja o bolsa cada vez y que tendría que recogerla antes de emplear otra.
4. Darle a elegir. Podía recoger los juguetes él o hacerlo ella. Si los recogía ella, se quedarían donde estaban hasta que él demostrara suficiente interés y responsabilidad. Si eso no sucedía, era evidente que Scott tenía demasiados juguetes.

Apéndice II

DESARROLLAR LA RESPONSABILIDAD SOCIAL ORIENTANDO A LOS COMPAÑEROS

La responsabilidad social fue un factor clave para llevar a cabo un programa para formar como tutores de sus compañeros a alumnos de quinto y sexto curso que estaban utilizando sus dotes de mando de forma perjudicial. Me tomé a Adler al pie de la letra y decidí que la mejor forma de ayudar a aquellos alumnos a reorientar sus dotes de mando era enseñarles a ayudar a otros alumnos. Envié una nota a los profesores de quinto y sexto pidiéndoles que me recomendaran alumnos que eran líderes natos para incluirlos en un programa que los formaría como tutores de sus compañeros. La nota decía: "Querríamos formar a algunos alumnos como tutores. Sea tan amable de escribir los nombres de tres alumnos que usted cree que son líderes capaces, aunque puedan no estar ejerciendo su liderazgo de formas positivas".

Los alumnos recomendados fueron luego entrevistados para averiguar si estaban interesados en comprometerse a terminar la formación y orientar a sus compañeros. Les explicamos que tendrían que invertir una o dos horas del almuerzo a la semana en orientar a otros alumnos. Los que estuvieron interesados realizaron cuatro sesiones de formación, donde aprendieron los cinco pasos de la terapia de la realidad de William Glasser.[1]

TERAPIA DE LA REALIDAD

Primer paso: hacer amigos

La primera sesión se dedicó exclusivamente a este primer paso. Pedimos a los alumnos que hicieran sugerencias sobre el aspecto más importante de la amistad y sobre formas de instaurar un ambiente de confianza. El aspecto más importante de la amistad que se les ocurrió fue tener una actitud de:

- Afecto
- Interés
- Deseo de ayudar
- Respeto.

Para instaurar un ambiente de franca amistad, decidieron que tenían que:

- Saludar a la persona por su nombre.
- Decirle cómo se llaman.
- Mostrar comprensión.
- Mostrar una actitud de confianza.
- Hablar de ellos. Por ejemplo, explicar sus obligaciones como tutores o compartir una experiencia que han tenido en una situación similar al problema que les plantean.
- Ayudar a la persona a relajarse.
- Tener sentido del humor.
- Mostrarse dispuestos a buscar soluciones conjuntamente que ayudarán a resolver el problema.

Dimos a cada alumno una copia de sus sugerencias y les dijimos que no hacía falta seguir aquellos pasos por orden o ni tan siquiera utilizarlos todos siempre. También los invitamos a ser creativos y aportar nuevas ideas.

En la segunda sesión, enseñamos a los alumnos los pasos segundo a quinto de la terapia de la realidad.

Segundo paso: ¿qué estás haciendo tú?

1. Averiguar qué está sucediendo exactamente para causar el problema haciendo preguntas de curiosidad relativas al problema. Estas preguntas suelen ayudar al alumno a ver cómo contribuye al problema.
2. Los alumnos no suelen empezar por el principio, por lo que es mejor preguntar: "¿Qué pasó antes de eso?". Hay que seguir haciendo estas preguntas después de cada explicación hasta tener la sensación de haber llegado al principio.

Tercer paso: ¿te está ayudando?

Hacer las siguientes preguntas:

1. ¿Cuáles son las consecuencias de lo que estás haciendo?
2. ¿Cuál es el beneficio? ¿Qué sacas tú?
3. ¿Cuál es el precio que pagas? ¿Qué problemas te causa?

Cuarto paso: idear un plan para hacerlo mejor

¿Qué se podría hacer de otra manera para resolver el problema?

1. Pedir al alumno que haga sugerencias.
2. Ofrecer posibles alternativas.

Quinto paso: conseguir que el alumno se comprometa

Preguntarle:

1. ¿Lo harás?
2. ¿Cuándo lo harás?

REPRESENTAR SITUACIONES

Las últimas dos sesiones de la formación se dedicaron a representar situaciones tales como:

- Un alumno que se ha peleado en el patio.
- Un alumno que ha faltado al respeto a un profesor.
- Un alumno que se niega a trabajar en clase.

Al principio, las tutorías eran realizadas conjuntamente por dos alumnos supervisados por un adulto (yo o profesores voluntarios). Una vez que manifestaban tener confianza y competencia, estos alumnos colaboraban en pareja como cotutores sin supervisión directa. Siempre había cerca un supervisor por si necesitaban ayuda.

Los alumnos eran remitidos por los profesores, que rellenaban un formulario con el nombre del alumno y el problema. Después de verlo, los tutores tenían que escribir en el formulario la solución acordada. Se devolvía una copia al profesor y la otra se guardaba para hacer un seguimiento y con fines estadísticos.

La mayoría de alumnos parecían muy dispuestos a hablar con un tutor que era un alumno como ellos. Los tutores demostraron tener mucha intuición y habilidad para identificar los problemas y las posibles soluciones, como en el ejemplo siguiente.

Un alumno estaba teniendo dificultades para llevarse bien con su profesor. El alumno tutor dijo que lo entendía, porque él había tenido ese mismo problema. Pasó luego a señalar que el profesor quizá tuviera problemas y necesitara que lo motivaran. También señaló que, como el alumno no podía hacer nada con respecto a la conducta del profesor, debería trabajar por su cuenta. El alumno y el tutor idearon un plan para que el alumno fuera motivador e hiciera su trabajo de tal forma que el profesor no tuviera ningún motivo para disgustarse con él.

La idea de motivar al profesor y responsabilizarse de la propia contribución al problema fraguaba y se propagaba entre los alumnos cuando eran estos tutores quienes la impulsaban.

Los profesores manifestaron entusiasmo y apoyo por el programa remitiendo a muchos alumnos. También reconocieron al programa el mérito de reorientar positivamente las dotes de mando que los alumnos tutores habían estado utilizando negativamente.

Apéndice III

CARTA A LOS PADRES

Modifique esta carta para satisfacer sus necesidades.

Estimados padres:

El propósito de esta carta es proporcionarles información sobre un apasionante programa que se está llevando a cabo en la escuela ____ cuyo objetivo es ayudar a su hijo a desarrollar las siete percepciones y competencias importantes que son esenciales para tener éxito en la sociedad actual. Se adjunta una descripción detallada de estas siete percepciones y competencias importantes. Otra ventaja del programa que estamos llevando a cabo reside en que enseña a los niños a tener autodisciplina, ser responsables, colaborar y saber resolver los problemas. Se trata de un programa que se centra en hallar soluciones no punitivas a los problemas. Elimina por completo el castigo (que genera culpa, vergüenza y dolor) y se centra en hallar soluciones basadas en la amabilidad, la firmeza, la dignidad y el respeto. Demasiadas personas creen erróneamente que disciplina y castigo son lo mismo. No lo son. Disciplina proviene del término latino *discipulis,* que significa "seguidor de la verdad, los principios o un maestro venerado" o "enseñar". La auténtica disciplina procede de un locus interno de control (autodisciplina), no de uno externo (castigos y premios administrados por otra persona). El castigo proviene de un locus externo de control y está concebido para infligir culpa, vergüenza y dolor. Naturalmente, los adultos que castigan a los niños creen erróneamente que eso los ayudará a mejorar. Aunque el castigo puede poner momentáneamente fin a una mala conducta, los resultados a largo plazo suelen ser negativos: rebelión, resentimiento, venganza o retraimiento (disimulo o baja autoestima). Una forma fácil de comprobar esta teoría es recordar cómo se sintieron ustedes y qué quisieron hacer después de que alguien les infligiera culpa, vergüenza o dolor.

¿De dónde hemos sacado la idea loca de que, para que un niño lo haga mejor, antes debe sentirse peor? Los niños lo hacen mejor cuando se sienten mejor. ¿No lo hacemos todos?

El programa al que nos hemos estado refiriendo se llama "Disciplina positiva en el aula". Un proceso crucial de este programa son las reuniones de clase. En ellas, alumnos y profesores colaboran para resolver problemas que perjudican a alumnos concretos, sus compañeros, sus profesores o su entorno de aprendizaje. Estas reuniones enseñan a los alumnos a ayudarse entre ellos, a aprender de sus errores y a encontrar soluciones no punitivas. Durante una reunión de clase, los alumnos aprenden a hacer y recibir cumplidos, escucharse respetuosamente, comprender y respetar las diferencias, hacer sugerencias de posibles soluciones y escoger las que serán más útiles para los individuos o el grupo en su conjunto. Pronto aprenden que está bien responsabilizarse de las decisiones que toman, no solo porque no los castigarán si se equivocan, sino porque los ayudarán a aprender de sus errores.

Algunos padres temen que las reuniones de clase vayan a ser como un tribunal despótico o que su hijo vaya a ser humillado delante del grupo. Nada podría estar más lejos de la verdad. Es cierto que, al principio, los alumnos no están habituados a ayudarse, concebir los errores como oportunidades maravillosas para aprender y buscar soluciones útiles. La mayoría han aprendido demasiado bien (de los adultos) a infligir culpa, vergüenza y dolor. Hay que enseñarles a encontrar soluciones no punitivas.

La disciplina positiva parte de la premisa de mantener la dignidad y el respeto con todos en todo momento. Un ejemplo de un método utilizado en las reuniones de clase que asegura que el resultado sea ayudarse y no castigar es que los alumnos a los que atañe un problema pueden elegir la solución propuesta que les resultará más útil. Cuando un problema afecta a toda la clase, se puede hacer una votación. Si una solución no da resultado, se invita a los alumnos a volver a incluir el problema en la agenda de la próxima reunión para seguir tratándolo y sugerir más soluciones.

Las investigaciones han demostrado que los niños que han desarrollado las siete percepciones y competencias importantes corren muy poco riesgo de sufrir los problemas que afectan a la juventud de hoy: violencia y vandalismo, abuso de drogas, embarazos y suicidio durante la adolescencia, poca motivación, bajo rendimiento académico y abandono de los estudios. Por otra parte, los alumnos que no han desarrollado estas percepciones y competencias corren mucho riesgo de sufrir los problemas que afectan a la juventud de hoy.

No sabemos de ningún otro programa que ayude tan eficazmente a los alumnos a aprender y practicar las siete percepciones y competencias importantes y que, como ventaja añadida, elimine casi todos los problemas de disciplina en las aulas. Piensen en los beneficios potenciales que estas competencias tendrán para sus relaciones familiares. Estas capacidades son tan importantes, si no más, como las competencias académicas.

Esperamos que ustedes estén tan entusiasmados como nosotros con la introducción de las reuniones de clase como parte de nuestro plan de estudios para instaurar una disciplina positiva en el aula. Les invitamos a que nos visiten cuando lo deseen.

Profesor ____________________ Director ____________________

En el libro *Raising Self-Reliant Children in a Self-Indulgent World*,[1] H. Stephen Glenn y Jane Nelsen identifican las siete percepciones y competencias importantes necesarias para desarrollar personas capaces. Estas son:

1. Una buena percepción de las capacidades propias: "Soy capaz".
2. Una buena percepción de la importancia propia en las relaciones primordiales: "Contribuyo de formas importantes y se me necesita verdaderamente".
3. Una buena percepción del poder o influencia propios sobre la vida: "Puedo influir en lo que me sucede".
4. Buenas competencias intrapersonales: la capacidad de comprender las emociones propias y utilizar esa comprensión para desarrollar la autodisciplina y el autocontrol.
5. Buenas competencias interpersonales: la capacidad de colaborar con otras personas y hacer amistades basadas en la comunicación, la colaboración, los pactos, la empatía y saber escuchar.
6. Buenas competencias sistémicas: la capacidad de responder a los límites y consecuencias de la vida cotidiana con responsabilidad, adaptabilidad, flexibilidad e integridad.
7. Buenas competencias críticas: la capacidad de utilizar la sabiduría y evaluar las situaciones en virtud de valores adecuados.

NOTAS

Capítulo 1

1. Rudolf Dreikurs y Vicki Soltz, *Children the Challenge* (Nueva York: Plume, 1991).
2. H. Stephen Glenn y Jane Nelsen, *Raising Self-Reliant Children in a Self-Indulgent World* (N. York: Three Rivers Press, 2000).
3. John Platt, *Life in the Family Zoo* (Sacramento, California: Dynamic Training Seminars, 1991).

Capítulo 2

1. Jane Nelsen, Lynn Lott y H. Stephen Glenn, *Positive Discipline in the Classroom,* 3.ª ed. (Nueva York: Three Rivers Press, 2000).

Capítulo 3

1. Stella Chess y Alexander Thomas, *Know Your Child* (Nueva York: Basic Books, 1987).
2. Jane Nelsen, Cheryl Erwin y Roslyn Duffy, *Positive Discipline for Preschoolers,* 3.ª ed. (Nueva York; Three Rivers Press, 2006).

Capítulo 4

1. *Positive Discipline The First Three Years,* 2.ª ed., y *Positive Discipline for Preschoolers,* 3.ª ed. (Nueva York; Three Rivers Press, 2006), de Jane Nelsen, Cheryl Erwin y Roslyn Duffy

están repletos de información sobre conductas apropiadas para la edad y la etapa de desarrollo y su relación con la educación de los hijos.
2. John Taylor, *Person to Person* (Saratoga, California: R & E Publishers, 1984).
3. David Walsh y Nat Bennett, *WHY Do They Act That Way? A Survival Guide to the Adolescent Brain for You and Your Teen* (Nueva York: Free Press, 2004).
4. Jane Nelsen y Lynn Lott, *Positive Discipline for Teenagers* (Nueva York: Three Rivers Press, 2000).

Capítulo 5

1. Rudolf Dreikurs y Vicki Soltz, *Children: The Challenge* (Nueva York: Plume, 1991), p. 80.
2. *Op. cit.*, p. 84.

Capítulo 6

1. Jane Nelsen, Lynn Lott y H. Stephen Glenn, *Positive Discipline in the Classroom,* 3.ª ed. (Nueva York: Three Rivers Press, 2000).

Capítulo 7

1. De *Positive Discipline in the Classroom Teacher's Guide,* www.empoweringpeople.com.
2. Este ejemplo ha sido extraído de Jane Nelsen, Lynn Lott y H. Stephen Glenn, *Positive Discipline A-Z* (Nueva York: Three Rivers Press, 1999).

Capítulo 8

1. Jane Nelsen, Lynn Lott y H. Stephen Glenn, *Positive Discipline in the Classroom,* 3.ª ed. (Nueva York: Three Rivers Press, 2000).

2. Jane Nelsen y Lynn Lott, *Positive Discipline in the Classroom Teacher's Guide.* Se puede encontrar en Empowering Books, Tapes and Videos, 1-800-456-7770, www.empoweringpeople.com.
3. *Op. cit.*
4. Jane Nelsen, Cheryl Erwin y Roslyn Duffy, *Positive Discipline for Preschoolers* (Nueva York; Three Rivers Press, 1994), p. 261.

Capítulo 9

1. Un álbum electrónico de reuniones de familia *(A Positive Discipline Family Meeting Album)* se puede encontrar en www.focusingonsolutions.com.
2. Jane Nelsen y Lynn Lott, *Positive Discipline for Teenagers* (Nueva York: Three Rivers Press, 2000).
3. Jane Nelsen y Cheryl Erwin, *Positive Discipline for Single Parents* (Nueva York; Three Rivers Press, 1999).
4. Extractos de *A Positive Discipline Family Meeting Album,* un libro electrónico de Jane Nelsen. Se puede encontrar en www.focusingonsolutions.com.

Capítulo 10

1. Jane Nelsen, libro electrónico y libro audio. Se pueden encontrar en www.focusingonsolutions.com. Empowering People, 2005.

Capítulo 11

1. Jane Nelsen, *Disciplina positiva: consejos que invitan a la cooperación entre padres e hijos basados en la dignidad y el respeto* (Barcelona: Oniro, 2002).
2. Jane Nelsen, Lynn Lott y H. Stephen Glenn, *Positive Discipline A-Z* (Nueva York: Three Rivers Press, 2005).

3. Jane Nelsen *et al.*, *Positive Discipline in the Classroom: A Teacher's A-Z Guide* (Nueva York: Three Rivers Press, 2001).

Capítulo 12

1. Jane Nelsen y Cheryl Erwin, *Parents Who Love Too Much* (Nueva York: Three Rivers Press, 2000).

Apéndice I

1. Se puede encontrar información sobre el manual y la formación en www.posdis.org. Se ha creado una organización sin ánimo de lucro (Positive Discipline Association) para la formación de titulados en disciplina positiva, la investigación y talleres de dos días (Disciplina positiva en el aula y Cómo educar a los hijos según el modelo de la disciplina positiva).

Apéndice II

1. William Glasser, *La "reality therapy": un nuevo camino para la psiquiatría* (Madrid: Narcea, 1979).

Apéndice III

1. H. Stephen Glenn y Jane Nelsen, *Raising Self-Reliant Children in a Self-Indulgent World* (Nueva York: Three Rivers Press, 1987).

BIBLIOGRAFÍA RECOMENDADA

Adler, Alfred. *El sentido de la vida.* Madrid: Espasa-Calpe, 1975.

—. *Superioridad e interés social:* Fondo de Cultura Económica, 1968.

Allred, G. Hugh. *How to Strengthen Your Marriage and Family.* Provo, Utah: Brigham Young University Press, 1976.

—. *Mission for Mother: Guiding the Child.* Salt Lake City, Utah: Book Crafts, 1968.

Ansbacher, Heinz y Rowena Ansbacher. *Individual Psychology of Alfred Adler.* Nueva York: Harper Perennial, 1964.

Chess, Stella y Alexander Thomas, *Know Your Child.* Nueva York: Basic Books, 1987.

Dinkmeyer, Don y Gary McKay. *Raising a Responsible Child.* Nueva York: Simon & Schuster, 1973.

Dinkmeyer, Don y Rudolf Dreikurs. *Cómo estimular al niño: el proceso de estímulo.* Alcoy, Alicante: Marlif, 1975.

Dreikurs, Rudolf. *Social Equality: The Challenge of Today.* Chicago: Contemporary Books, 1971.

Dreikurs, Rudolf, Bronia Grunwald y Floy Pepper. *Maintaining Sanity in the Classroom.* Nueva York: Taylor and Francis, 1998.

Dreikurs, Rudolf y Loren Grey. *A New Approach to Discipline: Logical Consequences.* Nueva York: Plume, 1989.

Dreikurs, Rudolf y Vicki Soltz. *Children: The Challenge.* Nueva York: Plume, 1991.

Frieden, Wayne S. y Marie Hartwell-Walker, *Family Songs.* Puede descargarse como archivos de MP3 en www.focusingonsolutions.com.

Glasser, William. *La "reality therapy": un nuevo camino para la psiquiatría.* Madrid: Narcea, 1979.

Glenn, H. Stephen y Jane Nelsen. *Raising Self-Reliant Children in a Self-Indulgent World.* Nueva York: Three Rivers Press, 2000.

Glenn, H. Stephen y Michael L. Brock. *7 Strategies for Developing Capable Students.* Nueva York: Three Rivers Press, 1998.

Hoffman, Edward. *The Drive for Self: Alfred Adler and the Founding of Individual Psychology.* Nueva York: Addison-Wesley, 1994.

Kohn, Alfie. *Punished by Rewards.* Nueva York: Houghton Mifflin, 1999.

Kvols, Kathy. *Redirecting Children's Misbehavior.* Seattle: Parenting Press, 1997.

Lott, Lynn y Jane Nelsen. *Parenting Your Pup.* Nueva York: Rodale, 2005.

—. *Teaching Parenting the Positive Discipline Way: A Manual for Parent Education Groups.* Lehi, Utah: Enpowering People, 1990. www.empoweringpeople.com.

Nelsen, Jane. *Disciplina positiva: consejos que invitan a la cooperación entre padres e hijos basados en la dignidad y el respeto.* Barcelona: Oniro, 2002.

—. *Serenity: Eliminating Stress and Finding Joy and Peace in Life and Relationships.* Lehi, Utah: Empowering People, 2005; el libro electrónico se puede encontrar en www.positivediscipline.com.

Nelsen, Jane y Cheryl Erwin. *Parents Who Love Too Much.* Nueva York: Three Rivers Press, 2000.

Nelsen, Jane y Cheryl Erwin. *Positive Discipline for Childcare Providers.* Nueva York: Three Rivers Press, 2002.

—. *Positive Discipline for Step Families.* Lehi, Utah: Enpowering People, 2005; el libro electrónico se puede encontrar en www.positivediscipline.com.

Nelsen, Jane, Cheryl Erwin y Carol Delzer. *Positive Discipline for Single Parents,* 2.ª ed. Nueva York: Three Rivers Press, 1999.

Nelsen, Jane, Cheryl Erwin y Roslyn Duffy. *Positive Discipline for Preschoolers.* 3.ª ed. Nueva York: Three Rivers Press, 2006.

—. *Positive Discipline for the First Three Years.* 2.ª ed. Nueva York: Three Rivers Press, 2006.

Nelsen, Jane, Cheryl Erwin, Mary Hughes y M. Michael Brock. *Positive Discipline for Christian Families.* Lehi, Utah: Enpowering People, 2005; el libro electrónico se puede encontrar en www.positivediscipline.com.

Nelsen, Jane, Linda Escobar, Kate Ortolano, Roslyn Duffy y Deborah Owens-Sohocki. *Positive Discipline: A Teacher's A-Z Guide.* Nueva York: Three Rivers Press, 2001.

Nelsen, Jane, Riki Intner y Lynn Lott. *Postive Discipline for Parents in Recovery.* Lehi, Utah: Empowering People, 2005; el libro electrónico se puede encontrar en www.positivediscipline.com.

Nelsen, Jane y Lisa Larson. *Positive Discipline for Working Parents.* Nueva York: Three Rivers Press, 2003.

Nelsen, Jane y Lynn Lott. *Positive Discipline in the Classroom: A Teacher's Guide.* Lehi, Utah: Empowering People, 1992, www.empoweringpeople.com.

—. *Positive Discipline for Teenagers.* Nueva York: Three Rivers Press, 1997.

Nelsen, Jane, Lynn Lott y H. Stephen Glenn. *Positive Discipline A-Z,* 3.ª ed. Nueva York: Three Rivers Press, 2006.

—. *Positive Discipline in the Classroom,* 3.ª ed. Nueva York: Three Rivers Press, 2000.

Platt, John. *Life in the Family Zoo.* Sacramento, California: Dynamic Training Seminars, 1991.

Taylor, John. *Person to Person.* Saratoga, California: R & E Publishers, 1984.

Walsh, David y Nat Bennett. *WHY Do They Act That Way? A Survival Guide to the Adolescent Brain for You and Your Teen.* Nueva York: Free Press, 2005.

Walton, F. X. *Winning Teenagers Over.* Columbia, S. C.: Adlerian Child Care Books, 1980.

ÍNDICE ALFABÉTICO

ACERCA DE LA AUTORA

La doctora en educación Jane Nelsen es una terapeuta de pareja y familia licenciada en California que ahora vive en San Clemente, California, y South Jordan, Utah. Tiene siete hijos y dieciocho nietos. Fue orientadora de educación primaria y profesora de desarrollo infantil durante diez años. Ahora pasa su tiempo (cuando no está escribiendo libros o viajando para presentar congresos y talleres) con su marido, hijos y nietos. Jane es autora y coautora de dieciocho libros (con más de dos millones de ejemplares publicados y traducciones en más de quince países), incluyendo la popular serie sobre disciplina positiva: *Raising Self-Reliant Children in a Self-Indulgent World, Positive Discipline in the Classroom, Disciplina positiva: consejos que invitan a la cooperación entre padres e hijos basados en la dignidad y el respeto* y *Serenity: Eliminating Stress and Finding Joy and Peace in Life and Relationships.* También es coautora de los manuales *Positive Discipline in the Classroom* y *Teaching Parenting the Positive Discipline Way.* Ha aparecido en *Oprah, Sally Jessy Raphael* y *Twin Cities Live,* y se cita como experta en numerosas revistas de educación para padres.

Su popular página web, www.positivediscipline.com, ofrece artículos, respuestas a preguntas y un boletín informativo y podcasts gratuitos.